社会的包摂の政治学

自立と承認をめぐる政治対抗

宮本太郎［著］

ミネルヴァ書房

社会的包摂の政治学——自立と承認をめぐる政治対抗

目次

第Ⅲ部　包摂型社会のデザイン

序　章　社会的包摂の政治学

1　社会的包摂は主流化したか

この社会が直面する格差や貧困への処方箋として、社会的包摂（ソーシャル・インクルージョン）という言葉が行き交うようになった。排除された人々の単なる保護ではなく、その社会参加と経済的自立を実現していくことこそ重要であるという考え方である。こうした考え方は、「積極的福祉」「社会的投資」「福祉から就労へ」等と別様の表現で呼ばれる場合も含めて、欧米でも日本でも盛んに表明されるようになった（福原編 2007：日本政治学会編 2007：岩田 2008）。

日本では、二〇〇〇年に厚生労働省社会・援護局が検討会（「社会的な援護を要する人々に対する社会福祉のあり方に関する検討会」）を設けて社会的包摂を「新しい社会福祉のあり方」にかかわるものとして議論した（日本ソーシャルインクルージョン推進会議編 2007）。さらに構造改革路線からの軌道修正を図った自公政権の末期から、政府の基本文書のなかでも社会的包摂の考え方が言及されるようになった。麻生内閣のもとで二〇〇九年にまとめられた「安心社会実現会議」の報告書は、雇用を軸に日本社会の安心を再構築することを提言し、排除されている人々に対して「社会への迎え入れ（ソーシャル・インクルージョン）」を図るべきと述べた。

二〇〇九年夏の政権交代後、鳩山首相は所信表明演説のなかで「居場所」と「出番」のある社会を掲げた。この演説草稿を執筆した平田オリザは、この表現が社会的包摂の考え方に基づくものであったと述懐している（平田・松井 2011）。また、二〇一一年一月には菅内閣のもとで「一人ひとりを包摂する社会」特命チームが設置され、社会的包摂推進のための緊急提言が提出された。

さらに、二〇一二年二月に閣議決定された社会保障・税の一体改革大綱においては、生活困窮者の社会的包摂を目指す「生活支援戦略」が位置づけられた。再度の政権交代を経て、二〇一三年一月にまとめられた社会保障審議会「生活困窮者の生活支援の在り方に関する特別部会」報告書は、生活保護の受給者を含めた生活困窮者の社会的包摂をすすめるための政策体系を提示した。

その限りでは、社会的包摂はもはや新鮮味を欠いた主題にすら映るかもしれない。むしろヨーロッパやアメリカでは、社会的包摂の考え方に対して、新しい主流派の思想として、これを批判する議論も増えている。批判的な議論は、社会的包摂の考え方は既存の労働市場や社会への人々の参加を強制する動員論である、とする（Jordan 1998：Lister 2000）。

だが、社会的包摂の考え方が主流化した、というのはいささか時期尚早な判断と言わざるを得ない。

第一に、社会的包摂と言っても、どのような条件の達成を目指す政策なのか、その意味するところは一義的ではない。リベラルな潮流ばかりでなく、保守主義的あるいは新自由主義的な勢力も包摂という視点を打ち出し、それゆえに包摂の基準をめぐっては、単に就労支援の強弱には還元できないより大きな考え方の相違が見出される。加えて欧米でも日本でも、自国民に対する包摂型の政策を打ち出しつつ、外国人に対しては排外的な態度をとる福祉ショービニズム的な潮流も現れている。

第二に、社会的包摂をめぐる言説が行き交うようになっても、包摂型の政策が定着したとは言うことはできない。とくに日本においては、包摂を志向する議論そのものに対する拒否反応も窺える。これを労働市場への動員と断じる「左」からの批判のみならず、剝き出しの「自助」の原理を打ち出す「右」からの主張も勢いを増している。見方によっては、ワークフェアですらない公的扶助削減論も広がる。

社会的包摂が打ち出されても、言説として空回りして政策としては実現に向かわず、そのなかで「自助」原理が打ち出されているのである。社会的包摂の実現が容易ではないのは、それが二〇世紀型の社会保障体制とは異なった固有のガバナンス、すなわち社会に開かれた統治のかたちを不可欠とするからである。

こうした状況下で本書は、社会的包摂をめぐる政治対抗を、各国の福祉政治の具体的展開のなかに位置づけつつ、社会的包摂の本格的な実現がいかなるガバナンスの転換を必要とするのかを明らかにしようとしている。

本書は大きく三つのパートから成る。第Ⅰ部（第一章から第三章）では、ヨーロッパとアメリカの近年の政治展開から、ワークフェアとアクティベーションのそれぞれにベーシックインカム的な発想も絡む、異なった包摂型政策の展開を抽出していく。第Ⅱ部（第四章から第七章）では、日本とヨーロッパの福祉レジームの相違をふまえつつ、ポピュリズム的な傾向を孕んだ言説政治の浮上のなかで、社会的包摂という争点がいかなる展開をしているかを検討する。そして第Ⅲ部（第八章から第一〇章）では、社会的包摂を実現する新しいガバナンスのかたちを示し、さらに生産主義とは一線を画した、新しい包摂型社会の可能性を考える。

2　社会的包摂の史的展開

社会的包摂という考え方は、今日の社会が直面する病理としての社会的排除への処方箋として現れた。この社会的排除という言葉は、フランスで一九七四年にシラク内閣の社会相のルネ・レノアールがその著書『排除されたもの、十人のフランス人のうちの一人』のなかで用いてから広がったと言われる。ただしこの言葉は、その意味についてはやや曖昧なまま流通し、やがて一九八八年に社会的排除への処方箋として参入（insertion）を掲げた最低参入所得（ＲＭＩ）が導入されたことなどを契機として、社会問題をとらえる基本枠組みとして使われるようになる（Silver 1995：中村 2006）。最低参入所得は、長期失業者の社会への参入をすすめるための所得保障制度で、受給者は行政の担当者との協議のもと就労計画を作成し、就労した場合は給付開始後の一定期間は給与収入と手当の併給を認めるなど、新しいルールに基づいていた。

他方で社会的排除という考え方は、長期にわたり新自由主義が席巻していた一九九〇年代のイギリスにおいて、これに対抗する戦略という文脈で取り上げられ、広がっていった。福祉国家は依存層を増大させるという新自由主義的な批判に対して、むしろ福祉は排除されている人々を活動的にすることができる、という考え方が打ち出されたのである。そこで排除に対する処方箋として掲げられた言葉が包摂（inclusion）であった。労働党内部でも、党の長い政治的低迷から脱却するための構想を総括的に検討した社会的公正委員会の議論のなかでこうした考え方が浸透していく。一九九七年の総選挙で大勝したトニー・ブレアは、ニュー・レーバーが目指す社会を包摂的社会（inclusive society）と表現した（ブレア 2000）。

ただし、フランスとイギリスにおいて排除と包摂が問題にされる仕方は、それぞれ異なっていた。フランスにおいて包摂は、共和主義的伝統のもとで、広く社会的連帯の再構築の問題として捉えられた。これに対してイギリスでは、生活困窮層をいかに労働市場に結びつけ経済的に自立させるか、という点がまず問われた。

このイギリス労働党の社会的包摂論に強い影響を及ぼしたのは、アメリカの民主党における福祉改革論議であった。新自由主義的なレーガン政権以降しだいに勢いを増す福祉解体論に対して、ビル・クリントンら民主党の改革派は、ハーバード大学のデビッド・エルウッドの主張に依りながら、就労への移行を支援し就労からの見返りを高めるという包摂型の福祉改革論を打ち出す（Ellwood 1988）。この主張が、同様にサッチャーリズムに対抗しつつ労働党刷新を目指すニュー・レーバーに取り入れられたのである。

さらに北欧では、必ずしも社会的排除や包摂という言葉を掲げなくとも、すでにこれと通じる発想で福祉国家の設計をおこなっていた。たとえばスウェーデンは、一九六〇年代の初めから積極的労働市場政策をとおしての就労支援を展開し、さらに一九七〇年代に入ってからは保育サービスの抜本強化をおこない、政府や自治体の責任による包摂を推進してきた。

フランスでは社会的連帯の立て直しとして包摂が構想され、アングロサクソン諸国では労働市場への参加促進がなされ、北欧では政府と自治体の責任による包摂が実現されてきたことになる。このように社会的包摂をめぐっては、各国でそれぞれ位置づけの異なった展開が見られた。他方で、第一章、第二章で詳述するように、各国の異なったアプローチはそれぞれが影響を及ぼしあい、これがさらに各国のなかで社会的包摂のあり方をめぐる対立を生んでいく。

日本では、第四章で分析するように、行政・官僚制の業界保護のもとで、一定の規模を備えた企業が男性稼ぎ主の生活保障をおこなうといういわば「企業的包摂」が実現していたが、その分、社会保障の基盤は弱かった。にもかかわらず一九九〇年代半ばから「企業的包摂」も急速に解体してしまったところに、社会的包摂が主題化せざるをえない状況がある。各国の政策展開をふまえつつ、日本の固有性を出発点とした政策構想が必要になっている。

実態としては異なったアプローチから成っていても、社会的包摂が各国で政策基調になっていったのはなぜであろうか。

第一には、社会構造的な背景がある。これまでの二〇世紀型福祉国家を支えてきた相対的に安定した男性稼ぎ主雇用が揺らぎ、併せて男性稼ぎ主雇用と連動していた家族も、女性就労の拡大や家族ケアの負荷の高まりによって、しだいに不安定な存在となっていく。

二〇世紀型福祉国家は、雇用と家族の両面で社会的基盤のある人々とその条件を欠く人々を区分し、まず社会的基盤を有し経済的に自立した人々を、社会保険をとおして想定されるリスクから守るという考え方を基礎としてきた。これはいわゆる「防貧」の仕組みである。そして、何らかの事情で自立の条件を欠いた人々についてのみ、公的扶助や福祉サービスをとおして支えた。こちらは「救貧」の仕組みである。

ところが、雇用と家族の揺らぎのなかで、すべての人々が「新しい社会的リスク」にさらされ続けることになる（Taylor-Gooby 2004）。加えて、グローバルな市場競争のなかで地域経済が衰退したり、労働市場への適応に困難を抱える移民層が増大したりして、人々の生活困難が広がる。「防貧」と「救貧」の境界線はしだいに曖昧化していくことになる。ここで人々が直面するのは、単なる「貧困」とは異なり、多元的な要因が複合的に作用しあって生まれる「社会的排除」に他ならない（Berghman 1995）。

社会的排除の拡大に対しては、これまでは「弱者」を対象とするものと括られがちであった支援型の政策を普遍的に提供していく必要がある。ただし、これまでの「弱者」政策がしばしば選別主義的な現金給付に偏ることが多かったのを、そのまま対象拡大するわけにはいかない。排除的に作用している要因（技能の欠落、家族ケアの必要、コミュニケーション能力の不足など）を解決しながら、人々の社会参加と就労を拡大する必要がある。

第二に、経済政策的背景がある。資本の自由な国際移動が増大すると政府の金融政策はコントロール力を失い、二〇世紀型福祉国家が依拠したケインズ主義的な有効需要創出策も従来のような効力をもたなくなってくる。また、財政リソースが縮減するなかで、生産、雇用での乗数効果が期待できない公共事業等の規模を維持することも困難である。経済の競争力拡大につながらない政策群は、その費用対効果が問われてくる。

これに対して、労働力の供給面に力点をおき再訓練などをとおして人々の就労可能性を高めていく政策は、人的資本への投資という性格を有しており、長期的にみて競争力拡大にむすびつく可能性がある。

第三には、世論動向の論理である。「新しい社会的リスク」の普遍化と相まって、中間層の納税者は、自らも雇用や家族の揺らぎに直面し生活不安を強めている。したがって、従来型の公的扶助を拡大し続けて生活困窮層の保護を続けることは、生活困窮層の特権化に映り、ときに中間層の同意を得ることが困難になる。

しかし、福祉政策が生活困窮層の単なる保護ではなく、その社会的経済的自立を促す政策として展開されていくことが強調されるならば、政策への支持調達ははるかに容れ易くなる。それは生活困窮層を福祉で「養う」ことにはならず、また中間層の人々も、近い将来に似通った境遇に陥る可能性はいまや否定できないからである。

以上の三つの背景のもと、これまで二〇世紀型福祉国家の縮小か拡大かで対立してきた保守主義、経済的自由主義、社会民主主義の幅広い立場が、社会的包摂という方向で政治的な収斂傾向を見せるのである。もともと社会的排除や社会的包摂という言葉には曖昧さがある。この曖昧さも、この言葉が一種の政治的乗り合いバスになっていくことを可能にした（Oyen 1997）。そしてだからこそ、包摂の具体的なあり方が問われているのである。

4　社会的包摂の制度体系

ここで社会的包摂という言葉が具体的にいかなる政策を指すかを整理しておこう。社会的排除への処方箋というこの言葉の出自からも明らかなように、社会的包摂は、狭義には生活困窮者の社会参加と経済的自立の支援を意味する。政策としては、公的扶助受給者や生活困窮者に職業紹介、訓練、保育サービスを提供するなどの就労支援をおこない、併せてその就労の場を確保することが中心になる。就労が困難な人々には、多様な活動機会を提供して社会とのつながりを強めてもらうことなども政策に含まれよう。

だが念頭に置くべきは、社会的包摂は、前節で述べたように二〇世紀型社会保障の変容に伴って主題化されてきた、ということである。「新しい社会的リスク」が普遍化することによって、「防貧」と「救貧」の従来の区別が堅持しがたくなる。労働市場は従来よりはるかに流動化し、仮に当面深刻な困窮に陥っていなくとも、一定期間家族のケアに専念したり、教育を受け直したり、あるいは体と心の弱まりに対処することになると、生活は急速に不安定化しかねない。

したがって社会的包摂は、将来的に生活困窮に陥る可能性のあるすべての市民を対象とし、就労だけではなく、広義には、家族ケア、教育、リハビリテーションなど多様な社会活動に人々を包摂していくものである。とくにアクティベーションの立場に立つ包摂論は、こうした広義の社会的包摂を重視し、家族ケアや教育と雇用の好循環を実現して、男女を問わず多くの人々が質の高い就労を実現し続けることを目指す。

それでは、こうした広義の社会的包摂の実現のために求められる制度とはどのようなものか。まず所得保障については、代替型所得保障としての社会保険に対して補完型所得保障としての給付付き税額控除や社会的手当の比重を強める必要が生じる。また社会保険についても、加入対象を短時間労働者に拡大し、子育て期や教育を受ける期間の保険料も免除するなどして、労働市場の新しい条件に適合させる改革が求められる。さらに、育児休業中の手当や奨学金制度の充実も不可欠となる。

公共サービスについても、単に生活困窮者への就労支援サービスだけが焦点なのではない。未就学の子どもに提供される就学前教育や、高齢者や障害のある人々へのケアサービスも、当事者と家族の包摂につながる政策である。あるいは、北欧に見られるような実践的な技能に直結した生涯教育や、体と心の弱まりから働き続けることが困難になった人々へのコンサルティングやケアサービスも必要になる。

さらには、どこまで政府がコミットするかの程度の違いはあれ、包摂の場としての雇用機会を提供していくことも、社会的包摂政策の一部と見なされる。ＮＰＯや協同組合など、いわゆる社会的企業に雇用の場を求める委託事業や、農業や林業における雇用拡大を含めた地域経済政策が、包摂を支える上で重要性を増していく。

5　四つの分岐点

脱商品化

それでは社会的包摂をめぐる異なったアプローチはどのように分岐するのであろうか。社会的包摂は、前項で述べたようにかなり幅の広い制度群から構成されるが、異なったアプローチごとに制度の編成はいかに変わっていくのか。これも本書の各章で詳しく論じられるところであるが、ここで四点にまとめておきたい。

第一に、いかなる制度環境のもとでの包摂か、という点である。冒頭に、社会的包摂を既存の労働市場への動員として批判する議論を紹介した。だが、既存の労働市場がどのようなものであるかは、各国の制度環境によって大きく異なる。重要なのは、比較福祉国家研究の基本概念ともなっている「脱商品化」という指標である。

脱商品化とは、労働市場の外部で、つまり雇用を離れて生活が成り立つ条件のことを指す。福祉国家の制度としては、年金、医療保険、失業保険、公的扶助の給付水準や給付期間などで測られる（Esping-Andersen 1990）。今日の比較福祉国家研究によれば、北欧諸国の福祉国家体制すなわち社会民主主義レジームにおいてはこの脱商品化の度合いが高く、アングロサクソン諸国のような自由主義レジームではこの脱商品化の度合いが低い。そして社会的包摂は、どちらの制度環境のもとで追求されるかで、大きく異なったものとなる。

北欧、たとえばスウェーデンは、労働市場からの離脱に有利な制度を整え、脱商品化の度合いを高めた上で、人々の労働市場参加を奨励し社会的包摂を実現してきた。一見するとこれは、ブレーキとアクセルを同時に踏むような、矛盾した事柄に思われる。しかしながら脱商品化とは、労働市場を包摂に値する空間として、社会的包摂をより有意義なものとするために不可欠のものであった。

スウェーデンの場合、脱商品化を強める重要な制度の一つが、ゲント制の失業保険制度であった。ゲント制とは、労働組合が給付水準の決定に関与する失業保険制度で、労働組合はすでに戦前期からこの制度をテコにして、経営者の解雇権の行使が労働者にとって決定的な脅威ではない環境をつくることを目指してきた。脱商品化を背景とした強い発言権で職場の労働環境や処遇の改善を積み重ね、とくに一九七〇年代には、共同決定法や労働者重役制度など産業民主主義立法を導入し、労働者が働きやすい労働環境を実現した。併せてこのころには、育児休業中の手当の充実や教育休暇制度など、家族ケアや教育のために雇用を一時的に離れるための保障も導入されていった。

留意すべきは、社会民主党や労働組合にとって、脱商品化の制度は職場からの離脱を促し生産を阻害する手段ではなかった、ということである。まったく逆に、社会民主主義レジームの目標は、積極的労働市場政策や保育サービスの整備を推進し、より多くの人々の質の高い就労を促進することであった。さらに社会保険制度の所得比例給付を拡大するなど、就労が社会保障の給付においても有利になるかたちをつくった。こうして脱商品化の制度は、労働市場に参加することの見返りと誘因を強め労働市場参加を拡大することで、社会的包摂と一体化したのである。

これに対して、脱商品化の度合いが弱いアングロサクソン諸国では、労働市場に対する社会的規制が弱く、労働市場は包摂の場としての見返りと誘因を欠く場合がしばしばであった。アメリカの犯罪学者ジョック・ヤングは、既存の労働市場がそれ自体として安定した生活をもたらさない排除的な空間であることを指摘した上で、社会的包摂がこのような労働市場への動員をかける点で、人々を飲み込みながら排除する「排除型社会」をつくりだすものと批判した（ヤング 2007）。脱商品化を欠いた条件のもとで、就労促進のみを追求するならば、それはたしかに排除型社会への展開につながる。

第四章で述べるように、日本もまた脱商品化の水準が低く、非正規雇用と正規雇用の処遇格差が大きいことなどから、就労による社会的包摂を形式的に推し進めるならば、貧困への動員に帰着する可能性もある。

支援サービス

社会的包摂政策の分岐を決める第二の問題は、包摂に向けた支援サービスのあり方である。二〇世紀型福祉国家においては、一般に男性稼ぎ主の安定雇用への依存が強かったために、社会保障は彼の所得の中断に備える現金給付が軸になってきた。これに対して、雇用と家族の揺らぎが強まる時代には、就労や家族を支援するサービス給付の比重が高まらざるを得ない。

実際のところ、各国の社会的支出のＧＤＰ比を見ると、現金給付の割合は減少あるいは停滞しているのに対して、サービス給付の割合は増大している。だが、サービス給付は各国で一律に増大しているわけではなく、そこには福祉国家の規模そのものとも対応した水準の違いがある。

一方では北欧諸国のように、社会的包摂にあたって、高い水準のサービス給付で支援を強めようとする方向がある。サービス供給の設計にあたっては、社会的投資という観点から、その質的な側面が強調され、コスト削減のための民営化は回避される。たとえば保育サービスの供給については、就学前教育として子どもの基本的な認知能力の育成が目標とされる。それゆえに、サービスの担い手の専門性や就学前教育の施設条件についても高い目標が設定され、そこにおける雇用の質を高めることが重視される。

これに対して、アングロサクソン諸国では、サービス給付へのニーズの増大に対して、規制緩和をとおして民間企業の参入を広げ、サービスの供給量を増大させコストを削減しようとする場合が多い。支援サービスの提供が政府の責任から外れるならば、社会的包摂は、ただちに就労することを求める傾向が強くなり、労働市場への動員という性格を強める。

補完型所得保障

第三の分岐点となるのは、補完型所得保障のかたちである。二〇世紀型福祉国家における所得保障は、男性稼ぎ主の所得の中断に社会保険で備え、勤労所得を社会的給付で代替する代替型所得保障であった。これに対して低賃金で不安定な雇用が増大するなかで、労働市場のなかにある人々に対しても、生活が維持できるように所得を補完する必要性が増す。補完型所得保障とは、従来の公的扶助とは異なり、働いている人々を主な対象としてその勤労所得を補完し、あるいは就労と教育や家族生活の両立を可能として、生活が成り立つ条件を構築するものである(Marx 2007)。

補完型所得保障の具体的なあり方としては、まず負の所得税、給付付き税額控除、各種の社会的手当など、就労を条件として給付されるものがある。これは勤労所得を補完するものである。さらに少し問題を広げて考えると、やがて労働市場に戻ることを想定しつつ雇用の外で教育、訓練、家族ケアなど多様な活動に携わる期間の所得保障も不可欠となっていく。こちらは雇用の質を高めたり、家族ケアや教育を支援し、ワークライフバランスを実現することを目的とした所得保障である。奨学金、職業訓練期間の給付金、育児休業手当、期間限定型のベーシックインカムなどがこうした所得保障の例である。

第三章でも述べるように、今日の資本主義は、なんらかのかたちでこうした（広義の）ベーシックインカム型の給付を補完型の保障として組み込まざるを得なくなっている。ただし、いかなる補完型所得保障をどのように組み込むかでここでも分岐が生じる。

勤労所得を補完するといっても、就労インセンティブを高めることだけを目的として、給付付き税額控除を低額で給付するというかたちがある。アメリカにおける補完型所得保障はこのような特質があった。これに対して、負の所得税や給付付き税額控除の給付率を高めつつ、他方においては家族ケアや教育期間中の所得保障を充実させて、一定期間は労働市場の外部に滞留することを可能にする、というかたちがある。スウェーデンはこのかたちに近く、育児休業期間の所得保障や奨学金制度を現行所得に連動させるかたちで導入してきた。また近年、勤労所得への税額控除（ただし給付なし）を導入し勤労所得の補完を高めた。スウェーデンに見られるような各種所得保障の強化は、第一の分岐点として挙げた脱商品化を強めることにもつながる。

雇用機会の提供

第四の分岐点は雇用そのものの確保にいかなる手段をとるか、という点である。社会的包摂は雇用を重要な包摂の場として位置づける。その場合、一方においては雇用創出それ自体は政策課題とはせず、せいぜいのところ規制緩和や減税などによる雇用拡大を図るにとどまる場合がある。新自由主義的な包摂戦略はしばしばこのような立場をとり、そこでは就労機会なき「就労支援」という矛盾した政策も現れる。

他方において、何らかのかたちで雇用の確保を社会的包摂のための施策と連動させていくという立場がある。このような立場もいくつかの方法が分かれる。公共事業などによって地域における雇用創出を積極的に図っていく場合がまず想定できる。北欧では公共部門における雇用の創出が女性の就労の受け皿になり、また職業訓練プログラムそのものが包摂の場ともなった。

スコットランドやイタリアでは、長期失業者などを一般就労につなげていくために、社会的企業が自治体の事業を受注して雇用の場を提供した。コミュニケーション能力や生活規律などの社会的リテラシーを回復する場という位置づけの雇用で、こうした試みは、「架橋的労働市場」あるいは「中間的就労」と呼ばれる。さらに、カウンセリングや職業訓練などを受けて一定期間の求職活動をおこなってなお就労できない場合、行政が暫定的に公共部門などで雇用の場を保障するという考え方もある。

6　三つの包摂戦略

以上の四つの分岐点にいかなる態度をとるかによって、社会的包摂の方法はワークフェア、アクティベーション、ベーシックインカムの三つに区分できる。社会的包摂を既成の労働市場への動員とする批判は、ワークフェアについては当てはまるであろうが、アクティベーションには妥当しない。アクティベーションの考え方は、脱商品化の深化や補完型所得保障、さらには雇用そのものの保障をとおして、既成の労働市場のあり方を転換していくことを目指すものであるからである。

まずワークフェアとアクティベーションの包摂のかたちを、グンター・シュミットの架橋的労働市場論をモデル

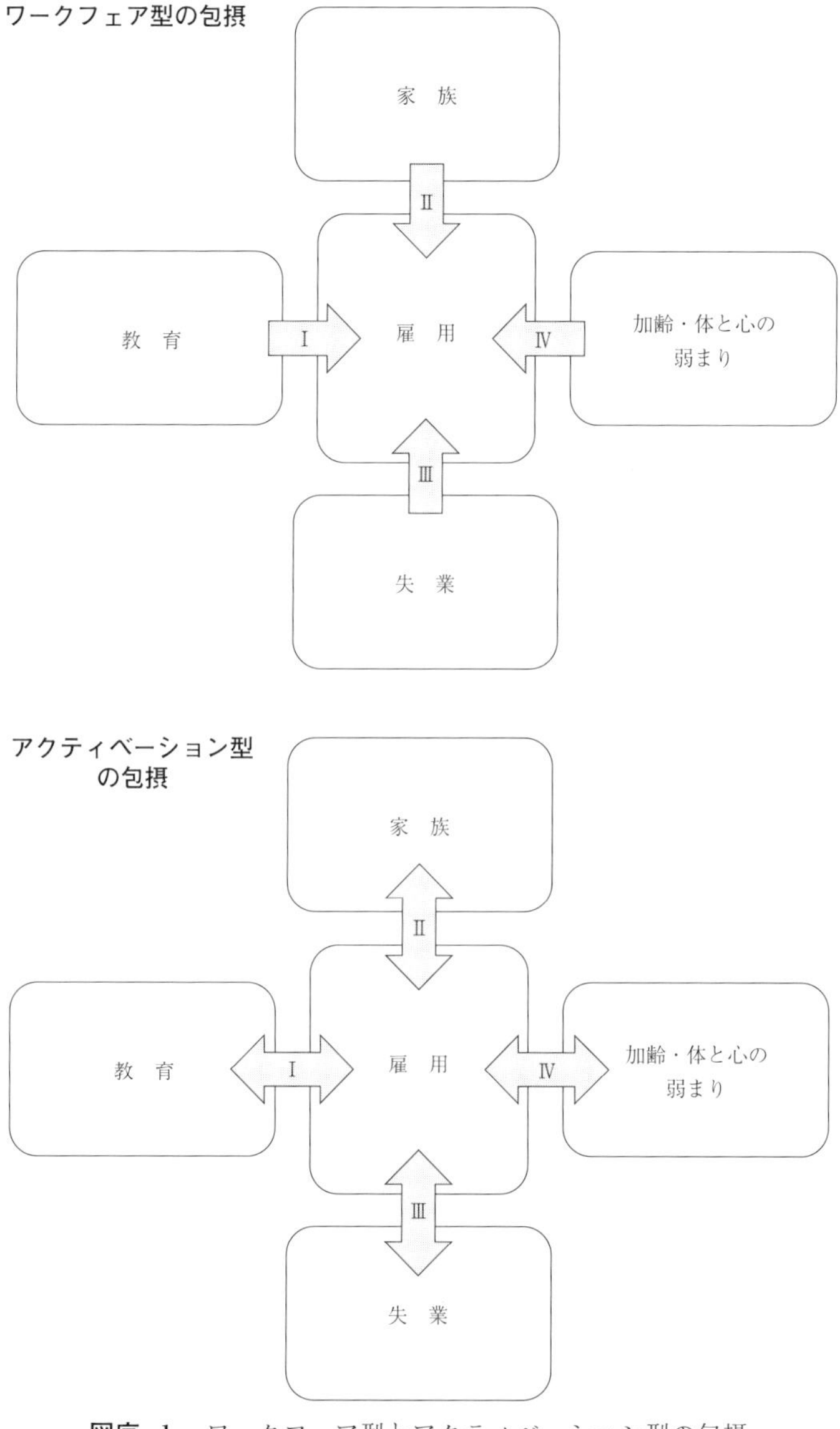

図序-1　ワークフェア型とアクティベーション型の包摂

（出所）Schmid, 2002. をもとに筆者作成。

としてイメージし対比すると図序-1のようになろう（Schmid 2002）。ワークフェアは、外部から雇用に向かうことについては一定の支援と動機付けがあるが、逆に雇用を離れる条件は厳しく、双方向的な橋が架かっているとは言えない。これに対してアクティベーションは、家族ケアや教育、体と心のリハビリテーション期間の所得保障やサービスなどで、双方向的な橋の形成を目指す。包摂の場を雇用以外のところにも設定することで、人的資本と雇用の質を高める考え方とも言える。

ベーシックインカムは、第三章でも述べるように、給付水準の設定によって全く異なった仕組みにつながる。他の所得保障を廃止し、低水準のベーシックインカムで置きかえるならば、むしろワークフェアと同じ就労動員効果がもたらされるであろう。他方で、高い水準の給付を実現するいわゆるフル・ベーシックインカムが導入されれば、雇用とその外部に双方向的な橋が形成されることになる。ただしこちらの場合は、ベーシックインカムの財源調達のために就労支援型のサービスが切り詰められる可能性もあり、逆に雇用の外部に人々が「滞留」するという事態を招くかもしれない。

また、四つの分岐点に関連して、公的扶助受給者を含む長期失業者を一般就労につなげるという、狭義の社会的包摂のプロセスは図序-2のように表現できる。図序-2の①が示す左辺の高さは、公的扶助や失業手当など、雇用から離れざるをえない場合に生活を支える給付を指し、これは脱商品化の水準を示す。②は職業紹介や訓練、保育などの就労支援のサービス、③は就労を前提にその収入を補完する給付付き税額控除や社会的手当などの補完型所得保障であるが、社会的手当の一部や居住保障は就労、未就労の如何を問わず広く給付される場合もある。さらに④は中間的就労を含めた雇用機会の提供である。

この図序-2は図序-1で示した社会的包摂の四つの橋のうち、Ⅲの橋のいわば断面図と考えてもよい。ワークフェア型の包摂の場合、①の脱商品化の水準すなわち左辺は低く抑えられ、そのことによって雇用へ移動する圧力

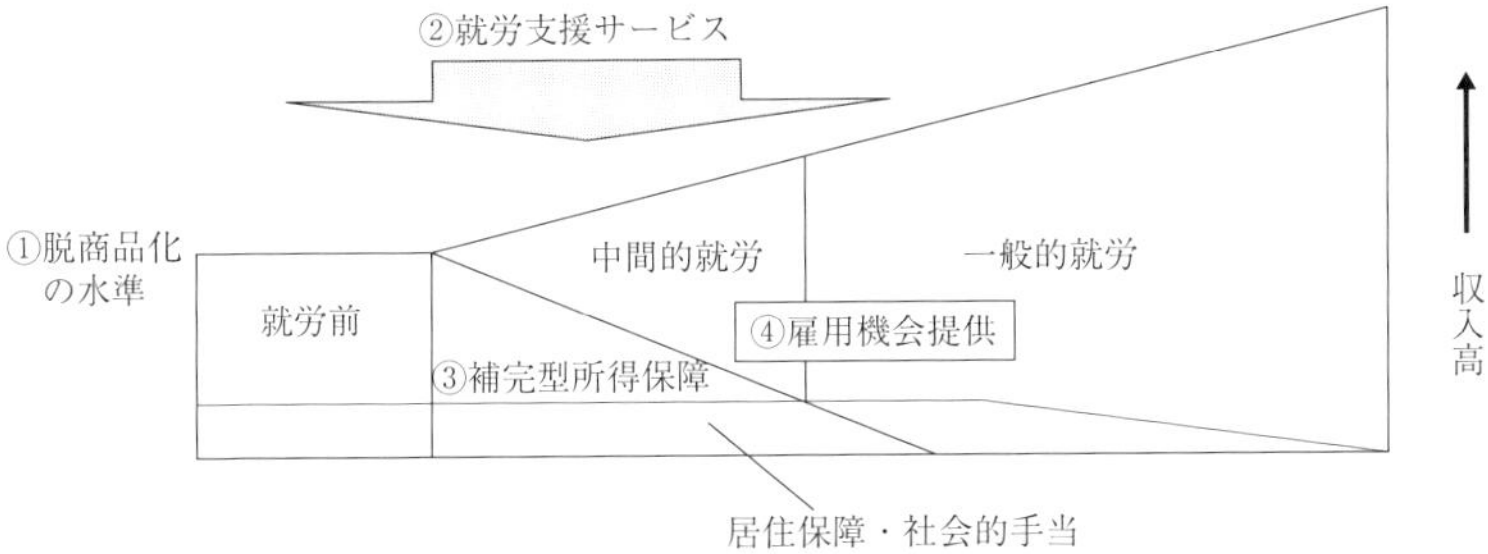

図序-2　社会的包摂の構造

（出所）筆者作成。

がつくり出される。ところが④の雇用機会の保障については原則として市場に委ねられ、労働市場規制も緩いために、社会的包摂の推進がワーキングプアを生む、といった展開にもつながる。②の就労支援サービスについては規模が抑制され、また③の補完型所得保障も低水準に留まる。たとえば、一九七五年にアメリカで導入された時の給付付き税額控除の控除率は一〇％であったが、これは雇用で生活が安定する条件というより、せいぜいのところ、公的扶助よりいくぶんましな収入を実現するという趣旨であった。

これに対してアクティベーション型の包摂の場合は、①の脱商品化の水準を相対的に高く設定する。雇用へのインセンティブは、雇用の外部にあることの生活困難を高めることによってではなく、就労の見返りの大きさによって形成される。スウェーデンにおけるゲント制の失業保険制度は、この左辺を高く維持することに貢献した。②の就労支援サービスは、北欧の積極的労働市場政策の規模が象徴するように手厚いものとなる。④の雇用機会の保障についても、完全雇用と就業率の向上が政府の責任とされる。

③の補完型所得保障については、就労の見返りを十分なものとする水準が目指される。当初アクティベーション的な福祉改革を目指していたアメリカのクリントン政権は、②の就労支援サービスの強化と④の雇用機会の提供については議会共和党の抵抗の前に果たせなかった。しかしながら一九九六年に給付付き税額控除の控除率を大幅に引き上げ補完型所得保障を強めた。ただし北欧な

どでは、補完型所得保障の導入よりも、むしろ補完を必要としない賃金の水準を維持することを重視している。

本書の第一章と第二章においては、社会的包摂をめぐるこのような政策対立が、各国の福祉政治においていかに展開してきたのかを振り返る。そして第三章においては、とくに補完型所得保障の問題をとりあげ、各国が広義のベーシックインカム的な制度を組み込まざるを得なくなっている背景を明らかにし、その組み込み方で制度が大きく異なってくることを示す。

7　福祉政治の変容

今日の福祉政治は、この社会的包摂のあり方をめぐる政治対抗を一つの柱として展開される。先進国では、保守主義や経済自由主義の陣営が新自由主義的なワークフェアに近い政策を掲げ、リベラル派や社会民主主義の陣営が新社会民主主義的なアクティベーションよりの立場に立って対抗するかたちが広がりつつある。こうしたなかで、社会的包摂がどこまで政策として定着し実行されていくかについては、二つの問題を考えておく必要がある。

第一に、各国の福祉政治そのものが、長期的視点に立って社会的包摂などの政策目標を追求するより、短期的な政治的支持の拡大を優先するポピュリズム的な傾向を強めていることである。第二に、社会的包摂を地域において実現するためには、二〇世紀型福祉国家が前提としてきた統治のかたちの根本転換が求められるが、それが容易ではないということである。

まず第一の問題から考えたい。今日の福祉政治においては、いずれの陣営もかつてのように安定した支持基盤に依拠することが困難になっている。産業構造の転換のなかで、労働組合や業界団体など、従来の支持団体が組織率と影響力を後退させていく。他方で、「新しい社会的リスク」に関わる単身女性や若者、非正規労働者などの組織化はすすんでいない。

政治を支える基盤が流動化し、同時に社会的排除の実態が深刻さを増すなかで、主要政党の福祉政策は、ワークフェアかアクティベーションかという潜在的対立を孕みつつも、表面上では接近していく。各国に共通する財政的危機から、いずれの陣営であれ、もはやかつてのように社会保障給付の拡大を続けることは困難で、包摂型の政策はしばしば給付（とくに現金給付）の抑制を伴うかたちで進行する。

政党の社会からの離反がすすみ、主要政党間の政策距離が縮まり、さらに給付抑制的な施策が前面に出ることから、政党政治への反発や不信が強まり、ヨーロッパや日本では既成政治批判を旗印とする新興政党が台頭している。新興政党の政策は多様であるが、主要政党の政策とは異なって給付拡大であれ抑制であれいずれかの方向にラディカルに傾く場合が多く、その政治スタイルにはポピュリズム的傾向が見て取れる。こうした新興政党の動向を睨み、主要政党の内部でも長期的な政策目標の貫徹より短期的な政治的支持の獲得を主目標とする流れが強まる。

すでに述べたように、社会的包摂という主題が浮上すること自体が、広範な納税者、有権者の同意獲得を目指してのことであったし、その結果、政治のポピュリズム的傾向が強まることすらある。二〇世紀型福祉国家における社会保険をめぐる政治においては、労使代表、保険者団体、財政計算の専門家などの交渉が大きな役割を果たした。これに対して、社会的包摂が主題化すると、家族のかたち、男女の社会的役割、公的扶助受給の条件など、人々の生活のあり方そのものに関わる、感情を刺激するところの大きな争点が浮上する。

たとえば日本では、第五章で論じるように、これまで各種業界への利益誘導を実現してきた政官業のネットワークの揺らぎが、福祉政治の変容とポピュリズム的な政治スタイルの拡大をもたらしている。こうした流れは、構造改革を掲げた自民党小泉政権から民主党政権にも引き継がれた。二〇一二年末の総選挙において自公政権が復活した背景には、建設業団体など追い詰められた業界団体が危機意識を強め巻き返した事実もある。しかし、今後かつての政官業ネットワークがそのままのかたちで蘇るとは考えにくい。むしろ政党政治はいっそう機会主義的に流動化しつつある。

こうしたなかで、これまであまり政治の場で表立って取り上げられることのなかった生活保護問題などが、争点として浮上した。多くの有権者が生活不安を強めているなかで、生活保護をめぐる世論は政治の誘導の仕方ではときに厳しいものとなる。このように、社会的包摂という争点がポピュリズム的な政治のなかで扱われることは、社会的包摂のこれからの展開に大きく影響しよう。

ヨーロッパでは、日本ほど剝き出しの公的扶助批判や自助原理の主張は少ないが、移民労働力の増大という問題が絡み、いくつかの国でポピュリズムは福祉ショービニズムというかたちをとって影響力を強めている。第六章で詳しく論じるように、福祉ショービニズムとは、福祉国家の給付対象を自国民に限定し外国人を排除することを求める主張を指す。

ヨーロッパでは、主要政党による包摂型政策の展開によって強い就労規範が打ち出されるなかで、移民層が文化や言語の問題もあって福祉に依存する傾向があることへの反発が強まっている。これに対して、新しい右翼政党は、かつての新自由主義的な主張を撤回し、福祉ショービニズム的な主張で支持を拡大している。とくに北欧諸国やオランダなどで、こうした新興政党が政治のキャスティングボートを握る存在となっている。

日本でもヨーロッパでも、人々の生活不安の深まりのなかで、社会的包摂に関わる問題が政治的争点として浮上し、移民や生活保護受給層をターゲットとした批判的言説が影響力を増していることになる。従来の利益政治の転換と、時にポピュリズム的傾向を強める言説政治の台頭は、どう分析し今後の展開をいかに展望するべきであろうか。本書は第七章において、福祉政治における組織された利益動員の縮小と言説政治の拡大について、その歴史的社会的背景を示し、理論的な分析枠組みを提示している。

8　新しいガバナンスの必要

社会的包摂政策のこれからの展開を展望する上で第二に考えておくべきは、ガバナンスという問題である。すなわち、社会的包摂の実施とくにアクティベーション型のそれの定着のためには、二〇世紀型福祉国家が前提としてきたガバナンスの根本転換が求められるということである。

二〇世紀型福祉国家のもとでは、経済政策、雇用政策、社会保障は異なった行政機構が別個の政策体系によって実現するべきものであった。重化学工業の成長を促すナショナルな経済政策がまず遂行され、反景気循環的で需要喚起型のケインズ主義的雇用政策が追求され、さらに社会保障がこれを補った。

社会保障の内部では、高齢者、「保育を欠いた」子ども、障害者世帯といったように、社会保障の対象が階層別に括り出され縦割りで給付がおこなわれてきた。そして、年金など全国一律の現金給付と標準化されたサービス給付を実現するために、行政機構は集権化されてきた。

ところが社会的包摂の焦点化により、こうした分立的かつ集権的な行政は通用しなくなる。図序-2において見たように、脱商品化をすすめる社会保障政策や所得保障と支援型のサービス給付は一体のものとして執行されなければならない。サービス給付においても、保育、住宅、訓練などの連携が問われるし、さらに吸引力ある雇用を実現するために経済政策、雇用政策と社会保障のリンクも不可欠となる。対象者一人ひとりが抱える個別の事情に応じて支援サービスを提供するためには、社会的企業などの創造的で柔軟な取組みが展開する必要がある。そしてこうした政策と制度の連携は、人々の生活に身近な、地方自治体において実現されなければならない。

第八章で明らかにするように、二〇世紀型福祉国家が遺した行政一元的でかつ集権的、さらには縦割り型の行政機構に対して、社会的包摂は、多元的で分権的、そして縦割りを超えた包括的なガバナンスを必要とする。したがって、社会的包摂政策にとって、既存のガバナンスのあり方が大きな壁として立ちはだかるのである。

これに対して当面は、既存の行政機構を前提に、各部門間での相互調整をすすめる仕組みが置かれることになる。社会的包摂を掲げたイギリス労働党が、首相直属（二〇〇二年以後は副首相直属）の省庁横断的な機関として「社会的排除ユニット（Social Exclusion Unit）」を設置し、住宅問題、失業問題、健康問題など「複合した問題に連携して対処する」ことを目指すとしたのはその例である。また菅内閣のもとで「一人ひとりを包摂する社会」特命チームが各省庁の実務担当者の合同チームとして起ち上がったことも想起できる。

しかし、既存の行政機構を前提にした調整型のアプローチには限界がある。そして効果的な制度連携が実現せずに就労支援がうまくすすまず、また雇用の機会も創出されないならば、社会的包摂の戦略として最後に浮上しうるのは、既存の制度の枠内で公的扶助の給付を切り下げ就労を迫ったり保護を有期化するなどのワークフェア型の包摂政策しかない。

つまり、行政機構の分権化や連携強化が選択肢として遠のけば、旧い行政機構の非効率やムダに対処するためには、その規模そのものを縮小する他ない、ということになるのである。こうして旧い行政機構の残滓は、実は新自由主義的な包摂戦略が自らの存在意義を打ち出す舞台条件となる。

したがって、中央政府の縦割りの弊害を乗り越えながら、地方自治体がそれぞれの地域に応じて、社会的企業などを組み込んだ固有の包摂政策を形成していくことが求められている。こうしたガバナンスが可能にするアクティベーション型の包摂政策は、人々を単に既存の雇用に動員するのではなく、家族ケア、教育、多様な地域活動などにその活動の場を切り開いていく。第一〇章で論じるように、そこからは、人々の福利のために際限ない経済成長を必要とするこれまでの社会とは一線を画した、新しい活動的社会の可能性も見えてくる。それは、人々がアクティブであるということが必ずしも環境負荷に直結しない、持続可能性の高い社会のビジョンでもある。

このような社会像は、ＥＵが二〇一〇年に発表した新しい成長戦略「ヨーロッパ二〇二〇」で掲げた「知的で持続可能な包摂型成長」という考え方と重なり合う。早くから社会的包摂の実現を加盟諸国の共通目標としていたＥＵでは、近年、各国がそれぞれの独自性を活かしながら、経済政策、雇用政策、社会保障を連携させていく政策形成を重視している。併せてこうした「包摂型成長」が、環境政策とも調和して持続可能な社会につながることを目指している。第九章では、そのようなＥＵの社会的包摂政策のガバナンスを取り上げる。ＥＵにおける社会的包摂政策の経験は、各国内で地方自治体が固有の包摂政策を展開していくことを支援する仕組みとして置き直すことも可能であろう。

つまるところ本書は、社会的包摂というそれ自体曖昧で多義的な考え方が、それゆえに政治的対抗の軸となっている事態を客観的に記述する。そして、そのような状況から雇用と社会保障の抜本的転換が不可避になっている事実を浮き彫りにし、さらにその先に新しい社会と統治のかたちを展望しようとするものである。

第Ⅰ部　三つの包摂戦略

第1章　社会的包摂をめぐる政治対抗

1　政治対抗の新しい焦点

近年、社会保障や福祉を給付する条件として就労を求めたり、あるいは給付の目的を就労の実現に置く考え方や政策が各国で広がっている。一般にこうした考え方や政策は、ワークフェアと呼ばれる（宮本 2004a；埋橋 2007）。社会保障の目的を人々を社会にむすびつけ包摂することに置くことをより広く社会的包摂と呼ぶが、ワークフェアはそのなかでも市場主義的なアプローチと位置づけることができる。

ワークフェアは、公的扶助の受給条件を厳格化したアメリカの福祉改革に由来し、通常、就労への努力が不十分と見なされる場合には給付を停止するなどのペナルティを伴う。したがって、少なくともその出自に関する限りは、社会保障、福祉の権利性の後退と見なされることが多い。

しかし、社会保障、福祉と就労を連携させることが、それ自体としてその権利性の後退を意味するかどうかは、いかなる国のどのような政策を念頭に置くかで異なってくる。北欧の社会保障制度に見られるように、人々を就労に導くための支援サービスが手厚く、逆にペナルティが前面に出ない場合は、人々のウェルフェアの向上にむすびつく場合もあろう。それゆえに、ワークフェアをいくつかのタイプに類別する試みもなされてきた。たとえば、ペナルティが先行する「就労義務優先モデル」に対して、支援サービスが手厚い「サービス強化モデル」といった類型である（Peck 2001）。あるいは著者自身は、ワークフェアという言葉自体に、就労を義務化する懲罰的制度という印象がつきまとうことを考えて、支援サービスに力点を置いた北欧型の制度は、アクティベーションという言葉で表現している。

またワークフェアともアクティベーションとも異なり、就労と切り離した社会保障を構想するベーシックインカムという考え方も影響力を広げる。

本章は、アメリカを起点とするワークフェアの理念や政策が、アメリカの内部において、そしてイギリス、スウェーデンと伝播するなかで、アクティベーションやベーシックインカムという理念や政策との緊張関係に入り、それらを掲げる政治勢力と対抗していった経緯を明らかにする。こうした「政策トランスファー」（Dolowitz and Marsh 1996）を検証することをとおして、ワークフェアの伝播と新しい政治対抗を浮き彫りにすることが本章の目的である。

2　アメリカにおけるワークフェアの形成と分化

アメリカ福祉国家の特質とワークフェアの登場

アメリカにおける包摂政策は、まず扶助の条件として就労を強く求めるワークフェアのかたち（就労義務優先モデル）が形成され、これによりアクティベーション的な支援サービス重視のアプローチが対抗する、という経緯を辿った。包摂型の福祉改革に一貫して負の所得税あるいは給付付き税額控除制度という補完型所得保障が伴走してきたことも、アメリカに特徴的である。

アメリカでは、黒人農民層の北部都市への移動を契機として貧困問題が浮上し、一九六〇年代にいわゆる「福祉爆発」が起きる。その結果現れたアメリカ福祉国家は、資力調査つきの給付の比重が高く公的扶助機能が肥大化したものであった。なかでも、父親が未就労の家庭や母子世帯への扶助である要保護児童家庭扶助（ＡＦＤＣ）はその受給者、給付額とも急増した。一九六五年から七五年にかけて、受給者は年平均一五・九％の割合で増大し、その運営費用も、一九六〇年の七億五〇〇〇万ドルから、一九八〇年の一二五億ドルへと大幅に増加した（杉本 2003：36）。

仮に公的扶助機能が肥大化しても、手厚い雇用政策が展開されて、受給者がやがて労働市場に参入していくことが可能であれば、福祉依存層が固定化することはない。しかしながら、アメリカ福祉国家においては、政府が完全雇用の実現に責任をもつ体制は実現しなかった。スコチポルは、アメリカ福祉国家の歴史を振り返り、ニューディール期にケインジアンを結集した全国資源計画委員会（ＮＲＰＢ）がその影響力を維持し、あるいは一九四六年に連邦議会に提出された完全雇用法が否決されなければ、アメリカの労働市場のあり方は変わっていたであろうと言う。しかし、議会では中央の介入を嫌う南部および西部選出の議員の抵抗が根強く、こうした構想は実現しなかった（Weir, Orloff and Skocpol 1988）。

その結果、アメリカの雇用政策は、景気変動に減税などで受動的に対応することが中心となった。一九六一年の地域開発法や、六二年の人材開発訓練法など、個別には職業訓練などのプログラムも導入されてきたが、連邦次元での雇用政策の下支えを欠き、またしばしば州レベルでの執行に抵抗が大きく、空回りをしていく。こうして、公的扶助受給層の肥大化と固定化がすすむことで、納税者としての中間層の反発は強まり、これに政治的に対応する意図もあって、すでに六〇年代の終わりからワークフェア型の改革が開始されていくのである（Weir 1988）。

一九六七年にはＡＦＤＣの受給者を対象とした教育・訓練を各州に求める「就労インセンティブプログラム」（ＷＩＮ）が導入されたが、ＡＦＤＣ改革によりはっきりした動きが生じたのは、六九年にニクソンが大統領に就任してからであった。ニクソンは、一九七一年の法案では、六歳児未満の親にはＡＦＤＣに代える負の所得税型の「家族支援プラン（ＦＡＰ）」を導入するとした。他方で六歳児以上の親に対しては、扶助受給と引き替えに就労義務を課す雇用プログラム（ＯＦＰ）を制度化しようとした。この法案は議会保守派の反対で成立しなかったが、ワークフェアと補完型所得保障（負の所得税）が共存したものであった（根岸 2006：52-55）。

負の所得税は、一定水準以下の所得から所得税を課す代わりに逆に現金を還付（給付）するもので、広義のベーシックインカムとみなすこともできる。自己所得の上昇に応じて給付分は減少するが、従来型の公的扶助とは異なり、一定水準に満たない分を補足するのではなく、勤労所得が規定額に達して給付分がゼロになる（そこから先は給付を受けるのではなく税を支払う）まで、自己所得の上昇につれて給付分と併せた手取り収入が上昇し続けるように設計される。こうして最低所得保障をしながら、従来型の公的扶助にあった貧困の罠、失業の罠を回避しようとするのが負の所得税である。この負の所得税の流れは、一九七五年にＡＦＤＣ改革とはとりあえず切り離されたかたちで、勤労所得税額控除（ＥＩＴＣ）として導入される。

勤労所得税額控除のような給付付き税額控除は、その就労扶助的な性格において負の所得税と共通するが、自己所得ゼロの場合の最低所得保障という機能はない。この制度はまず、所得額や家族構成によって税額控除額を設定する。そして所得が少なく実際の所得税額が決められた控除額を下回る時は、現金を給付するのである。この制度も、労働インセンティブを高めるため、所得額の上昇に応じて控除額が減少するが手取り収入は増大するように設計される。ただしこの段階で勤労所得税額控除は、低所得者の社会保障税分を相殺するだけのごく低い水準のものにすぎなかった。

一九八〇年代に入ると、アメリカでは保守派知識人の間で福祉国家に対する批判がより本格的に展開され、ワークフェアの原理が体系化されていった。その後の議論に決定的な影響をもたらすことになったのは、当時保守系シンクタンク「マンハッタン・インスティチュート」の研究員であったチャールズ・マレイの著作『ルージング・グラウンド』（1984）であった。マレイは、一九六〇年代以降の福祉政策がいかに依存と貧困を再生産しているかを詳細な資料から論じ、就労が可能な世代の所得保障は最終的には全廃するべきであると主張した（Murray 1984：227-228）。

このマレイの議論に対して同じく保守派の政治学者のローレンス・ミードは、問題なのは政府支出の規模そのものというよりもその受給条件であると論じた。ミードが強調したのは、福祉を単なる権利付与とする考え方を克服し、市民権に伴う義務の要素を拡大して、福祉の受給者を社会に統合していくことであった。具体的には福祉の受給者にワークテストを課して就労を義務づけることが提起された。ミードはこのように、政府の規模にこだわる伝統的な保守主義と一線を画し、大きな政府自体は容認する自らの立場を「市民的保守主義（Civic Conservatism）」と呼んだ（Mead 1986：249-254）。

こうした保守派知識人による福祉国家批判の系譜と並んで、八〇年代の終わりには、民主党に近い知識人のなかにも、ワークフェアの問題提起を受け入れつつ政策面でこれに対抗していこうとする議論が現れる。それは、就労を義務づけるという点よりも、就労を困難にしている要因に対処し、就労をより見かえりのあるものとするという点に力点を置いたアクティベーション型の議論であった。

たとえばハーバード大学教授のデビッド・エルウッドは、マレイの著書から数年を経て公刊された著書『プア・サポート』（1988）のなかで、問題なのは人々の就労に向けた支援が貧困であることであると主張し、三種の支援策の強化を訴える。詳しくは第三章で紹介するが、それは第一に、就労をしていても十分な収入を得ることができない世帯への補足的な所得支援（本書でいう補完型所得保障）、第二に、技能の欠落や育児など就労を妨げる要因を除去し就労へ導く支援サービス、そして第三に、就労の機会そのものの提供である（Ellwood 1988：12）。

とくに補完型所得保障に関してエルウッドは、ニクソンの「家族支援プラン」（ＦＡＰ）に負の所得税が盛り込まれていたことを再評価し、ごく低水準で導入されている勤労所得税額控除（ＥＩＴＣ）をもっと高い水準に引き上げて、就労への見返りを増大させる「真の負の所得税」としていくことを提案する（Ellwood 1988：108-121）。エルウッドの議論には、福祉の給付期間に制限を設ける提案も含まれていたが、それはこうした支援型制度の導入と不可分のものであった。こうして、先に述べた二つの立場、ワークフェアとアクティベーション、あるいはワークフェアの「就労義務優先モデル」と「サービス強化モデル」が姿を現した。

ワークフェアの定着――レーガンからクリントンへ

一九八一年に成立したレーガン政権は、まず、ＡＦＤＣの受給資格を厳格化し、受給者を労働市場に追い立てる方法を採った。その一方で、ＡＦＤＣ受給者に公園の清掃などの就労を課し、これを拒否する場合には給付を停止するコミュニティワーク・プログラム（ＣＷＥＰ）を導入した。また、こうしたコミュニティワーク・プログラムを基礎として、各州にＡＦＤＣ受給者に対する職業訓練や労働経験を促すプログラムを開発させるために、特別の規制緩和措置（ウェイバー）を採った。

これを受けて各州では、多様な就労奨励策や訓練サービスが展開された。その中でも、カリフォルニア州リバーサイド郡のプログラムは注目を浴びることになった。それは、コミュニティワーク・プログラムのような公的雇用でも、あるいは職業訓練や保育サービスの強化でもなく、ＡＦＤＣの受給者の就職活動を指導することを重視し、彼ら彼女らの身なりや態度を細かくチェックし、求人への活発な応募を迫るものであった。リバーサイド郡のモデルはワークフェアの「就労義務優先モデル」の典型とも言える仕組みであった（Peck 2001）。
他方でこの時期には、前述のエルウッドのようなアクティベーション型のアプローチ、あるいは「サービス強化型」のワークフェアも唱えられるようになり、方法の分化がすすんだ。しかし逆に言えば、福祉改革を広義のワークフェアの方向でおこなっていくこと自体には広い合意が出来上がったことになる。

一九八八年にレーガン政権のもとで導入された家族支援法は、保守派のみならずリベラル陣営も支持して可決された。同法は、各州に対して九五年までにＡＦＤＣの受給者の五分の一を就労させるか職業訓練プログラムへ参加させることを義務づける一方で、就労を支援するＪＯＢＳプログラム（職業機会および基礎技能プログラム）を九二年までに導入して基礎教育や職業教育を準備することを要請したのである（Schweber 1999：109）。

さて、ワークフェア改革のとりあえずの到達と見なされる一九九六年の福祉改革に至る経緯を述べたい。民主党のなかでは、一九八四年の大統領選挙でモンデール候補がレーガンに大敗を喫したのを受けて、ニュー・デモクラッツ、つまり民主党刷新派を結集するかたちで民主党指導者協議会（ＤＬＣ）が結成されていた。アーカンソー州知事クリントンは、その議長として民主党から離反した中間層をひきつける政策を模索していたが、そこで着目したのが前述のエルウッドの福祉改革論であった。エルウッドを政策顧問に迎え入れたクリントンは、九二年の大統領選挙の選挙マニフェストに、就労と福祉を連携させる福祉改革によって、「お馴染みの福祉はもう終わり（Ending the welfare as we know it）」にすることを掲げる（O'Connor 2004：185-201）。

政権に就いたクリントンは、当初、アクティベーション型の改革をすすめているかに見えた。リベラル陣営からも評価を得たのは、九三年から連続して勤労所得税額控除（ＥＩＴＣ）の条件を大きく引き上げたことであった。児童二人以上の家庭を前提にすると、九三年までは年間七七五〇ドルの収入まではその一九・五％、つまり一五一一ドルを最高限度額にする税額控除が給付されていたのに対して、これが九七年には年間九一四〇ドルの収入まではその四〇%、つまり三六五六ドルが給付されるようになった。この改革を経て、税額所得控除制度は一定の所得保障機能を備えるに至ったと言ってよい（根岸 2006：111：Weaver 2000：84)。

さらに福祉改革の本筋とも言うべきＡＦＤＣ改革に関しては、クリントン政権は、九四年六月に基本案をまとめる。それは、大統領選での公約どおりＡＦＤＣの受給を原則として通算二年間に限定すると同時に、各州機関に対しては受給者ごとのプランを作成し、就労に必要な訓練や育児のサービスの提供をすることを義務づけるものであった。さらに二年間の受給期間の終了後は就労を求められるが、民間部門での仕事が見つからない場合は、コミュニティ・サービスの仕事が提供される（Weaver 2000：242-246)。受給期間の限定という点を除けば、ここにはアクティベーションの特徴がはっきり窺える。

しかしながらクリントンは、この改革プランを貫くことはできなかった。とくに九四年の中間選挙で、ニュート・ギングリッチ率いる共和党が議会の多数派を制してからは、福祉改革のイニシアティブは共和党が握っていくことになる。

議会共和党は、選挙後に第一〇四議会が始まると、ただちに下院歳入委員会において、「個人責任法（Personal Responsibility Act)」案を採択した。これは、福祉の受給期間の限定と労働義務を前面に出した法案であった。その一方でクリントン政権のプランに対しては、職業訓練および公的な雇用提供のための財源が過大であるとしてこれを批判した。

クリントンは、共和党案が「受給者を福祉から就労に移行させるためにあまりに無為である」と主張し、共和党の法案に二度の拒否権を行使した（Peck 2001: 110)。しかしクリントンは、九六年の大統領選挙が近づくにしたがって大きなジレンマに直面する。それは、過去の選挙公約において受給期間の限定と就労義務の導入を掲げたクリントンが、共和党主導の法案に反対を続けるならば、自らが批判した伝統的なリベラル路線に先祖返りしている、という印象を広げ、あるいはそのような批判を許すことになる、というジレンマである。共和党もまたこうしたジレンマを十分に計算した攻勢をかけた。

こうしてクリントンはワークフェアへの妥協を余儀なくされていく。最終的に実現した九六年の改革では、AFDCに代えて「暫定的困窮世帯扶助（TANF）」が導入された。この制度のもとでは、各州は二〇〇二年までに受給者の五割を週三〇時間以上就労させなければならない。また、通算五年以上の受給は認められない。こうした基準を達成できなかった州は連邦のブロック補助金を減額される。これは明らかにワークフェアの就労義務優先モデルに近いプログラムであった（O'Connor 2004）。

3　イギリスにおけるワークフェアの受容と「第三の道」

サッチャー政権とワークフェアの移入・強化

アメリカにおけるワークフェア改革は、アクティベーションとの対抗という点を含めてイギリスに伝播する。すなわち、サッチャー政権がレーガン政権下での各州のプログラムをモデルにワークフェア政策を導入し、次いで民主党刷新派＝ニュー・デモクラッツの影響を受けた新生労働党＝ニュー・レーバーが、「福祉から就労へ」政策を掲げて保守党政権に対抗した。

まず、サッチャーがワークフェアの移入に至った経緯を述べよう。レーガン政権が初めからワークフェアを掲げてスタートしたのに比べて、サッチャー政権の第一期においては、雇用と福祉を連動させることは大きな関心ではなかった。公共支出の削減を至上課題とするマネタリスト的な経済政策が追求され、失業はむしろインフレへの対抗手段と位置づけられていたからである。ところが一九八〇年代半ばになって、七〇年代平均で四・三％であった失業率が一〇％に及ぶに至ると、サッチャーは重大な軌道修正を余儀なくされる。失業率が上昇することによって失業手当など関連する出費が急増し、公共支出の削減が困難となったのである。

八〇年代の半ばという時点は、アメリカにおいてマレイの『ルージング・グラウンド』（1984）の公刊やレーガン政権下での政策展開があり、ワークフェアの理念と制度がしだいに明確になってきた段階であった。失業問題への新しいアプローチとして、アメリカ型のワークフェアの有用性が、メディアやシンクタンクを通して主張されるようになり、また政府関係者のアメリカ調査も重ねられた。スウェーデンの積極的労働市場政策も選択肢として語られたが、サッチャー政権とのイデオロギー的な親近性からも、学習対象はアメリカの経験に絞り込まれていった（Dolowitz 1998：68-85）。

すでに一九八二年には、サッチャー内閣のハウ蔵相のイニシアティブで、レーガン政権が導入したコミュニティワーク・プログラムを参考に、コミュニティ・プログラムが制度化された。これは、アメリカの制度と同様に、失業手当受給者に公的雇用への参加を促すもので、形式上は自発的な参加であったが、現実には一定の強制力を有していた。また、一九八六年の社会保障法改正にあたっては、アメリカの勤労所得税額控除をモデルに、週一六時間以上就労した低所得世帯に対する在職給付制度である家族クレジットが導入された。家族クレジットは後にブレア政権のもとで、勤労家族税額控除として発展させられていく。

一九八六年からは、サッチャー政権は、マサチューセッツ州などのワークフェア・プログラム等を参考に、リスタートプログラムと呼ばれる個人カウンセリングを開始した。一年以上の失業者を対象として、カウンセリングや就職活動のモニタリングがおこなわれ、失業者が合理的な理由なく就職や訓練プログラムへの参加を拒否した場合は、失業手当などの受給資格を失う場合もあった。八六年の社会保障法改正で、失業保険の受給資格欠落期間が延長させられたことで生まれた、間接的な強制効果であった（Dolowitz 1998：109-117）。

さらに、一九八八年の社会保障法改正においては、一六歳と一七歳の失業者の職業訓練プログラムへの参加を義務づけた。同年雇用法も改正され、政府公認の職業プログラムへの参加を拒否した失業保険受給者に対して二六週間の給付停止などペナルティを課した。これはリスタートプログラムに比べてよりはっきりした懲罰的な規定であった。

他方で、職業訓練の制度としては、アメリカで地域ごとに設置され企業、労組などの代表から構成される職業訓練推進機関である民間産業評議会（Private Industry Council）に倣って地域ごとに経営側の参加による訓練事業協議会（ＴＥＣｓ）を設置し、ローコストで民間主導のサービス体制への布石とした。さらに九〇年代に入り、イギリスの失業率が再び深刻さを増すなか、メージャー政権の末期には失業保険制度の抜本改革がおこなわれ、失業給付は求職者手当（Jobseeker's Allowance）として再編された。

労働党における対抗軸の模索

それではニュー・レーバーはサッチャー主義にいかに挑戦をしようとしたのであろうか。労働党は、一九七九年以来の長い保守党支配を打ち破るために、ジョン・スミス党首のもとで「社会的公正委員会」を設置し、新しい戦略の形成に着手した。一九九二年、折しもベヴァリッジ・リポート公刊五〇年目に設置されたこの委員会は、二年間の活動を経て一九九四年に報告書を提出したが、その内容は多様な包摂戦略のカタログともいうべきものとなった。報告書では、ワークフェアからベーシックインカムまで、社会的包摂を志向する諸戦略のすべてが検討されていたと言ってよい。

まず報告書は、これまでの福祉国家路線を修正し、福祉を単なるセーフティネットに留めることなく、人々の再挑戦を可能にする「スプリングボード」として位置づける立場を打ち出す。そして失業問題の解決のために、労働者の雇用可能性（employability）を問題とする議論を展開した（Commission 1994：1）。労働党内のこうした議論の展開には、アメリカのニュー・デモクラッツの影響が指摘されている（Peck 2001：276）。

しかし社会的公正委員会は、ワークフェアという考え方については、人々を強制的に公的雇用プログラムなどに追いやるもので、真の安定した就労にはつながらないと批判をしていた（Commission 1994：182-183）。さらにスウェーデンの制度とワークフェアの相違を強調し、職業訓練や保育などの「再雇用サービス」への相当の投資が不可欠であると論じた。その限りでは、社会的公正委員会の基本的立場は（この言葉自体は使わなかったが）アクティベーションに近いものであったといえる（近藤 2001）。

ベーシックインカム（報告書では市民所得と呼ぶ）については、合意形成に困難で、社会的包摂よりも若年層のドロップアウトなどにむすびつく可能性があり、さらに財政的な困難があるとしてこれを採らなかった。しかし、教育や地域の社会活動への参加を条件として給付される「参加所得」については、負担増につながるもののその導入は可能であり、アンペイドワークの承認や社会的包摂の拡大などの効果も期待できるとした（Commission 1994：261-265）。

このように社会的公正委員会報告は、アクティベーションに近い包摂政策に、ベーシックインカム的な給付の要素も加えた多彩な政策提起の文書であった。だが、ジョン・スミスの死後、党首の地位を継いだトニー・ブレアによって、この委員会の提起はワークフェアに近い方向へ軌道修正をされる。その際に掲げられたのが「第三の道」論であった。

「第三の道」というレトリックは、一九九六年にアメリカの民主党指導者協議会が発表した「新しい進歩主義宣言」に端を発すると言われる。この宣言は、強力な集権的政府でもなく、ただ小さな政府でもない、機会の平等、相互責任、自己統治を実現する第三の道（この文書の言葉では「第三の選択（a third choice）」）に活路を求めたものである。このアイデアが、イギリスの社会学者ギデンズによって体系化されたことはよく知られている。

ただしギデンズは、「第三の道」がアメリカからの直輸入であるという批判に反論し、イギリス労働党の路線に関する限りは、北欧の積極的労働市場政策からも影響を受けていると主張している。たとえば、ブレアと労働党の包摂戦略に強い影響を与え、九七年には財務省のアドヴァイザーとなったLSEの経済学者レイヤード（Richard Layard）は、スウェーデンの積極的労働市場政策をモデルとしていた（Giddens 1998：viii：Giddens 2000：30：Cebulla 2005：20）。「第三の道」論の根が欧州にもあるという主張は、おそらくこの考え方がイギリスおよび欧州で受け入れられていく上では重要であった。

「第三の道」における就労義務優先

しかし、クリントン改革との一体性を強く意識するブレアの「第三の道」論は、やはりアメリカ的なワークフェアの方向に傾いていく。職業訓練や教育投資のための新しい（恒常的な）財源確保は放棄され、財政的なパラメーターは保守党政権の枠組みが堅持されることが明らかにされる（Deacon 2000）。こうしたなかでは、高コストの北欧型アクティベーションは、選択肢としては排除されていく。

アメリカのワークフェアにおいては、しだいにコミュニティワーク・プログラムのような公共部門での雇用機会提供や公的な職業訓練よりも、リバーサイド郡のプログラムのように直ちに就労を求める傾向が顕著になっていく。こうした動向を反映して、ニュー・レーバー周辺のシンクタンクの提言も、直接の就労につなげるプログラムに重点が置かれるようになっていく（Cebulla 2005：23：小林 2006）。

それではニュー・レーバーは、保守党政権が導入してきたワークフェア政策に何を付け加えたのであろうか。まず、これまで効率という点から回避されがちであった長期失業者を含めて、プログラムの対象を広げていったことが指摘されている。また、最低賃金制度や給付付き税額控除制度の給付条件の改善を通して、就労をより見返りのあるものとする手だてが講じられた。

ブレア政権の包摂戦略の中心は、対象集団ごとに展開されたいわゆるニューディール・プログラムであった。ブレア政権は、恒常的な財源の確保を放棄したが、一九九七年の予算において民営化された公益企業に対する一回限りのウィンドフォール税によって五二億ポンドを調達、これを九七年から二〇〇三年までのニューディール・プログラムのために投じた。

最も力点が置かれたのは、若年の長期失業者向けのプログラムであった。一八歳から二四歳で六カ月以上失業している若者に対しては、まず四カ月の「ゲートウェイ」期間が設定される。この期間をとおして、職業安定機関（ジョブセンタープラス）の個人アドヴァイザーがついて就職指導をおこない、就職が実現できなかった場合は、当事者に賃金補助を受けた民間企業への暫定的な就労、環境団体あるいは非営利組織への就労、職業教育という四つのオプションから一つを選択させる。

合理的な理由はなく、いずれのオプションも拒絶したり、アドヴァイザーのカウンセリングに出席しなかったりした場合は、ペナルティとして二週間、四週間、そして二六週間と給付が差し止められた（Finn 2003：712）。二〇〇〇年の九月には二五万人の若者がこのプログラムによって失業手当に依存する生活から脱却し、政府はその目標を達成したことが強調されている（Employment Agency 2001）。

その後もニューディール・プログラムは、障害者、ミュージシャン志望者など対象を広げつつ拡張されていった。ただし、ペナルティが導入されたのは、上述の若年層プログラムに加えて、二五歳以上でかつ一八カ月以上の失業者に対するプログラム、およびひとり親世帯に対するプログラムであった。

その一方でブレア政権は、アメリカの勤労所得税額控除（ＥＩＴＣ）を念頭に税額控除制度の導入の検討を開始し、一九九九年には「勤労家族税額控除（ＷＦＴＣ）」を導入した。イギリスでは、保守党政権によってすでにアメリカの勤労所得税額控除に似た勤労所得への給付付き税額控除である家族クレジットが導入されていた。勤労家族税額控除は、その所管を内国歳入庁に変えた上で、給付条件を改善したものであった。アメリカの制度のように、所得に応じて控除額が増大していって最大給付率に達するのではなく、週一六時間以上就労していることを条件として給付され、週の収入が九〇ポンドに達すると一ポンドにつき五五％ずつ給付が減少していく、という仕組みであった。旧制度では七五万人が総額二五億ポンドの給付を受けていたが、ニュー・レーバーの新制度のもとでは、約一四〇万人が総額五〇億ポンドほどの給付を受ける見通しとなった。

また同じく一九九九年、イギリスでは初めての全国最低賃金制度が導入された。一八歳未満の労働者と就職後一年以内の二六歳未満の労働者は対象から除外されたものの、導入直後の最低賃金は時給三・六ポンドとなった。

その後、第二期以降のブレア政権においては、とくに教育や医療などに関しては政府支出の大幅な拡大が図られた。また、勤労家族税額控除の平均控除額も、九七年の週約五九ポンドから二〇〇三年には約八四ポンドに増大している（Finn 2003）。税額控除制度は、二〇〇三年からは、独身層、高齢層など有子世帯以外の人々にも対象を拡大した「勤労税額控除（Working Tax Credit）」と「児童税額控除（Child Tax Credit）」に再編された。

こうした展開を振り返ると、ニュー・レーバーの包摂政策は、ワークフェアを基調としつつ一部アクティベーション的傾向を伴ったものと言えた。とくに、第二期以降のニュー・レーバーの福祉政策は、アメリカ型からスカンディナビア型に接近したと評価する論者もいる（Annesley and Gamble 2004：156）。

4　スウェーデンにおけるアクティベーションとワークフェア

スウェーデンモデルと就労原則

北欧福祉国家においては、アメリカでワークフェアという言葉が登場する以前から就労と福祉を連携させることが重視されてきた。ただしアメリカと比べると、そのアプローチは異なっていた。序章でも述べたように、必要な場合に労働市場から離れることができる脱商品化の度合いを高めたことがまず大きな相違点であった。その上で、単に公的扶助や失業手当の受給条件だけではなく、雇用政策と社会保障政策の制度全体をとおして就労への支援がおこなわれ、あるいは就労の誘因が埋め込まれた。スウェーデンでは、このような政策原理のことを、「就労原則（Arbetslinjen）」と呼んできた（宮本 1999）。

「就労原則」はまず、雇用レジームによって支えられた。一九五〇年代半ばから低生産性部門から高生産性部門へ労働力を移動する積極的労働市場政策が追求され、産業構造の転換を推進しながらの完全雇用が福祉国家を支えることになった。その内容は、公的な職業教育と職業紹介、そして転職に伴う様々なサービスであった。こうした雇用レジームはさらに福祉レジームと連携した。市町村において、職業安定所は、自治体の公的扶助や生涯教育の部局とむすびつき、また、保育や介護のサービスが女性の就労条件を広げた。

さらに福祉レジームの就労促進機能としてここで注目しておいてよいのが、社会保険制度における「所得代替原理（inkomstbortfallsprincipen）」である。「所得代替原理」とは、失業、医療、育児休業などに関わる公的な所得保障の目的を、最低所得保障とするのではなく、市民の現行の所得の維持に置くことである。つまり、各給付は従前の所得に高い比率で（現在は八〇％で）比例する。職に就いて所得の水準を上げておけば、社会保障の給付もそれに見合った水準になるのである。もちろん日本の厚生年金なども所得比例型給付であるが、その代わりに個々の被用者の拠出分も大きくなる。ところがスウェーデンの場合は、ほとんどの社会保険が雇用主負担であるために、被用者にとっては、各種の給付は純粋に就労と所得上昇への報償という意味をもつことになる。

この方法は、中間層の福祉国家への支持をとりつけるために、一九六〇年代から各制度に浸透した。実はスウェーデンの社会保障支出が先進国のなかで最も高い水準となっていくのもこのころである。つまり、中間層がなぜスウェーデンのような大きな政府を支持するのか、というのは問題設定が逆であって、スウェーデンは中間層の勤労倫理に応え、その支持を得るために、抜きんでて大きな政府となったのである。これに対して、労働市場の外にいる場合の最低所得保障の水準はずっと低くなる。

スウェーデンのこうした制度をワークフェアと見る見解もある（Freeman, Topel and Swedenborg 1997）。しかし、就労の義務化という、ワークフェアの狭義の基準を前提とする限り、スウェーデンの制度はワークフェアとは距離がある。脱商品化の度合を高めた上で支援サービスを強化し、就労の見返りを大きくした。これはワークフェアというよりはアクティベーションという言い方が適切な仕組みであった。

環境党とベーシックインカム

「就労原則」と「所得代替原理」は、スウェーデンのアクティベーションの基本原理であり、政権党としての社民党にとっては福祉国家体制を支える土台であった。このアクティベーションの考え方に対して、「右」からは保守党の新自由主義的な経済政策が、そして「左」からはベーシックインカムの発想が対置されてきた。

ベーシックインカムは、負の所得税とは異なり、所得制限やワークテストを課すことなく、すべての人々に一定水準の所得を保障しようとする。スウェーデンでも、すでに七〇年代の終わりから、アドラー・カールソンら何人かの論者によってベーシックインカムあるいは参加所得に近い制度が提案されてきた。しかし、ジャーナリズムにおいても労働運動のなかでも、積極的に受け入れられることはなかった。

社民党よりも左に位置する左翼党のなかでは、ベーシックインカムについての論議が何度か起きていたが、最低保障に偏ると所得比例部分の社会保険が民営化される可能性が高まるという判断から、党の多数派は「所得代替原理」を支持していた。

スウェーデンの政党のなかでは唯一、環境党が、勤労奨励や生産主義への反発もあって「所得代替原理」に反対し、一九九七年の綱領では最低保障の充実を掲げていた。この立場は後にさらに鮮明になり、二〇〇五年の大会で採択された新綱領では、より明確に「一種の市民賃金あるいはベーシックインカムと見なされうる制度」の導入を謳うに至った。

一九九四年からスウェーデンでは社民党、左翼党、環境党の連合政権が続いていたが、福祉の基本設計に関わるこの対立が政治的緊張関係に発展したのは、二〇〇一年の春予算をめぐってであった。きっかけとなったのは所得比例型制度の算定所得上限をめぐる社民党提案である。一連の給付を従前の所得に比例させると言っても、当然算定される所得には上限がある。ところが、たとえば加療期間中や、育児休業中の所得保障について言えば、九〇年代の後半をとおして、所得がこの上限を超える被用者の数は急増し、二〇〇〇年には約一〇〇万人に達した。各種の社会保険は従前の所得の八〇％を保障していたが、所得上限を超えた多くの人々にとっては給付は所得の八〇％を下回ることになる。これを放置すれば「所得代替原理」は空洞化し、中間層の支持が福祉レジームから離反することになりかねない。

そこで社民党は、左翼党と共に、医療保険と育児休暇中の所得保障の算定上限を大幅に引き上げる提案をおこなった。たとえば、育児休業中の所得保障については二万六〇〇〇クローナを三万クローナとするなどである。これに対しては環境党が強く反発し、基礎保障の充実を主張、育児休業期間中の所得保障については、就労していない母親に対する最低保障の改善を優先させるべきと主張した（Miljöpartiet de Gröna 2001）。連立解消も辞さないとする環境党に社民党は妥協し、上限引き上げの検討を秋まで延ばすことを提案、これに対して今度は左翼党が反発するなどして、妥協案の方向で決着するまで政権は大いに揺れたのである。

ここには、アクティベーションとベーシックインカムという二つの原理の緊張関係が表れていた。環境党はさらにその後、もう一つ大きな政策要求の実現に成功する。それは、二〇〇二年に導入されたフリーイヤー（Friår）と呼ばれる制度である。この制度は、一定期間の就労キャリアをもつ市民に、三カ月以上最長一年間のいわば有給休暇を与え、その期間失業手当の八五％（従前所得の七割弱に相当）を給付しようとするものである。フリーイヤーを申請する理由は、教育、介護、休養など何であっても構わない。休職した市民の後には失業者などが採用され、一種のワークシェアリング的な機能も果たす。申請者が失業保険制度に加入している必要があり、また雇用主の同意が最終的に求められるなど、いくつかの適用条件があったが、環境党のなかではこれを一種の時間限定型ベーシックインカムと位置づける考え方が強かった。

フリーイヤー制度は、二〇〇二年二月から二〇〇四年一二月まで一二のコミューンで実験がおこなわれ、多くの市民が有益に休暇を活用したと評価され、二〇〇五年からは全国に導入された（Arbetsmarknadsstyrelsen 2003）。ところが、この制度は二〇〇六年秋の総選挙で政権を獲得した保守中道のラインフェルト内閣によって廃止されることになる。この政権交代は、スウェーデンの福祉再編をめぐるもう一つの対立軸、すなわちアクティベーションとワークフェアの対抗に関わるものであった。

れていた。

ワークフェアの「逆輸入」

二〇〇六年の政権交代の背景には、保守党のワークフェア戦略への転換がある。市場主義的な福祉国家批判を続け大幅な減税を唱えてきた保守党は、アクティベーションの規範が浸透したスウェーデンでは支持を広げられずにいた。二〇〇二年の総選挙で同党はその前の二二・九％の得票率を一五・二％まで後退させ、土壇場まで追いやられていた。

二〇〇三年の党大会で新たに選出された若いラインフェルト党首は、それまでの単なる福祉国家批判から路線を大きく転換させる。保守党の新たな社民党批判のポイントは、アクティベーションの規範を逆手にとってその未達成をつく、というものであった。すなわち、福祉国家を支えてきた「就労原則」が空洞化しており、福祉国家に「ただ乗り」する人々が増加しており、このままでは福祉国家は維持できない、という批判を展開したのである。

スウェーデンの福祉体制を支えてきた積極的労働市場政策は、近年、労働市場そのものが縮小するなかで、職業訓練をとおした就労可能性の向上だけでは空回りをするケースが多くなっていた。とくに産業基盤の弱い地方で失業者が増大し、傷病手当（加療期間中の所得保障）などに依存する人も増えていた。

保守党の提起は、就労促進型の福祉国家の大枠を維持しつつ、ただしその内容をアクティベーションからワークフェアの方向に引き寄せようとするものであった。ラインフェルトは次のように主張した。「私たちの出発点は、より多くの人々が働くことでのみ福祉は拡充することができる、ということである。そうであるならば、労働の価値を再び高めることこそがスウェーデンにとっての課題である」「保守党は新労働党（nya arbetarparti）として二〇〇六年の総選挙に臨むであろう。私たちは、今こそスウェーデンでは新しい就労原則のための政治をおこなうべきと考える」（Reinfeldt 2006）。

つまり保守党は、「就労原則」を認めつつこれを刷新することを謳ったのである。その具体的な方向は、職業訓練プログラムの規模を縮小し企業におけるＯＪＴなどの比重を高めることである。こうした方向に転じるにあたって、スウェーデンの保守党が「新しい労働党」を名乗り、つまりイギリスのニュー・レーバーを想起させるシンボルを掲げ、しかも選挙ポスターにまでこの言葉を書き込んだことは興味深い。イギリス労働党は、スウェーデンのアクティベーション型政策に大きな影響を受けたが、最終的に実現されたのはクリントン政権下のアメリカ同様、ワークフェアに近い政策であった。その発想が、スウェーデン福祉国家のアクティベーションに対抗しようとするスウェーデンの保守党によって「逆輸入」されたのである。

二〇〇六年の総選挙の結果を見る限り、こうした戦略転換は功を奏したと思われる。保守党は五五議席（得票率一五・二％）にまで落ち込んでいた議席を九七議席（得票率二六・三％）に伸ばし、これに牽引されるかたちで政権交代が実現した。

新政権がその後打ち出した政策は、アクティベーション型のスウェーデン福祉国家をワークフェアの方向に近づけようとするものと理解できる。ワークフェアは、アクティベーションに比べて支援サービスへの支出が小さく、また失業者等に直ちに就労することを促し企業内部での訓練を重視する。まず支援サービスについては、積極的労働市場政策プログラムの規模縮小が打ち出された。新年度の予算では、「非効率で、反生産的」と見なされるものを中心にプログラムを廃止し、サービスの給付対象を一五万人から九万人にまで減らすことが明らかにされた。また、一年以上の長期失業者、あるいは傷病手当等の受給者を雇用した企業の雇用主負担金（arbetsgivaravgift）を免除する「ニュー・スタート・ジョブ」というプログラムが導入された。これはＯＪＴ中心の包摂政策に企業減税を巧みに折り込んだものであった。

時間限定型のベーシックインカムという面のあったフリーイヤー制度については、「非効率で、反生産的」な福祉プログラムの筆頭と見なされ、早々に廃止が宣言された。

5　政治対抗のゆくえ

ワークフェアの原型は、アメリカの共和党周辺から生まれたアイデアであった。民主党陣営は、ワークフェアのアイデアに触発されつつも、支援型サービスを強化するアクティベーションのモデルによって対抗しようとした。就労義務優先のワークフェアのアイデアは、イギリスのサッチャー政権に伝播した。これに対して、イギリス労働党も伝統的なディマンドサイド志向の社会民主主義からの脱却を図った。労働党がそこで対抗軸として検討したのは、アメリカ民主党が提起した給付付き税額控除の拡大や、スウェーデンに見られるような積極的労働市場政策によるサプライサイド志向の雇用政策など、アクティベーション的な施策であった。しかしながら、最終的にブレア政権が歩んだ方向は、もっとワークフェアに近い路線となった。

ワークフェアの伝播は、アングロサクソン諸国の間に留まるものではなかった。政府が就労機会の拡大に責任をもつスウェーデンのアクティベーション型の労働市場政策は、もともとイギリス労働党の路線転換に影響を及ぼしていた。ところが、イギリス労働党がもっと就労義務優先型のワークフェアに近い路線を選択すると、スウェーデンの保守党は新自由主義路線を離れてイギリス労働党型のワークフェアを取り入れ、自らを「新しい労働党」になぞらえた。そして、社会民主党政権下での労働市場政策の機能不全をついて政権奪取に成功した。

こうしたワークフェアとアクティベーションの対抗に加えて、各国の社会保障と雇用政策にはワークフェアとアクティベーション双方に対する対抗原理も萌芽的ながら見え隠れしている。たとえばスウェーデンで試みられたフリーイヤー制度のような、時間限定型のベーシックインカムの実験が挙げられる。いずれにせよ二一世紀の社会保障改革は、ワークフェアとそのオルタナティブを軸に展開していくであろうことは間違いない。

第2章　社会的包摂の方法・場・組織――「第三の道」以後の対立軸――

1　福祉改革をめぐる収斂と分岐

「第三の道」とは何であったか

今日の政治の世界では様々なシンボルが繰り出され、メディアをとおして散布され、政治対抗の焦点ともなる。そのうちの一部には「賞味期限」の限定も生じる。トニー・ブレアが率いたイギリス労働党＝ニュー・レーバーが社会民主主義刷新の道として掲げた「第三の道」というシンボルそれ自体は、もはやかつてのような強いインパクトを持たなくなっている。しかし、同時にニュー・レーバーが掲げた社会的包摂という主題は、その後も各国の社会保障改革のキーワードとして継承され議論が広がっている。このシンボルが、現実の社会と政治の変容に深く根ざしたものであるからであろう。

それゆえ、前章でも振り返ったように、社会的包摂を具体的にどのようにすすめるのかをめぐって、各国で政治対抗が生じている。本章では、この政治対抗で問われている事柄を、三つの論点についてさらに立ち入って検討する。

まずは、社会的包摂の「方法」をめぐる対立であり、これは前章で扱ったワークフェア・アクティベーション・ベーシックインカムの対抗と重なり合う。次に包摂の空間をどのように設定するかという社会的包摂の「場」をめぐる対立である。この対立は、社会的包摂をめぐる生産主義と脱生産主義というもう一つの次元の対抗につながる。最後に、社会的包摂の手段として民間の営利・非営利組織をいかに位置づけるかという、社会的包摂の「組織」をめぐる対立である。

本章では、イギリス政治を対象として、「第三の道」の諸政策が導入されたことを契機に、この三つの対立軸がいかに形成され、どのような展開があったかを振り返る。イギリス労働党の動向については、内外の優れた先行研究に依拠しながら、「第三の道」をめぐる論争の、一国の文脈を越えた普遍性に注目する（阪野 2002：近藤 2001）。そのためにもまず、ニュー・レーバーにおける「第三の道」路線の登場の意味を、比較の視点から位置づけることから始めたい。

「第三の道」が福祉政策の領域でどのような刷新をおこなおうとしたかは比較的よく知られている。「第三の道」は、福祉政策と雇用政策をむすびつけ、福祉が就労を促進する体制をつくりだそうとした。市民の社会権と就労の義務をバランスさせていくとする考え方によって、従来の福祉国家体制も、八〇年代以来隆盛を誇ってきた新自由主義体制をも、共に乗り越えることを謳った。社会的に排除されてきた人々について、単に保護の対象とするのではなく、その自立を促進し他の人々との相互的な関係を形成していくという、社会的包摂の考え方が新たに福祉政策の基軸となった。

「第三の道」と北欧福祉国家

九〇年代の半ばというタイミングで、「第三の道」論がこのような主張をおこなったことにはあるアイロニーがある。なぜならばこの時期は、福祉国家体制についての比較論的な研究がすすみ、「第三の道」が乗り越えを図った従来の福祉国家体制の、その多様なかたちが判明した時期でもあったからである。とくに、福祉国家体制の代表格であった北欧の福祉国家は、福祉と就労を連携させるという点では、実は「第三の道」を先取りしていたことが明らかになった。北欧福祉国家では、積極的労働市場政策の展開に力を注ぎ、男女を問わず市民の就労を与件とした福祉政策を展開した。育児や介護などの社会サービスには、女性を労働市場に送り出す効果が期待されていた。各種の所得保障も、高い割合で労働市場における従前の所得水準に比例しており、就労のインセンティブを高めることになっていた。こうして生みだされた高い労働市場参加率が、広い課税ベースにつながり、福祉国家を支えていた（宮本 1999）。

このように北欧福祉国家は、手厚い福祉政策で就労を支援し労働市場を活性化していくことで成り立っていた。エスピン－アンデルセンは、こうした福祉国家を、労働運動の強いイニシアティブが背後にあったことに注目して、社会民主主義レジームと呼んだ。これに対して、従来のイギリスは市場原理が優位になった自由主義レジームに、ドイツは家族や職域への依存が強い保守主義レジームに分類された。わが国では一般に、イギリスやドイツは社会民主主義の経験がすすんだ国とされてきたのであるが、少なくとも現実に現れたレジームとして見る限り、いずれも積極的労働市場政策や就労支援型の福祉においては、北欧福祉国家の後塵を拝していたのである（Esping-Andersen 1990）。

そうであるならば、「第三の道」の登場が意味したことは、イギリスやドイツが遅まきながらエスピン－アンデルセンのいう社会民主主義レジームに接近している、ということであろうか。結論から言えば、「第三の道」の展開を北欧福祉国家の路線への収斂現象ととらえることも正確ではない。ニュー・レーバーの福祉改革は、社会的包摂に向けた政府支援の程度が限定されているという点で、あるいは逆に、就労を迫るその圧力のあり方に関して、北欧福祉国家とは異なった志向をもっていた。また、民間非営利組織の活用といった問題でも、「第三の道」が掲げたパートナーシップ政策と北欧福祉国家の自治体中心のサービス供給体制とは大きな懸隔があった。

このように、同じように就労と福祉を連携させることを目指しても、そのアプローチに関しては、各国ごとに傾向の違いが現れる。つまり、今日の社会保障改革は、一見収斂傾向にあるが、他方では各国間でも、あるいはそれぞれの国の内部でも、政策の具体的な設計をめぐって対抗するビジョンがせめぎ合う状況が生まれているのである。本章が関心を寄せるのは、各国の社会保障改革において現れているこうした新しい政策オプションの広がり、あるいはコンステレーション（布置状況）である。

以下では、「第三の道」の批判的継承を訴えた議論のうち、三つの論点を順次検討していく。第一に、社会的包摂への政府支援のあり方をめぐる議論であり、第二には、社会的包摂の場についての議論であり、そして第三に、こうした社会的包摂のための政策手段の問題、とくに民間非営利組織の組み込み方という論点である。

支援の度合い、包摂の場、包摂のための政策手段という三つの論点は、先に触れた、「第三の道」と北欧の福祉国家の相違とも重なり、同時に今日の社会保障改革にとって可能な戦略オプション群という政策空間を構成する。本章の目的は、「第三の道」の批判的継承を掲げる議論を検討するなかで、この政策空間の構造を明らかにすることにある。

2　就労義務か就労支援か

就労と福祉の連携

ブレア首相は、その政治的マニフェストともいうべき一九九八年のパンフレット「第三の道」において、依って立つ価値観として、「価値の平等」「機会の均等」「責任と義務」「コミュニティ」の四つを挙げた。すなわち、ニュー・レーバーの「第三の道」においては、福祉政策転換の論理として、責任と義務の分担や機会の均等、あるいはコミュニティの相互的な規範が前面に押し出されたのである。ブレアは、「責任と義務」を「右派の領分」としてきてしまったことが、失業給付の肥大化など市民社会の弛緩にむすびついたという認識を表明していた（ブレア 2000）。

こうした問題意識のもとで導入された「福祉のニューディール」は、「責任と義務」という観点が貫かれたプログラム群であった。前章でも述べたとおり、若年失業者向けのプログラムに最も力点が置かれた。一八歳から二四歳のすべての失業者は、六カ月の求職者手当（失業手当）の受給の後は、最長で四カ月間、個人アドヴァイザーがついて職探しをおこない、就職が実現できなかった場合は、賃金補助を受けた民間企業への暫定的な就労、環境団体あるいは非営利組織への就労、フルタイムの職業教育というオプションから一つを選択しなければならなかった。

イギリス雇用局の資料によれば、二〇〇〇年の九月には二五万人の若者がこのプログラムによって失業手当に依存する生活から脱却し、政府はその目標を達成したことが強調されている（Employment Agency 2001）。ただしその一方で、ニューディールプログラムのもとでの雇用拡大の多くが不安定なパートタイム労働であり、離職率が高いという指摘もある（阪野 2002：166）。その後、こうしたニューディールプログラムは、二五歳以上の成人、ひとり親、障害者などに対象を広げながら拡大されていった。ひとり親、障害者などについては、失業給付停止などのペナルティは外されたが、定期的な就労活動についての面談に臨むことが義務づけられた（Finn 2004）。

福祉のニューディール政策は、失業者の個別のニーズに対応するためにも、分権的な体制で、地域の雇用担当局が基軸になって展開される。二〇〇二年の改革以後は、雇用年金省管轄の「ジョブセンター・プラス」がその役割を担ってきた。全国に一五〇〇のオフィスを有するジョブセンター・プラスは、地域の事情に応じて、民間非営利組織、営利企業、経営者団体、労組などと連携をとりながら、ニューディール政策を遂行した。ここでは、地域における雇用創出にどれだけの財源が確保されるかが問われてくるが、この点については、保守党政権以来の総合的地域補助金プログラムである「包括的地域開発補助（ＳＲＢ）」などが継承されたものの、財源の抜本的拡大はなかった。少なくとも第一期の労働党政権にあっては、目標はディマンドサイドを含めた完全雇用ではなく、労働力のサプライサイドでの、雇用可能性の向上にこそあったのである。

このサプライサイドの雇用可能性向上のためには、それではどこまで実質的な支援がなされたのであろうか。ブレア政権は、ニューディールプログラムのための財源として、民営化された旧公営事業へのウィンドフォール税による税収のうち三六億ポンドを充てたが、これは暫定的措置であり、基本的に保守党政権の財政パラメーターを継承することを明らかにしていた。積極的労働市場政策への支出のＧＤＰ比を一九九九年度についてみると、イギリスの支出は〇・三八％であり、オランダの一・六四％、スウェーデンの一・八二％などと比べて依然として低い水準にあった（OECD 2000）。

新しいアプローチとして打ち出されたのは、一九九七年に省庁横断的な機関として設置された「社会的排除ユニット（Social Exclusion Unit）」である。社会的包摂あるいは社会的排除との闘いという理念は、失業や貧困という問題について、その要因を雇用、家族、住宅、健康などの問題が多元的かつ複合的に絡み合ったものとしてとらえる。したがって、社会的排除ユニットが目指したのは、「複合した問題に連携して対処する（joined up solution to joined up problems）」ということであった。このユニットは、地域での連携アプローチをすすめるためのプロジェクトやレポートを展開しているが、逆にいえばここでも支援の規模そのものが拡大されたわけではなかった（Deakin 2002）。

もちろん、労働党政権による就労支援政策が、すべて支出増を伴わず、あるいはムチの要素でおこなわれたわけではない。補完型所得保障や最低賃金など，就労の見返りを高める施策についてはいくつかの進展があったことは前章で触れたとおりである。

たとえば，ブラウン財務相の主導で導入されたとされる「勤労家族税額控除（WFTC）」は，就労への積極的インセンティブを形成していこうとする支援型の政策であった。一定収入以下の世帯は，所得税を納入する代わりにある税額が補助金として給付されたが，世帯構成員が週に一六時間以上就労していて資産が九〇〇〇ポンド以下の有子世帯であることが条件となった。また週三〇時間以上の就労については税額控除が上積みされた。つまり，この制度は就労に向けた積極的インセンティブ形成を図るという点で，「働くための福祉」政策と最低限所得保障を両立させるためのものであった（橋本 2002）。

さらに，「勤労家族税額控除」と同じ一九九九年に導入された全国最低賃金制度も，就労の見返りを高めることを目指した。それまでイギリスでは，労働市場全体に適用される最低賃金制度は存在せず，一部の低賃金部門のみを対象としてその賃金水準を監視する「賃金審議会」が活動してきたが，保守党政権によって一九九三年にごく一部の職域をのぞいて廃止されていた。これに対してニュー・レーバーは，労働組合会議（TUC）の強い働きかけを受けて，またEU社会憲章を尊重する趣旨からも，最低賃金制度の導入に踏み切ったのである。一八歳未満および二六歳未満で就職後一年以内の労働者は対象から除外されたものの，導入直後の最低賃率は時給三・六ポンドとなった。また，一九九九年以来，低所得層への限界税率の引き下げがおこなわれた（田口 2000）。

しかし，このような支援的な政策の展開には，多くの制約があった。「勤労家族税額控除」の制度も，給付対象者および給付の規模という点からは，一九九九年の導入時点でその低所得世帯に対する給付規模が一三億ポンドと決して大型のプログラムではなかった。そもそも，最低賃金制度は，「勤労家族税額控除」などと連携しその財政負担を軽減することを意図したものであった。また，最低賃金制度の導入という点では保守党政権と一線を画した労働党政権も、労使関係制度については、保守党の規制緩和路線の大枠を継承していた。二〇〇〇年にはEU指令に関連してパートタイム労働者の解雇規制が導入されたが、その対象は狭められ、非正規労働者の九割が適用対象外に置かれることになった。こうして、最低賃金制度の導入はパートタイム労働者の増大と一体となってすすんだ。最低賃金制が導入された一九九九年とその前年との間で、その適用対象となるパートタイム労働者は、一二〇万人から一三九万人に増大している（田口 2000：47）。最低賃金制度の導入にもかかわらず雇用は増大したが、雇用増の多くはパートタイム労働者によって説明できるのである。

そのスタート時点を念頭に置く限りでは、ニュー・レーバーの包摂政策は、アクティベーション型の政策よりは、就労義務を打ち出していくアメリカのワークフェア政策に近かったと言わざるをえない。

批判と変化

こうした展開に対して、就労促進のための福祉政策というアプローチに理解を示しつつも、そのためにこそ就労を直接の条件とはしない基礎的所得保障が重要になるという議論も現れている。

たとえばエスピン-アンデルセンは、「第三の道」政策について、就労を奨励することを重視するあまりに所得保障が後景に退いていると見る。その結果として、時間をかけた技能習得などが困難になり、「第三の道」が目指した社会的投資戦略（福祉政策による人的資本の拡充）そのものに支障が生じている、と指摘する。エスピン-アンデルセンによれば、「真に効果的な社会的投資戦略は、（貧困の出現を予め防ぐ）予防的な福祉政策と切り離されてはならない」のである（Esping-Andersen 2002：5）。序章で示した枠組みに引きつけて言えば、これは社会的包摂と脱商品化を連携させる視点である。

同様の問題を、ヒルズはより理論的に表現している。ヒルズもまた、「第三の道」が掲げる社会的包摂という方

表２－１　社会的包摂のための介入の４形態

	政策介入によって変化させるもの	
政策介入の焦点	問題のリスク	問題の効果
事態への遭遇	予防	保護
事態からの脱却	自立奨励	自立推進

（出所）Hills, John, 2002, "Does Focus on 'Social Exclusion' Change the Policy Response?" J.Hills, J. Le Grand, and D. Pichaud eds., *Understanding Social Exclusion*, Oxford University Press.

向を基本的に承認する。しかしながら、社会的包摂のための政策介入には、二つの次元の交差が描き出す四つのパターンがあると主張する。第一は、政策介入の焦点に関する軸で、失業や貧困など不運な事態への転落を防ぐことに関わるか、そこからの離脱に関わるかという次元である。そして第二は、政策介入がとらえる問題に関する次元で、失業や周辺化などといった状態それ自体か、あるいはそのような状態が引き起こす効果か、という次元である。この二つの次元の組み合わせにより、失業や周辺化そのものを予防する「予防（prevention）」、そのような事態に陥ってしまったときに自立を迫る「自立奨励（promotion）」、失業等の経済的効果（つまりは困窮）に対処する「保護（protection）」、そしてさらに、困窮からの離脱のテコとなる経済的支援をおこなう「自立推進（propulsion）」が区別される。このことは表2-1のように表現される。ここで「自立奨励」がアメ、ムチを含めた就労へのインセンティブ形成を主に意味するのに対して、「自立推進」とは、就労への活動を下支えするための最低所得保障などが主な内容となる（Hills 2002：232）。

現実の政策は、このどれか一つだけの目的を掲げているのではなく、多かれ少なかれ複合的な機能を果たす。しかし、これまでの「第三の道」では、表2-1にいう「予防」および「自立奨励」に重点があり、脱商品化を高めることで可能となる「保護」や「自立推進」は軽視される傾向にあった。ヒルズによれば、この点が手厚いドイツの貧困有子家庭支援プログラムとイギリスの制度を比較すると、一年後に一人以上の正規雇用者を生みだした世帯の割合は、ドイツが六三％であるのに対して、イギリスは五二％となっている。イギリスの「勤労家族税額控除」の場合はたしかに「保護」や「自立推進」の機能もカヴァーしていたが、その程度は不十分なのである（Hills 2002：233）。

自立支援の強度をめぐるこうした批判は、労働党政権の「第三の道」路線の問題点をついたものであった。ただしその後、第一期の終わりから第二期をとおして、労働党政権が各種の所得保障の改善をおこなってきたこと、また、自立支援のための新しいアプローチを政策化してきたことも併せて注目してよい（Annesley and Gamble 2004：156）。

勤労家族税額控除の受給世帯は、九七年の七九万世帯から二〇〇三年の一二九万世帯に増大し、その平均控除額も、九七年の週約五九ポンドから二〇〇三年には約八四ポンドに増大している（Finn 2004）。制度的には、二〇〇三年からは、勤労家族税額控除と児童税額控除の関係が整理されて、独身層、熟年層など有子世帯以外の人々にも対象を拡大した「勤労税額控除（Working Tax Credit）」と「児童税額控除（Child Tax Credit）」に再編された。こうした補完型所得保障の強化は、保守・自由連立のキャメロン政権下でも継承されている。一連の税額控除は、二〇一三年からは各種の所得補助と一体化され、「ユニバーサル・クレジット」として運用される。

また、二〇〇五年から運用が開始された「児童基金制度（Child Trust Fund）」は、とくに青年層の自立支援に対する新しいアプローチとして注目された。これは、イギリスに在住し児童手当の対象となるすべての子供の出生時に、政府が親にバウチャーを送り口座を開設させ、二五〇ポンド（貧困世帯の場合五〇〇ポンド）を振り込むものであった。両親や友人はこの口座に、年に一二〇〇ポンドまでを無税で振り込むことができ、子供が七歳になったときに、政府は再度この口座に給付を振り込む。この口座は、当人が一八歳になるまで引き出すことはできないことになっていた。なお、キャメロン政権は児童基金制度に対する政府の給付を廃止し、三〇〇〇ポンドまで非課税で同じく一八歳から引き出し可能な「ジュニアＩＳＡ（Junior Individual Savings Accounts）」に再編した。

3　完全雇用社会か全面活動社会か

脱生産主義による「第三の道」批判

前節でみた「第三の道」批判は，社会的包摂を実現するための方法と投入する資源の規模に関わる議論であった。これに対して別の論者たちは，「第三の道」が社会的包摂を目指すときに，労働市場における自立つまり就労のみを重視し，しかもそれを強制の度合いの強い手段によって追求することを批判する。そして，労働市場の外部における多様な社会活動，すなわち対人ケアや地域のボランティア活動，教育訓練などを含めて，社会的包摂の場を全面的に拡大していくことを主張する。

たとえばジョーダンは，「第三の道」路線をクリントン改革と共通するワークフェア的な「新しい正統派」とした上で，その特徴を次の三点に要約する。すなわち第一に，国としての経済繁栄は労働力の技能水準が決めるという考え方に立つこと。第二に，強い勤労倫理が社会全体に裨益するという前提に立つこと。そして第三に，権利と義務のバランスを重視し，互酬性原理を掲げて福祉受給者に就労を促すことである（Jordan 1998：38-43）。

しかしながら，ジョーダンによれば，こうした考え方は，過ぎ去った産業主義の時代の価値に強く執着している点において妥当性を失っており，混乱を孕んでいる。第一の点に関わっては，今日の労働市場においては，高度な教育と訓練を必要とする仕事は急速に減少している。日本や韓国からの製造業の投資がすすんだイギリスはともかく，ドイツやフランスでは明らかに学卒者や技術者の長期的失業が増大している。雇用が増大しているのは，低熟練の対人サービス部門である。ここでは，教育，訓練の徹底がそのまま雇用可能性につながるという論理は妥当しない。また，第二の点に関わっては，今日の市場経済では一国の経済繁栄はグローバルな産業配置のなかでの位置によって決まるのであって、内部の勤労倫理に依存する度合いは小さくなっている。さらに第三の点については、本来小さなコミュニティの中でこそ機能しうる互酬性の原理を、人々相互の貢献と受益の関係が明確に追跡できないナショナルな枠組みに導入すると、強制労働の制度になりかねない（Jordan 1998：43-66）。

またウイリアムズとウィンデバンクは、ジョーダンと同様に「第三の道」を批判しつつも、その批判的継承を謳い、「もう一つの第三の道（Alternative Third Way）」の像を示そうとする。彼らは貧困への対処が社会的包摂をとおしてすすめられるべきと考える点で「第三の道」と視点を共有する。しかし、目指されるべきは「第三の道」が掲げる「完全雇用社会（Full Employment Society）」ではない。社会的包摂の場を広く労働市場を越えて設定する「全面活動社会（Full Engagement Society）」こそが目標となる（Williams and Windebank 2003：137-140）。

「全面活動社会」が必要とされるのは、今日の労働市場に大きな変化が生じているからである。まず、先進工業国においては労働力率の長期的な逓減傾向が明らかになっている。今日、旧EU加盟一五カ国で、六〇年代からの労働力率の長期的変化をみると、デンマークなど一部の例外を除いて、基本的にどの国も減少傾向が続いている。今日の労働市場は両性の労働市場参加を前提としているにもかかわらず、労働生産性の上昇が続いていることが背景としてある。また、就労を実現したもののなかでも、貧困は必ずしも解消されていない。これはしばしばワーキングプアと呼ばれる層の増大に窺える。

ウイリアムズとウィンデバンクは、就労と貧困との関係を正確にとらえるために、清掃、家屋の保持、料理、子供の世話など世帯がその生活を維持するうえで必要と思われる四四の項目を抽出する。そのうえで、サウスハンプトン、シェフィールドなどイギリスの一一の地域で、世帯の雇用状況ごとに各世帯が必要と考える項目がどれだけ実現できているかを見たのである。調査の結果として注目されるのは、失業世帯において実現できていない項目は四三・三％であるのに対して、共稼ぎで低収入の世帯においては、実現できていない項目が四八・九％に及ぶことである（Williams and Windebank 2003：90）。就労への圧力が世帯の生活能力や地域のネットワークを解体したために、世帯の様々な機能が充足されなくなっているのである。

ジョーダンにせよ、ウイリアムズとウィンデバンクにせよ、彼らの議論が共有するのは、ニュー・レーバーの「生産主義（Productivism）」ともいうべき側面への批判である。フィッツパトリックによれば、福祉政策における生産主義とは、ケア活動や自然環境を含んだ再生産の領域を生産の論理に従属させる思考であり、この価値序列の逆転を図るのが脱生産主義ということになる（Fitzpatrick 2004：214-216）。つまり、社会的包摂の場をめぐる対立には、その背後に、社会民主主義の拠って立つべき価値をめぐる、より大きな対立が伏在していることになる。

全面活動社会への政策

労働市場の外での生活能力支援の意義を強調する人々にとって、掲げられるべき政策メニューの内容あるいはその優先順位は、就労自立を優先する人々とは異なっている。

今日、「全面活動社会」を志向する立場が最も重視する政策は、ベーシックインカムであろう。ベーシックインカムは、これまで就労を与件とした社会保険と、所得調査を伴う公的扶助から成ってきた社会保障制度を、所得調査を伴わない一律で無条件の所得保障によって部分的にあるいは全体として置き換えていこうとする（小沢 2002）。ベーシックインカムの発想は、しばしばユートピア的であるとの批判を受けてきたが、オッフェによれば、脱工業社会の労働市場においては完全雇用を再興しようとする試みのほうがユートピア的なのでである。したがって、労働市場の規模が縮小していることを前提にして、就労を与件としない所得保障の制度を設計することが求められているのであり、ベーシックインカムはそのような制度として有力なのである（Offe 1997）。

ベーシックインカムの問題点として併せて指摘されているのは、この制度が互酬的な関係を求める人々の公正感覚に反する、という点である。ジョーダンが指摘していたように、ナショナルな福祉の制度のなかで厳格な互酬性を求めるのは無理がある。しかし他方において、互酬性は人々が各々の条件で可能な社会参加をおこなう、というように緩やかに解釈することも可能である（Fitzpatrick 2003：50）。社会的包摂は、そのような相互的な関係をとりむすぶための条件形成に関わるものである。ベーシックインカムを、非労働市場領域での社会的包摂の手段として位置づけようとするならば、緩やかな互酬性原理を前提として、多様な社会参加のあり方を評価し、それを条件にベーシックインカムを提供していくという方法も成り立つ。

このような考え方に立ったベーシックインカムのバリエーションの一つが、アトキンソンが提唱する「参加所得（Participation Income）」である。アトキンソンは、既存の社会保障制度を大枠で維持しながら、各制度に共通する最低保障部分としてベーシックインカムを給付することを提案する。アトキンソンが一九九五年におこなった提案では、税控除の全廃などによる財源調達で、現行制度の枠内でこれに一八歳以上の市民に対する週一八・二五ポンドの所得保障を加えることが可能となる。これによって、公的扶助の受給者は約五〇万人減少するとされる（Atkinson 1995：301-303）。ただし、この最低保障の給付は無条件とするのではなく、狭義の雇用労働以外に、退職年齢に達していること、労災認定などの他、介護、育児、ボランティア活動などへの参加を条件としようとするものである。アトキンソンは、ニュー・レーバーの戦略構想をまとめた社会的公正委員会のメンバーでもあり、その報告書には参加所得の構想についても取り上げられていた。

この参加所得と似通った発想であるが、前項で紹介したウイリアムズとウィンデバンクは、ニュー・レーバーによる税制と社会保障の統合という方向に沿いながら、税額控除制度の抜本的な拡大と「能動的市民税額控除（Active Citizens Credit）」の導入を提唱する。既述のように、労働党政権は就労支援型の政策として、勤労家族税額控除の制度を導入し、二〇〇三年には、これが独身層や高齢層等にも対象を拡大するかたちで勤労税額控除等に継承された。ウイリアムズとウィンデバンクは、二〇〇三年の改革の方向を支持しつつも、税額控除の適用対象をさらに拡大し、ここに障害者とフルタイムでの教育あるいは職業訓練を受けている人々を加えることを提案する（Williams and Windebank 2003：173）。

だが、ここでは依然として、失業者や就労時間が短いパートタイム労働者が対象から排除されている。ウイリアムズとウィンデバンクは、税額控除の制度をより包括的なものとするために、さらにこれに能動的市民税額控除を加えることを提案する。能動的市民税額控除は、育児や介護、あるいはコミュニティにおける多様なボランティア活動等を給付付き税額控除の対象として組み込んでいこうとするものである。具体的には、育児にかかわることを条件として税額控除をおこなう「両親税額控除（Parents Tax Credit）」、高齢者や障害者の介護を評価する「ケア提供者税額控除（Carers Tax Credit）」、さらには、コミュニティ活動に対する「コミュニティ活動者税額控除（Community Workers Tax Credit）」の三つが提案される（Williams and Windebank. 2003：175-178）。ウイリアムズとウィンデバンクは、こうした「上から」の制度改正と、たとえば地域通貨のような「下から」のイニシアティブが連動することで、全面活動社会への接近が可能になると考える。

参加所得の場合も、能動的市民税額控除の場合も、大きな問題は、労働市場の外部にあってこれまで私的活動と見なされてきた育児、介護、ボランティア活動を制度的に評価することが可能であり望ましいかという点である。とくにボランティア活動については、バリーが懸念するように、それをモニターする官僚制の恣意的な権力を増大させることにつながるかもしれない（Barry 2001：66）。また、育児や介護の社会的評価に関しては、女性のジェンダー役割を固定化することになるかもしれない（宮本 2005）。社会的包摂の場の拡大という実験に際しては、このような問題にいかに対処していくかも問われることになる。

4　アソシエーションと架橋的労働市場

パートナーシップ政策の展開

福祉のニューディールにおいて、失業者のトレーニングの場として、民間非営利、営利組織が組み込まれたことは既述のとおりである。「働くための福祉」を推進したのは、ジョブセンター・プラスを軸とした民間非営利組織、営利企業のネットワークに他ならなかった。「第三の道」を乗り越えようとする試みとして挙げるべき三番目の論点は、民間非営利組織を中心としたアソシエーションの位置づけ方に関わる。ここで民間非営利組織と呼ぶのは、一方における営利企業、他方における行政組織と区別される多様な社会集団を指し、ヨーロッパ諸国でヴォランタリー・セクターあるいは第三セクターなどと呼ばれる組織に対応する。具体的には、協同組合、共済組合、有限会社、任意団体などを含む。

一般にイギリスのような自由主義的レジームでは、民間非営利組織は、小さな政府を補完する役割を担い、財源等の面での自立性が強かった。それでも戦後の福祉国家体制の整備に伴い、政府のコントロールの範囲が拡大していったが、一九七九年のサッチャー政権の登場によってこの流れは変わった。国民医療サービスの供給体制への内部市場の導入、公営住宅の民間売却、あるいはコミュニティ・ケアの導入による民間非営利組織への業務委託の拡大、公共サービスの一部への競争強制入札の導入がすすめられた。拡大を続けてきた政府の影響力は急速に縮小し、市場原理の拡大が追求されてきたのである（平岡 2003）。

「第三の道」は、サッチャリズムの志向した市場原理主義と一線を画そうとしたが、他方において公共サービスが民間の供給主体に担われることについては、これを積極的にとらえていた。したがって、保守党政権の民営化路線を再度逆転するのではなく、行政と民間非営利組織、営利組織のパートナーシップを強化するという方向に転じようとした。たとえば、自治体の公共事業の民間委託に関しては、競争強制入札に代えて「ベストバリュー」と呼ばれる方式が提案された。これは、コスト削減のみが強調されがちであった競争強制入札に対して、サービスの質や住民の要求、さらには労働コストなどにより多様な条件を考慮した評価をおこなったうえで、サービスの供給体制を決定したり見直したりしていこうとするものである（ブレア 2000）。

さらに、民間非営利組織とのパートナーシップについては、保守党政権時に強まったコントラクト＝委託契約をとおしてのむすびつきに代えて、「コンパクト」すなわち相互協定が提唱された。つまり、行政と民間非営利組織の中央、地方団体がコンパクトを締結し、長期的視点に立って価値とビジョンを共有していこうという考え方である。コンパクトにおいては、行政は民間非営利組織の独立性を尊重すると同時に、こうした組織が政策形成に積極的に関与するような配慮をしていくこと、他方で民間非営利組織は、組織運営のアカウンタビリティを強めつつ、交付された公的資金に見合ったサービスの質を提供する努力をすることなどが謳われた。一九九八年にイングランドおよびスコットランドにおいて、政府と民間非営利組織の連絡団体の間でコンパクトが締結され、これを受けて各自治体レベルでのコンパクトが次々にむすばれた（Alcock and Scott 2002）。二〇〇五年の段階では、イングランドだけでも二〇〇以上のコンパクトが各地で締結されている。さらには、一連のコンパクトの上に立って、内務省や内閣府が、民間非営利組織によるサービス供給の執行状況やその法的枠組みについてのレビューをおこなった。

しかしながら、「第三の道」路線におけるこうしたパートナーシップ政策が、行政と民間非営利組織の対等な関係をつくりだしたかといえば、これを疑問視する議論は多い。たとえばテイラーは、コンパクトがそれ自体として行政と民間非営利組織の関係を真に相互的な関係に転換した例はほとんどないと見る。両者の相互的な関係が形成されているところは、コンパクト以前からそのような関係を実現していたところなのである（テイラー 2005）。

また、こうしたパートナーシップ政策の下でも、かつての保守党政権の時代と同様に、福祉サービスを供給する民間非営利組織は、その事業規模を拡大し、組織を効率化して対応することを余儀なくされている。民間非営利組織は、こうしたなかで、かつての組織的特性であった柔軟性や多様性を失ってしまう場合が多い。一見、民間非営利組織の自主性が尊重されているように見える場合も、実際には、サービスの質や安全の名において集権的に標準化がすすめられていることが多いのである。これに伴い、民間非営利セクター内部の階層化もすすむことになる。

もともと福祉のニューディールにとって、民間非営利組織の役割は不可欠のものであった。福祉政策の課題が、単に再分配をとおしての所得保障におかれるのであれば、中央政府が集権的に遂行していくことは困難ではない。しかしながら、福祉政策の課題が（労働市場であれその外部であれ）市民の自立を支援する社会的包摂に求められてくると、民間組織の貢献は不可欠のものとなる。市民の自立と参加の障壁となっている問題は、当事者ごとに一様ではなく、経済的困難はもとより、家族関係をめぐる困難、近親者の介護問題、生活能力や技能の欠落など多岐にわたる。こうした個々のニーズを行政が細かく掌握し対応していくことは容易ではない。当事者にすら必ずしも自明ではないニーズを掘り起こしていくコミュニケーションの回路も重要になっていく。また、探り当てた多面的な問題に有機的に対応していく組織の柔軟性が求められる。この点で、民間非営利組織の役割はきわめて大きいのである。

アソシエーションの可能性

実際のところ、労働党政権がパートナーシップ政策を重視したのも、地域において社会的包摂を実現するうえで民間非営利組織の役割が不可欠であることをふまえてのことであった（Deakin 2002）。とくにスコットランドを中心とした架橋的労働市場組織（intermediate labor market organization）の活動は、ニュー・レーバーの理念を準備した労働党の社会的公正委員会でも注目され、後には福祉のニューディール政策に大きな影響を与えた。

架橋的労働市場とは、長期的失業者あるいは就労上のなんらかの困難を抱える人々を実際に雇用して、彼らの雇用可能性を高め一般の労働市場への架け橋を提供する仕組みである。その方法は、短期契約による雇用労働を提供し、これに職業訓練や職業紹介を組み合わせる、というかたちをとる。いわゆる福祉的就労ではなく、正規の雇用契約であるというところが架橋的労働市場の特徴である。このような就労支援のかたちは、日本でも近年、「中間的就労」と呼ばれ注目されている（米澤 2011：宮本 2004b）。

一九八三年にグラスゴーの「ワイズグループ」がこうした試みに着手したことを嚆矢とし、一九九四年には、同じくグラスゴーの「グラスゴー・ワークス」が、いくつかの社会的企業と委託契約をむすび事業を開始した。さらにこの戦略は、マンチェスター、リヴァプール、バーミンガム、プリマスなど各地に拡がり、二〇〇〇年には、少なくとも六五のプログラムが展開し、五三〇〇人を雇用していた（Marshall and Macfarlane 2000）。

グラスゴーは典型的な旧工業都市で、産業構造転換の打撃を被った他の工業都市と同様に、一九七〇年代初頭には失業率が急激に上昇した。スコットランドの失業者の二〇％がグラスゴーに集中し、そのうち二五％が長期失業者で、三分の二が二五歳以上という事態に立ち至った。こうしたなかで、政府がスコットランド省をとおして投入した地域発展プログラムに基づいて、数百のいわゆるコミュニティ・ビジネスが現れたが、こうした団体の多くは、地域開発プログラムの財源にあまりに強く依存していたために、プログラムの改廃や行政組織の再編によってほとんどが衰退していったのである（Ash, Cameron and Hudson 2002）。

このようななかで、一九八三年に設立されたワイズグループは、行政への依存関係に陥ることなく、事業を展開してきた稀な例であった。ワイズグループがおこなったのは、スコットランド西部及び中部の公営住宅修繕および景観修復事業を展開しながら長期失業者に賃金を支払い、同時に彼らに約一年間のＯＪＴを提供することであった。

九〇〇カ所に及んだ個別のプロジェクトにおいてとくに重視されたのは、長期的失業のために失われた対人的コミュニケーションや社会的な行動スキル全般にわたるトレーニングであった。やがてワイズグループは、労働市場の新たな需要に即した技能訓練や学習障害をもった人々のトレーニングへと活動の幅を拡げながら、その方法を確立していった。やがてこのワイズグループの成功は、同様の活動を委託契約をとおして展開したグラスゴー・ワークスの経験と併せて、イギリス全国に知られるようになった（Ash, Cameron and Hudson 2002）。

とくに注目されたのは、その就労支援プログラムのパフォーマンスであった。架橋的労働市場は、通常の公的職業訓練プログラムなどを、様々な点で凌駕した。公的職業訓練プログラムが五〇％を超える中途離脱者を出しているのに対して、架橋的労働市場の場合は二〇％から三〇％に留まる。プログラム終了後の再就職率は、スコットランドとウェールズの公的職業訓練プログラムで終了後三年以内の就職が四九％であるのに対して、架橋的労働市場を経たものは、一三週間以内に六〇％以上が新しい仕事を得ている。また、グラスゴー・ワークスにいてその後新しい仕事を得たものは、六カ月後にその五七％が、そして一二カ月後にもその五五％が継続している。これは、「福祉のニューディール」関連のプログラム全体で見たときのデータより、三〇％高い継続率である。もともとブレア政権の「福祉のニューディール」プログラムには、いったん就労したものがすぐに失業保険に戻る回転ドア現象が指摘されてきたが、この点で架橋的労働市場は大きな成果を挙げていた（Marshall and Macfarlane 2000）。

架橋的労働市場組織の財政のうち、事業収入は全体の約一割で、その他は多様な公的資金に依拠している。具体的には、「福祉のニューディール」関連のプログラムと欧州構造基金がそれぞれ約三割ずつを占め、「包括的地域開発補助（SRB）」等の補助金がこれに加わる。しかし、多くの組織は、補助期間、給付対象、対象地域などが多様な複数のプログラムを束ねて財源として活用しており、こうした自律性と主体性は架橋的労働市場組織がすぐれたパフォーマンスを示す背景となっている（Marshall and Macfarlane 2000）。

ここで注目したいのは、架橋的労働市場組織の発展に決定的に寄与したワイズグループの創立者アリスター・グライムスが、就労支援がワークフェア的なアプローチでおこなわれることを批判していることである（Grimes 1997）。グライムスは、アメリカのワークフェアを批判する一方で、「福祉のニューディール」政策においても支援よりも就労の義務づけが先行しがちであることに懸念を表明する。民間営利企業、非営利組織における正規雇用というかたちをとって就労支援をおこなう利点は、当事者の自立へのニーズにより細かく、臨機応変に対応できるからである。架橋的労働市場組織の多くはイギリスの法人格上は有限会社であるが、むしろそのアソシエーションとしての質と自律性が活かされているのである。

ここからは、アソシエーションが提供する組織内部のデモクラシーを、一方では自立支援政策に活かしながら、他方ではこれをローカル、ナショナルな政策形成プロセスにおけるデモクラシーにつなげていくという展望が現れる。この展望は、近年アソシエーティブ・デモクラシーと呼ばれる構想と重なっている。アソシエーティブ・デモクラシーは、議会制民主主義の隘路を、民間非営利組織等がその内部で、または他の組織との間で形成する「コミュニケーションとしてのデモクラシー」（Hirst 1994：34）、あるいは「協調・熟議デモクラシー（Associo-Deliberative Democracy）」（Perczynski 2001：81-82）によって打開していこうとするものである。こうした構想については第八章と第一〇章で改めて触れたい。

架橋的労働市場組織の戦略やアソシエーティブ・デモクラシーの構想は、民間非営利組織の組み込みという点ではニュー・レーバーのパートナーシップ政策と共通しても、アソシエーションの自律性や影響力という点で、ニュー・レーバーとは異なった理念に立脚するといってよい。この点で、ベイダーらが、「第三の道」路線に対して、アソシエーティブ・デモクラシーを政府と市場の二者択一を越える「真の第三の道」と位置付けていることは興味深い（Bader 2001）。

5　ポスト「第三の道」の対立軸

本章は、「第三の道」の福祉政策を概観すると同時に、その継承発展、あるいは乗り越えを目指す議論と対応する政策展開を検討してきた。それは、社会的包摂のための支援の強度、社会的包摂の場、そして社会的包摂のための政策手段の構成、とくに民間非営利、営利組織の役割という三つの次元であった。この三次元にわたる政策オプションをいかに組み合わせるかは、「第三の道」以後の福祉政治の主要な争点の一つとなるであろう。

最後にこの三次元でのオプションの組み合わせについていくつかの点を補足したい。オプションの組み合わせとして、一方ではあくまで就労を自立の基準とした、支援の水準の低い、強制の度合いの強い政策が、民間営利企業あるいは事業規模の大きな（したがってアソシエーションとしての柔軟性を失った）非営利組織を動員しながら展開される、というケースが想定できる。民間非営利組織の組み込みが、アソシエーションの自律性を犠牲にする方向ですすむならば、そのきめ細かな支援能力を期待することは難しくなる。

他方では、自立のための支援に力点を置いた政策が、就労の外での自立支援も重視しながら、とくに柔軟なアソシエーションとしての民間非営利組織を活用しながら展開するというケースも考えられる。この場合、そのための政策としては、広義のベーシックインカムが、民間非営利組織の発展と連動していくという方向も浮上する。たとえばハーストは、ベーシックインカムを活用して市民が民間非営利組織から社会サービスを購入するというかたちを提案する。その結果、市民は福祉サービスを選択することが可能になり、民間非営利組織には持続的活動のための料金収入が提供される。こうして経済基盤を得た非営利組織は、狭義の労働市場の外にあった無償労働の事業化とその社会的評価を実現していく（Hirst 1994）。

本章が検討してきたように、イギリスではニュー・レーバーが前者のパターンから出発し、その流れは基本的には保守党のキャメロン政権に継承されている。これに対して、後者のパターンが「もう一つの第三の道」「真の第三の道」として掲げられる、という構図になっている。

もっとも、社会的包摂をめぐる三次元の組み合わせパターンはこの二つに限定されるわけではない。イギリスの外に目を向けると、また別の組み合わせも見出すことができる。たとえば、大きなコストを投入しながら、就労中心の自立支援をおこない、民間非営利組織はあくまで部分的に、たとえば就労自立が困難な人々を対象とした政策領域に限定して活用する、といったパターンである。これは、ある意味で社会的包摂戦略を先取りしていたスウェーデンなど、北欧の社会民主主義レジームに見られるパターンである。

ただしそのスウェーデンでも、環境党が脱生産中心主義を掲げベーシックインカムの導入を目指している。スウェーデンにおける環境党の路線は、イギリスにおいて脱生産主義を掲げる「もう一つの第三の道」論と強く共鳴している。この社民党と環境党の対立と妥協は、福祉国家のスウェーデンモデルを揺るがせている。

イギリスにおいてもスウェーデンにおいても、社会民主主義政党やリベラル陣営がこの三次元でどのような政策オプションの組み合わせを選択するかによって、社会民主主義の政治的連合の可能性、あるいは広義のリベラル・ブロックの構成が決まっていくであろう。そしてその展開は、二一世紀における先進工業国の福祉政策のあり方を方向づけるばかりか、社会民主主義のアイデンティティのゆくえと、その政治的持続性を決めるといっても過言ではない。

第3章　ベーシックインカム資本主義の三つの世界

1　ベーシックインカム対ベーシックインカム

今日、ベーシックインカムという構想が議論を呼ぶのは、その独特のイメージ喚起力に依るところが大きい。「所得の如何を問わずすべての市民に同額の給付を」というその提起には、「そんな無謀な」という反応をいったん導き出しながら、よく考えると有力な処方箋になっていることが分かるという仕掛けがある。大きな現金給付に徹する小さな政府という考え方には、「当たり前のこと」として教え込まれてきたことを見直し、社会のあり方を根本から再考することを促すきっかけがある。さらにそこには、二〇世紀におけるイデオロギー対立の両極であった資本主義、社会主義のいずれにも見られた生産主義に対する批判も含まれている。

つまり、その主張が単純であるがゆえに、人々に新たな発見をもたらすことがベーシックインカム構想の身上である。明快な問題提起とイメージ喚起力はこの構想の魅力である。しかし、筆者自身の考え方は、すでに二〇〇二年に発表した論文などで明らかにしてきたように、この単純明快な、いわば原理主義的なベーシックインカム論とは距離を置くものである（宮本 2002a）。すなわち、それだけで生活が可能な水準のベーシックインカム（フル・ベーシックインカム）を他の社会保障制度にすべて置き換えるかたちで導入することには、実現可能性という点でも持続可能性という点でも問題がある、と考えている。

しかし、このように述べることは、ベーシックインカムの考え方に価値を認めないということではない。ベーシックインカムは、これを広義に解釈すれば、負の所得税、給付付き税額控除、各種の普遍主義的な社会的手当などを含む。これらは、今日の雇用と労働市場の変容のなかでの所得保障の機能転換に応え、現実の政策リンケージのなかで実際に機能しうる政策原理である（宮本 2004c）。

このように見た場合、一般に対抗関係にあるとされるワークフェアおよびアクティベーションと広義のベーシックインカムは、実は連携する可能性がある。それゆえに新自由主義的系譜に属する論者たちがベーシックインカムを提唱するという光景が現れる。そして新自由主義的なワークフェアとむすびついた時と、新社民主義的なアクティベーションに組み込まれた時とでは、ベーシックインカムは、それぞれまったく異なった機能を期待されているのである。

つまり、原理主義的なベーシックインカムに加えて、新自由主義的なワークフェアの仕組みに接合されたベーシックインカム、さらには新社民主義的なアクティベーションの制度と連携したベーシックインカムが存在しうるのである。エスピン‐アンデルセンが類型化した「福祉資本主義の三つの世界」は、いずれも大きな変容を余儀なくされているが、これになぞらえて言えば、「ベーシックインカム資本主義の三つの世界」を類型化できるのである。

2　所得保障の転換

「ベーシックインカム資本主義の三つの世界」が出現する背景から考えたい。「福祉資本主義の三つの世界」を構成した二〇世紀型福祉国家において、所得保障の目的は（主には男性稼ぎ主の）所得を代替することであった。二〇世紀の中盤にあって、重化学工業の成長に支えられた先進工業国では、男性稼ぎ主の雇用が安定し、家族を扶養する条件があった。二〇世紀型福祉国家は、まずケインズ主義的な経済政策によって男性稼ぎ主の雇用を安定させることに努めた。その上で、彼の職業人生に予想されるいくつかの所得中断リスク、たとえば労災、失業、疾病、退職などに対して、その所得を代替する社会保険制度で対応したのである。こうした社会保険制度は、ベヴァリッジが執筆して一九四二年にイギリスで公刊されたベヴァリッジ報告に体系的に示されたものであった。

以上のような成り立ち故に、二〇世紀型福祉国家はケインズ・ベヴァリッジ型と呼ばれるようになった。人々の所得は、勤労所得、社会保険によるその代替所得、そして様々な事情で勤労所得を得ることができない人々への公的扶助のいずれかで、これらは相互に排他的であった。イーヴェ・マルクスはこのような所得保障を「代替所得」と呼んだ。住宅扶助などの社会手当のように、所得を補完する給付も存在したが、どちらかと言えば例外的なものであった（Marx 2007）。

ところが、代替型の仕組みの前提になっていた安定雇用が解体を始める。経済のサービス化やグローバル化のなかで、雇用が不安定で賃金水準の低いパートタイムや派遣の労働者が急増する。とくに、生産性の低いサービスセクターにおいては、正規労働者を含めてその賃金水準は低下し、単身世帯の増大と相まって、やや古典的な言い方をすれば労働力の再生産そのものが持続しえなくなっている。

もはや代替型所得保障は一部の中核的な労働市場以外では機能しない。低所得をさらに低い水準で代替しても生活は成り立たないからである。失業や労災といったリスクの出現を待たずして生活の維持は恒常的に困難になっているのである。そもそも非正規労働者の多くは、代替的な所得保障を成立させるための社会保険に加入する資格がなかったり、保険料を払う余裕がない。このような事態が続けば、生活保護のような公的扶助に依拠するほかない人々が増大しよう。その一方で、ワーキングプアの所得の落ち込みは、日本における二〇一三年度からの生活保護扶助基準の切り下げに見られるように、公的扶助の水準を引き下げる圧力を増大させる。若い世代の経済的困難から未婚率も増大し、男性稼ぎ主が家族を扶養するというかたちそのものが過去のものとなっていく。

生活を維持するに足る賃金を得ることができる雇用を創出していくことは、依然として重要な課題であるが、地域や産業分野によってはそれがきわめて困難な場合も多い。住宅や教育など、無償あるいは廉価な公共サービスで生活の下支えをすることも重要であるが、それだけでは限界がある。

こうしたなかで新たに求められるのは、代替型所得保障ではなく補完型所得保障への転換である。すなわち、仮に低賃金であっても、これを補完する所得保障と併せて生活の見通しが成り立つならば、就労へのインセンティブも高まるし、公的扶助などへの依存を抑制することができる。

ここには、ベーシックインカムが、単なる思考実験や体制批判の原理としてだけではなく、経済社会の持続可能性を高めるための不可欠のツールとして求められることになる条件がある。各国でワークフェアとアクティベーションが相互に対抗しながら広がっていった経緯については、これまで述べてきた。こうした政治対抗のなかで、ベーシックインカムが第三の選択肢として台頭していることにも触れた。これに対して、本章での議論のポイントは、ベーシックインカムは原理的にワークフェアやアクティベーションと対立するものではなく、広義のベーシックインカムは、むしろ両者と連携することが多いということである。実はワークフェアやアクティベーションは、それが持続するためには、広義のベーシックインカム的な制度を組み込まなければならない。その意味では、ベーシックインカムを組み込んだ資本主義は、狭義のいわゆるフル・ベーシックインカム型に加えて、ワークフェア補強型、アクティベーション連携型の「三つの世界」を構成することになるのである。

3　アメリカの福祉改革

広義のベーシックインカムとの関わりで脱ベヴァリッジ型社会保障の展開を見るためには、やはり六〇年代中盤以降の、アメリカにおける社会保障改革が興味深い事例となる。アメリカは、ヨーロッパ諸国に比べるとケインズ主義的な雇用政策に関して連邦政府が消極的で、またベヴァリッジ型の社会保険が社会に浸透する度合いも弱かった。加えて、脱工業化の進展も早く、雇用基盤の不安定な就業層が多かった。

アメリカの社会保障は、一九三五年の社会保障法によってその基礎が築かれたが、黒人層を中心とした農業労働者やサービス労働者など、多くの人々がその制度の埒外に置かれたままであった。戦後経済の発展のなかで、南部から北部への黒人層の大規模な労働力移動がおき、同時に北部では南部のように選挙人登録を妨害されることが少なかったために、黒人層の政治的影響力が増大した。折からハリントンの『もう一つのアメリカ』等をとおして、豊かな資本主義を誇るアメリカに三〇〇〇万人を超える貧困層が存在することが明らかになっており、民主党政権は貧困問題への対応を迫られることになった（Harrington 1962）。

これが、一九六〇年代にアメリカで、黒人層に対するアファーマティブアクション（積極的差別是正措置）と併せて、「福祉爆発」と呼ばれる社会保障の抜本的な拡張がおこなわれた背景である。ケネディ大統領のもとでの「ニューフロンティア政策」とそれを継承したジョンソン政権下での「グレートソサエティ政策」が福祉拡張の牽引役となったが、そこですすめられたのは、貧困層を選別した上での公的扶助の拡大であった。なかでも、ひとり親世帯に対する公的扶助であるＡＦＤＣは、連邦予算のなかでも支出の比重が高いプログラムとなっていった。また、一九六四年には、フードスタンプが貧困層を対象とした現物給付として導入された。

しかし、一連の施策にもかかわらず、また失業率も一九六九年には三・九％と戦後最低の水準に達したにもかかわらず、同年の段階で貧困層は二四〇〇万人と依然として高い水準にあった。納税者からも、増大する社会保障給付が福祉依存層を増大させているだけで問題の解決につながっていないという批判が広がることになった。他方で民主党リベラルや労働組合のなかでは、公的扶助の量的拡充を求める声も強まっていた。

こうしたなかで、貧困に対処する新しい考え方として提唱されたのが負の所得税の考え方であった（Harris 2005）。負の所得税は、新自由主義のグルでもあるミルトン・フリードマンの提唱として知られるが、国際的資本移動に課税する「トービン税」構想で知られるリベラル派の経済学者トービンが唱えたところでもあった（Tobin 1966）。

トービンは一九六六年の論文で、一例として、各世帯に家族一人あたり年額四〇〇ドルを給付し、勤労所得一ドルあたり四〇〇ドルから三分の一ドルずつを減額していく仕組みを提案した。つまり一人あたり勤労所得が一二〇〇ドル（夫婦に子ども三人の五人家族であれば六〇〇〇ドル）に達したところで負の所得税は通常の所得税に転じ、当該世帯は今度は所得税を支払っていくことになる。

この考え方は、すでに一九六四年には、政府の経済機会局のなかで政策として取り入れられ、その後様々な形で政策提言に現れた。とくに一九六八年に任命された所得維持政策についての大統領委員会は、リチャード・ニクソンが大統領に就任した後に負の所得税構想を盛り込んだ報告書を提出し、この新しい所得維持政策の考え方は、その後伝統的リベラルや保守派との対抗を経て、ニクソンによって採用された。これが第一章でも触れた「家族支援プラン（FAP）」であった。このプログラムは、従来の公的扶助を負の所得税によって置き換えることを目指したものであった。

家族支援プランにおいては、所得のない四人家族には一六〇〇ドル（フードスタンプ分と併せて二四〇〇ドル）が最低保障として給付される。これは貧困線の半分以下の水準であったが、ほとんどの州のAFDCの給付水準は上回っていた（Ventry 2001：19）。ただし単身世帯は現金給付はなくフードスタンプだけとなる。勤労所得が七二〇ドルを超えたところから一ドル所得が増加するごとに、この一六〇〇ドルのうち五〇セントずつ減額されて給付される。たとえば二〇〇〇ドルの勤労所得がある家族は、給付額は九六〇ドルとなる。

基礎控除分七二〇ドルを超えたところから、当初に給付された一六〇〇ドルは所得一ドルにつき五〇セントずつ減らされるから、勤労所得が三二〇〇ドルに達した段階でゼロになる。したがって、基礎控除分と合わせて三九二〇ドルまでが負の所得税によって支援を受ける上限ということになる。ちなみにこの三九二〇ドルは、最低賃金でフルタイムとして働いた場合の所得に相当する額として設定された（Howard 1997：66）。

この家族支援プランは、一九六九年八月にニクソンによって発表された。ニクソンのスピーチライターであったウィリアム・サフィアは、スピーチ原稿のなかで、同プランを特徴づけるのに「ワークフェア」という言葉を使った。このスピーチは、ワークフェアという言葉が、ナショナルな政治の文脈で公的に使用された初めての事例と目されている（小林 2007）。サフィアは、この負の所得税が、自己所得の増大で手取り分が増大する仕組みであり、あくまで就労インセンティブの拡大を目指したものであることを強調し、それまでのウェルフェアとは異なることを打ち出したのである。

この時期、AFDC改革の方法として同時に、受給者への教育・訓練を各州に求めた「就労インセンティブプログラム」も導入されていた。しかしそのこと自体よりも、この負の所得税の導入がワークフェアと呼ばれた事実は興味深い。なぜならば、負の所得税は、他方において広義のベーシックインカム保障の系譜に属すると見なされているからである。つまり、少なくとも現実の政策展開においては、ワークフェアとベーシックインカムは当初より重なっていたとも言えるのである。

この家族支援プランは、一九六九年の議会に提案され、下院を通過した。しかしながら、上院の財政委員会では、民主党リベラル派および福祉受給者団体と共和党保守派の双方から厳しい反対に遭った。リベラル派は、五五〇〇ドルの最低保障を要求し、逆に保守派は、このプランが過度に寛容で就労意欲を損ねると主張した。さらに、州ごとの計算では勤労所得が一定水準に達するとフードスタンプや医療サービス（メディケイド）の資格を失うことから、家族支援プランの制度趣旨に反して就労意欲が失われる可能性が指摘されるなどした。一九七〇年に上院財政委員会は家族支援プランを否決する。

4　ワークフェア補強型ベーシックインカム

一九七一年にニクソン政権は、就労の条件がある世帯に対する職業訓練と雇用の提供を定めた「家族機会プログラム（ＯＦＰ）」を新たに付加して家族支援プランを改めて議会に提案したが、上院財政委員会は再びこれを否決した。このとき、家族支援プラン批判の先頭に立っていた保守派のロング上院議員が提案した代案が、その後のアメリカの所得保障政策においては重要な意味を持っていく（根岸 2006）。

ロング上院議員の代案は、労働ボーナスとしての考え方であった。すなわち低賃金労働者の所得保障を就労意欲を高める方向で実現するために、勤労所得が四〇〇〇ドルに達するまで、所得に対して一〇％、最高額で四〇〇ドルの「ボーナス分」を給付するという提案である。勤労所得が四〇〇〇ドルを超えた段階からこのボーナス分は二五％ずつ減額され、五六〇〇ドルでゼロになる。ロング上院議員の提案は、公的扶助の受給者に最低賃金以下での就労を求め、このボーナス分を加えて最低賃金水準とするなど、保障の水準を大幅に切り下げることを目指したものでもあった（Howard 1997）。

ロング上院議員は労働ボーナスの実現のためにそれ以後も毎年法案を提出したが、下院で否決され続けた。しかし、一九七五年の景気後退に際して、所得税減税と併せた景気浮揚策として、議会は一年限りの給付付き税額控除をロング案とほぼ同じ条件で導入した。社会保障改革というかたちではなく、所得税減税の一部というかたちで導入されたために、議会にとっては抵抗が少なくなったと言われる（Howard 1997：70）。その内容は当初のロングの提案とほとんど同一で、児童のいる勤労家庭を対象として、勤労所得が四〇〇〇ドルに至るまで一〇％の給付を上乗せし、その割合は四〇〇〇ドルから八〇〇〇ドルにかけて減額されているというものであった。ここからアメリカの所得保障制度において重要な役割を果たしていくことになる勤労所得税額控除（ＥＩＴＣ）が開始された。

ＡＦＤＣそれ自体については、とくにロナルド・レーガンが新自由主義的な立場を鮮明にしながら政権に就いてから、受給者に職業訓練や就労を義務づけるかたちが強化されていった。すなわち、すでに導入されていた「就労インセンティブプログラム（ＷＩＮ）」を、州のイニシアティブで運用させ、公園の清掃などによる「コミュニティワーク・プログラム（ＣＷＥＰ）」とも組み合わせて、狭義のワークフェア化をすすめたのである。そしてこれと平行して、就労の見返りを高めるための勤労所得税額控除が維持され、一九八六年には控除額も引き上げられた。

つまり、アメリカのワークフェア改革は、ベーシックインカムとしての性格が強い負の所得税、さらにはそこから派生した労働ボーナス制度と一体のものであり続けてきた。低賃金の労働市場への参入を促し、ワークフェアを成立させるために、ベーシックインカム的給付が導入されたのである。このようにワークフェアに組み込まれたベーシックインカム的な給付は、「ワークフェア補強型」と呼ぶことができよう。

内外で、新自由主義的な立場の論者がベーシックインカムを提唱して話題を呼ぶことがあるが、彼らがワークフェア補強型のベーシックインカムを求めるのは不思議ではない。アメリカでは、現役世代に対する社会保障の全廃を主張するなどラディカルなワークフェア論者として知られていたチャールズ・マレイが、二〇〇六年にはベーシックインカムの導入を求めて注目された（Murray 2006）。マレイによれば、すべての成人のアメリカ人に年一万ドルのベーシックインカムを保障し、勤労所得が二万五〇〇〇ドルを超えたところからその給付に課税をしていくなどの措置を加えれば、現行社会保障制度よりも安上がりなのである。これもワークフェア補強型のベーシックインカム論と呼ぶことができる。

5　アクティベーション連携型ベーシックインカム

これに対してアクティベーションの陣営からも、アクティベーションとベーシックインカムの連携を求める問題提起が広がっている。アメリカでは、デビッド・エルウッドの議論がこの流れを代表するものである。

エルウッドは、一九七〇年代の半ば以降アメリカの福祉支出が抑制され続けていることを批判し、福祉が貧困を定着させているという保守派の議論にも反ばくする。その一方で、リベラル派が従来の社会保障や福祉に固執することにも疑問を呈する。エルウッドは、先に見た六〇年代から七〇年代の初めにかけての福祉改革がもっていた可能性を強調する。

トービンが掲げた負の所得税のアイデアは、先に述べたような経緯をとおして勤労所得税額控除として、相当薄められたかたちで導入された。エルウッドはその控除の水準が、低所得層にとっては社会保障税の負担を相殺する程度に留まっていて、貧困脱出の支えとはなっていないと指摘する。必要なのは、最低賃金の引き上げと平行してこの勤労所得税額控除を抜本強化して、これを「真の負の所得税」に近づけることである。具体的には、勤労所得の三〇％まで給付額を増大させ八〇〇〇ドルの勤労所得までこの控除対象とすることであった。すなわち、八〇〇〇ドルの稼得者はこれに二四〇〇ドルの付加給付を受けられることになる（Ellwood 1988）。

ここでエルウッドの提起の全体像を見ておくと、それは三つのパートからなる。まず第一が、補完支援（Supplemental Support）であり、勤労所得税額控除の抜本強化などはこのタイプの支援にあたる。他には、児童手当など、生活コストの削減につながる給付もこれに当たる。第二に、移行支援（Transitional Support）であり、これは家族の事情や技能の欠落など、就労にあたっての困難を除去することによる支援であり、具体的には職業訓練や保育サービスがこれに当たる。さらに職業訓練などを受け、求職活動をする期間の期限付きの所得保障もこの移行支援に含まれる。通常アクティベーションは、この点で手厚い支援をおこなうことを目指してきた。そして第三に、最後の手段としての雇用（Jobs as a Last Resort）である。移行支援のサービスと期限付き所得保障が終了した後、依然として就労できない人々に対しては、自治体などが最低賃金での雇用を提供する（Ellwood 1988：12）。

この三つのパートは、序章で示した社会的包摂政策の分岐点とも重なる。エルウッドの提起は、アクティベーション型のサービスや雇用機会提供に、とくに労働市場の吸引力を増すことを目指してベーシックインカム的な給付を組み合わせたものである。ベーシックインカムのこうした組み込み方は、ワークフェア補強型に対して、アクティベーション連携型と呼んでもよいであろう。

ちなみにこのエルウッドの構想は、後にクリントンが大統領選挙に挑戦するにあたって全面的に依拠するものとなった。クリントンが「おなじみの福祉は終わりにする」というスローガンを掲げた際、本来念頭に置いていたのは、レーガン流の新自由主義と一線を画したアクティベーション連携型の仕組みであった。しかしながら、第一章でも見たように、一九九六年の福祉改革において、クリントンは勤労所得税額控除の給付額の大幅な改善は実現したものの、その他の点では議会共和党に譲歩を重ね、現実の制度はワークフェア補強型に近づいた。

6　時間限定・一括給付の構想

アクティベーションとベーシックインカムの連携は、エルウッド以外にも様々な論者によって提唱されてきた。とくに時間限定型のベーシックインカムは、職業訓練、教育、家族ケアの期間を支えて、複線型のライフスタイルを実現するものとして、何人かの論者が提起してきた。

たとえば、スウェーデン福祉国家はアクティベーション型の制度を先駆的に実現してきたことで知られるが、スウェーデン労働総同盟（ＬＯ）のエコノミストであるリンドベリは、アクティベーションの強化という観点から「教育アカウント」の導入を主張していた。「教育アカウント」は時間限定型のベーシックインカムであるが、給付の使途は高等教育や生涯教育への参加機会拡大に限定されている。これは、時間限定型のベーシックインカムに人的資本の形成という機能をもたせることでアクティベーション政策との相乗効果を図ったものであった（Lindberg 1999）。

また、オクスフォード大学のホワイトも、時間限定型のベーシックインカムを組み込んだ二層型の所得保障を提唱している。ホワイトは、今日の福祉改革論議について、「労働や参加、さらには時間的期限の制約を受けない無条件のベーシックインカムの支持者と、給付期限を区切るワークフェアの支持者の間で二極化しがち」とする（White 2003 : 203）。そして両者を「建設的に」組み合わせていくことが大切だと主張する。ホワイトの提起するのは二層型の所得保障で、第一層は、従来型の所得保障に就労連携型の（アクティベーション型の）保障を組み込むことで成り、第二層は、時間限定型のベーシックインカムから成る（White 2003 : 174）。

さらに、人生のある時期、とくに職業生活への移行期を支える現金を一括で給付しようとする一括給付型のベーシックインカムも、アクティベーションとの連携が期待される場合が多い。たとえばニッサンとルグランは、相続税などを主な財源として、成人時に一万ポンドの個人口座を提供することを提唱している。この口座は、若者の自立を妨げている諸問題を解決する手段として、高等教育、住居、事業の起ち上げなどへの資金となるように使途が制限される（Nissan and Le Grand 2000）。また、アッカーマンとアリストットは、二一歳に達したアメリカ市民に、自らが社会に地歩を築いていく基盤として、一律八万ドルを給付する構想を示している。この給付は「ステークホルダーズ・グラント」と呼ばれる。財源は、当面は二％の富裕税から調達するが、将来的には成功した市民からの資金の回収もおこなう（Ackerman and Alstott 1999）。

一括給付型のベーシックインカムは、高等教育の学費捻出など個人の判断に基づいた人的投資につながることから、アクティベーションとの連携が想定されている場合が多い。こうした一括給付型のベーシックインカムが、ベーシックキャピタルとも呼ばれる所以である（White 2003：176-200：Dowding, Wispelaere and White 2003：7）。

7　新しい「三つの世界」の出現

さて、とくにアメリカの福祉改革の流れを題材に、広義のベーシックインカムがワークフェアやアクティベーションの流れといかにむすびついているかを見てきた。背景にあるのは、所得保障をめぐる社会環境の変容であった。すなわち、労災、失業、疾病などによる所得の中断に社会保険で備える代替型所得保障から、賃金水準が低く不安定な労働市場に対処する補完型所得保障への転換が求められているのである。社会保険と公的扶助の二分法を超えた、新しい所得保障を導入しなければ、社会と経済の持続可能性すら確保できなくなっているのである。

このようななかで、生活できるに足るベーシックインカムを従来の社会保障制度に代えて導入するという「フル・ベーシックインカム型」の構想に加えて、「ワークフェア補強型」「アクティベーション連携型」のベーシックインカム構想が現れている。

ワークフェア、アクティベーション、ベーシックインカムを単純に、相互排他的な原理と見るよりは、このような制度複合も含めて見た方がベーシックインカム構想の今日的な意義や役割をとらえることができる。「ベーシックインカム資本主義の三つの世界」の出現を論じる所以でもある。

アメリカの経験だけを辿ると、ワークフェア補強型とアクティベーション連携型の違いは、勤労所得税額控除などの給付額や就労支援サービスの手厚さの違いだけに見えるかもしれない。しかし、そこには労働市場とその外部の「つなぎ方」の違い、ともいうべき問題がある。

ワークフェア補強型の制度において、ベーシックインカム的な所得保障は、その給付水準が低いばかりではなく、人々を労働市場につなぎ止めることを目的として組み込まれている。労働市場の外部から労働市場へと、制度的な傾斜がつけられているのである。

これに対してアクティベーション連携型の制度は、必ずしも人々を一貫して労働市場に拘束しようとするものではない。むしろ、教育や訓練、あるいは家族ケアなどの必要から人々が労働市場をいったん離れることを可能にするものである。この二つのかたちを、序章では図序‐1において対比した。アクティベーション連携型においては、ベーシックインカム的給付は「脱商品化」の度合いを高める機能を果たし、労働市場とその外部を双方向的につないでいる。

もともと、スウェーデンなど北欧におけるアクティベーションの展開は、福祉レジームの比較研究において明らかにされているように、「脱商品化」すなわち労働市場を離れて生活できる条件のもとですすめられた。「脱商品化」は、アクティベーションが単なる労働動員に陥らず、必要に応じて労働市場を離れ、自らの能力を活かすことができる雇用に選択的に入っていく条件を確保するために不可欠なのである。あるいは、社会全体である種のワークシェアリングによって、雇用を安定させることも可能になる。

この点は、フル・ベーシックインカム型の構想においても類似の発想が見られる。ただし、少なくとも現状では、フル・ベーシックインカムの構想は、体制批判や思考実験として提起される場合が多い。ポール・ハーストのように、公共サービス供給をＮＰＯなどに委ね供給体制の多元化をすすめて、市民がこれをベーシックインカムで購入するかたちをつくりながら、アソシエーションに依拠した民主主義（アソシエーティブ・デモクラシー）を推進するといった包括的なビジョンもあるが、まだ荒削りな構想に留まっている（Hirst 1994）。

「フル・ベーシックインカム型」の世界構想がもつイメージ喚起力を尊重しつつも、「ワークフェア補強型」の世界への展開に対しては、まずは「アクティベーション連携型」の世界が対置される必要があるのである。

第Ⅱ部　排除と包摂の政治

第4章　福祉レジームと社会的包摂——日本型レジームの位置と課題——

今日の福祉国家研究が、エスピン－アンデルセンに代表される福祉レジーム論によって活性化したことは、すでに広く認められている。社会民主主義、保守主義、自由主義の三つのレジームを類型化したエスピン－アンデルセンの議論は、各自が各々の福祉国家を語ることから来る混乱を収拾し、議論を大いに見通しのよいものとした。さらにこの類型論は、脱工業化とグローバル化のもとでの諸福祉国家の適応力を分析するための道具立てでもあった。つまり、それは単に多様な福祉国家の整理棚であるに留まらず、同一の課題のための異なったアプローチを比較検討する枠組みという性格を兼ね備えていたのである。それゆえに福祉レジーム論は、今日、福祉国家研究の新しいメインストリームとなったと言ってよい。

だが、エスピン－アンデルセンの福祉レジーム論に関しては、これまでいくつかの問題提起がなされてきた。一連の議論には、この枠組みをより深め発展させていくための多くのヒントも窺える。そこには同時に、福祉レジーム論における日本の位置づけを考え、日本の生活保障のこれからについて思いをめぐらさざるを得ない我々にとって、多くの示唆が含まれる。

それはまず、福祉レジーム論に、社会保障以外の制度との関連という視点を付加し、空間軸での包括性を求めていく議論である。たとえば、日本がこの類型論において座りが悪いことについてはかねてから指摘があるが、その理由については、日本の生活保障が社会保障よりも企業と家族に強く依拠していたことが挙げられる。福祉レジーム論は、このような、狭義の福祉国家とは呼べない領域に決定的な重みがあるケースをどう扱うのであろうか。あるいは、福祉レジームと雇用や生産に関わるレジームとの関係はどのようにとらえられるのであろうか。

次に、福祉レジーム論に福祉国家発展についての後発性という視点を導入し、時間軸での広がりを求めていこうとする提起である。福祉レジーム論が基本的には欧米の先進工業国を念頭においたモデルであるのに対して、東アジア諸国のように欧米の福祉国家とスタートラインを異にした後発福祉国家は、経済開発や雇用を優先させる点にその特質があり、家族への依存度も高かった。こうした後発福祉国家は、これから三つのレジームのいずれかの発展経路を追うことになるのであろうか、それとも、そのいずれとも異なった独自の軌道を描くのであろうか。

以上の二つの視点もふまえつつ、福祉レジーム論を日本のような後発福祉国家を含む福祉国家の将来を展望するための枠組みにしようとすると、さらに大きな問題に直面する。福祉レジーム論は、公的扶助や失業手当などによって人々が労働市場から一時的に離脱できることを重視し、脱商品化という指標で福祉国家の成熟の度合いを測ってきた。しかし、雇用の揺らぎを受けた近年の福祉改革の動向を見ると、むしろ人々の社会参加と就労を支援する社会的包摂が追求されている。このように人々を就労にむすびつける（その限りで「商品化」する）改革は、脱商品化を発展基準としてきた福祉レジーム論からすると、どのように評価できるのであろうか。

そして、この問題には、日本のような後発福祉国家の固有の事情が重なってくる。先に見たように、時間軸での後発福祉国家は、空間軸では福祉レジームそのものよりも雇用レジームに依存する度合いが高かった。その点ではある種の社会的包摂を先行的に実現してきたと言える。第Ⅰ部で論じてきた社会的包摂の異なったアプローチで言えば、それは福祉レジームが成熟していないがゆえに就労がより切実になるというワークフェア的な性格の制度であった。ゆえにかつての日本型の生活保障を「ワークフェア体制としての日本モデル」と位置づける議論もある（埋橋 1997：190-192）。だが、であるとするならば、こうしたレジームでさらに社会的包摂をすすめるという課題は、どのような意味をもつのであろうか。

以下、本章では、まず第一節において福祉レジーム論の理論枠組みをふまえてその課題を確認したうえで、第二節で、二つの軸での福祉レジーム論の深化に貢献する諸議論を検討する。そして第三節で、近年の福祉レジームの変容をふまえつつ、社会的包摂志向の福祉改革と脱商品化との関連を考える。

1　福祉レジーム論の理論構造

レジームの概念

エスピン－アンデルセンの福祉レジーム論は、福祉国家の制度を福祉レジームとしてとらえたうえで、福祉国家形成に関わる政治的イニシアティブからその制度的相違を説明する。この相違を説明するスケールは、市民が労働市場から離れて生活できる度合いについての脱商品化指標、制度間の格差を示す階層化指標に、後には伝統的家族への依存度の弱さを示す脱家族化指標が加わった。

「脱商品化」とは、労働市場から離脱できる度合いのことで、「市民が、自由に、かつ雇用、所得、福利を失う怖れなく、必要なときに仕事から離れることができる」ことを指す（Esping-Andersen 1990：23）。福祉国家の制度としては、年金、医療保険、失業保険の給付条件、所得代替率、給付期間などで測られる。「脱家族化」とは、フェミニストの家父長制家族批判をふまえてレジーム分析に加えられた指標で、「家族や婚姻関係から自立して経済的資源を得ることができる」程度を指す（Esping-Andersen 1999：45）。福祉国家の制度としては、医療以外の公的な家族政策支出のＧＤＰ比、子供のいる世帯への家族手当、公的な保育所の普及率、ホームヘルプサービスを受けている六五歳以上人口の割合で測られる。

異なった政治的イニシアティブが制度的相違を生みだすのは、政治的イニシアティブのあり方によって、市場、家族、政府のいずれが制度形成の基盤として重視されるかが決まるからである。すなわち、自由主義勢力が主導した自由主義レジームは、脱商品化において低位、階層化指標に関しては高位でデュアリズム的な傾向があり、市場セクターの役割が大きい。保守主義（キリスト教民主主義）勢力が主導した保守主義レジームは、脱商品化において中位、階層化については職域ごとの社会保険原理が強いために高位でハイラーキー的な傾向を示し、キリスト教的な補完性原理から家族の役割を重視するために脱家族化は低位である。そして労働運動が主導した社会民主主義レジームは、脱商品化と脱家族化がすすみ、階層化は低位で、政府セクターの役割が大きい（Esping-Andersen 1990）。

ここで、この理論枠組みに関して、相互に連関する二つの点について触れておきたい。第一の問題はレジームという概念に関わる問題である。エスピン‐アンデルセンは、一九九九年の著作から、福祉レジームとは国家、市場、家族が構成するレジームであり、福祉供給におけるその三者の比重のあり方がレジームの制度構造を決める、という考え方を明確に打ち出す。エスピン‐アンデルセンが、従来の「福祉国家レジーム」という言葉に代えて、「福祉レジーム」という言葉を使うようになるのはそのためである（Esping-Andersen 1999：73）。脱商品化、階層化、脱家族化などの指標でとらえられる福祉国家の制度特性は、こうした福祉供給をめぐるレジーム全体の役割分担（狭義の福祉国家およびこれと連動する市場や家族の代替構造）の反映となるわけである。

福祉レジームとは公的な福祉制度の類型ではないことに注意が必要であろう。ここで問題となっているのは、福祉レジーム内の構成なのである。自由主義レジームとは、市場が社会民主主義レジームにおける政府の機能を代替しているレジームである。かつてアメリカ大企業の一部で見られた従業員囲い込みの構造はジャコービィによって

「会社荘園制」と呼ばれたが、エスピン-アンデルセンは、アメリカにおける管理職の多さについて、社会民主主義レジームであるならば政府がおこなっている福利厚生や職業訓練、あるいはリクルートの機能を企業が内部化したためという説明をおこなっている（ジャコービィ 1999：Esping-Andersen 1990）。また、保守主義レジームというのは、社会民主主義レジームであれば政府が引き受ける機能を依然として家族が代替しているレジームであり、政府が家族機能を支えているレジームである。

だが、比較福祉国家研究が対象とするのは、この狭義の福祉レジームだけではない。エスピン-アンデルセンは、その主著の第二部においては、福祉（国家）レジームはそれぞれ独自の「雇用レジーム」に対応していると述べ、両者の関係について分析している。つまりレジーム間の関係をも問題にしている（Esping-Andersen 1990）。そして、福祉（国家）レジームのあり方によって、いかに各国の労働市場政策の幅が決定されるかについて、明快な分析を加えている。たとえば、社会民主主義レジーム（スウェーデン）では、福祉国家が自ら雇用主となり、介護や保育などの公的サービスに雇用を吸収することで問題に対処した。また、保守主義レジーム（ドイツ）では、早期退職を可能にする福祉制度が労働市場から人を引き揚げることで、失業の顕在化を防ごうとした。これに対して自由主義レジーム（アメリカ）では、低賃金の不安定就業層から成るサービス労働市場が拡大した。このように福祉レジームは、一国の政治経済全体のなかで、雇用に関わる一連の政策、制度と相互に支え合っているのである。

以上の分析枠組みは巧みなものである。しかし、依然として明瞭でない点も残されている。まず、福祉レジームと雇用レジームとの関係から言えば、前者が後者をいかに形成したかについては明晰な分析があるものの、逆に後者が前者を、すなわち雇用レジームのあり方によって、いかに福祉レジームが方向づけられるかは、ほとんど議論がされていない。この点は日本型の生活保障の分析において重要である。日本では、大企業の長期的雇用慣行や政治的に培養された建設労働市場、さらには零細な流通業の経営が、家族福祉と連動することで、福祉レジームにおける公的福祉の拡大を抑制することになった。つまり雇用レジームが福祉レジームを強く方向づけたのである。

このように、福祉レジームと雇用レジームとの相互関係を包括的にとらえるためには、さらに雇用を支える経済構造のレジームにも視野を広げる必要がある。たとえば日本における長期的雇用慣行は、日本的経営の背後にあった株式の相互持ち合いや間接金融の仕組みを抜きには説明できない。経済構造のレジームに視野を広げていくことは、経済成長に力点を置いた制度構築をしてきた後発福祉国家をとらえるためにも重要である。たとえば次節で検討するソスキスらの「生産レジーム」論は、福祉レジームとの連携をふまえて、経済構造のレジームを比較分析しようとしたものである。

政治的イニシアティブと後発レジーム

福祉レジーム論を時間軸、空間軸で拡張していくためにも、レジームの制度構造とそれを導く政治的イニシアティブとの関係という問題について見ておく必要がある。

欧米の政治的な経験を前提にするかぎり、自由主義が市場を、社会民主主義が政府を重視するのはあたりまえのようにも見える。また、保守主義が自発的結社や家族などの自生的秩序を重んじるという点では、職域的な社会保険と家族主義が連携した保守主義レジームの制度構成も理解できるように思われる。ただし実際には、この三つの政治勢力が、単独で排他的に影響力を行使する、というケースはありえない。

エスピン‐アンデルセンが強調したのは、政治的同盟のパターンという問題である。たとえば福祉国家の発展過程を振り返るならば、福祉国家の形成期には旧中間層とくに農民層との、そして戦後期には新中間層すなわちホワイトカラー層との政治的同盟に成功した勢力が、福祉国家形成を方向づけることが可能になったのである。たとえばスウェーデンの労働運動にとっては、農民層との同盟（赤緑同盟）およびホワイトカラー層との連携（赤白同盟）

が重要な意義をもっていた。

また、三つの政治勢力が均衡あるいは（時系列的にみた場合の）交代した事例も重要である。たとえば、イギリスやオーストラリアのように自由主義勢力の影響が濃厚であるのに所得保障制度や医療制度などに関して普遍主義的な特質をもった国が存在する。イギリスでは、アメリカに比べればはるかに強力な労働運動が存在したが、自由主義勢力のイニシアティブを転換できないままサッチャー政権期に突入した。オーストラリアの労働運動も、賃金裁定制度を基礎に安定した所得保障を勝ちとったが、福祉制度では選別主義に固執し、しだいに自由主義勢力にヘゲモニーを譲ったのである（Esping-Andersen 1999：87-89）。

エスピン-アンデルセンは、日本のケースについてもこうした境界事例として扱っている。日本は、社会保障制度の階層性や家族の役割では保守主義レジームの性格が濃厚であるのに対して、給付の水準や再分配効果などでは自由主義レジームの性格も窺える。したがってエスピン-アンデルセンは、日本型福祉国家について、自由主義レジームの要素を併せ持った保守主義レジームという位置づけを示している。

日本のこのような位置づけは、ミスリーディングなものではないにせよ、依然としてある種の「座りの悪さ」がつきまとう。問題は、企業福祉あるいは家族主義の存在それ自体ではない。既述のように、福祉レジームとは市場や家族が政府を代替することを前提とした考え方であり、こうした要因の存在そのものは特別なことではない。しかし、保守主義的な代替構造である家族主義と自由主義的な代替構造である企業福祉が補強しあいながら強固に併存している、というかたちは欧米福祉国家には見られない。こうした点は、急速な経済拡大のなかで生みだされたリスクに対して、公的な制度形成をまたずに、家族や雇用関係など、所与の制度資源を動員し、その枠内で対応せざるをえなかったという点で、後発福祉国家固有の傾向を表している。

さらにここで問題となるのは、こうしたレジーム形成に与《あずか》った政治的イニシアティブの性格である。エスピン-

アンデルセンが日本をこのように位置づけるのは、あくまでレジームの特性からであって、発揮された政治的イニシアティブの中味については多くを語っていない。だが明らかなことは、他の境界事例の国とは異なり、日本に関しては、(少なくとも一九八〇年代までは) はっきり分立した自由主義勢力と保守主義勢力が政治的に競合した形跡が見られない、ということである。二つの勢力は自由民主党という政権政党のなかで融合し、かつ国家官僚制と一体化していた (Pempel 1998)。

この政治的イニシアティブをめぐる特質も、後発福祉国家に共通する傾向ということができる。後発福祉国家では、福祉レジーム論が想定したような政治的イニシアティブとレジームの対応関係は、明確なかたちでは確認されない。たとえば東アジア諸国では、三つの政治勢力に代わって国家官僚制が経済開発と調和させる観点から福祉国家形成をすすめた、という指摘がある (上村 1999)。その場合、経済構造や後に見る生産レジームにおける国家の役割は大きくても、福祉レジーム内部の構成としては政府セクターの比重が小さい。換言すれば、強力な政府が小さな福祉国家を形成する、という関係が存在したのである。

2　福祉レジーム論の深化

生産レジーム論と日本

福祉レジーム論の深化のためには、まず福祉レジームを空間軸で拡張し、資本主義的な経済構造あるいは生産体制の多様なあり方との関連でとらえることが重要である。福祉レジーム論との対応関係を意識しつつ、雇用レジームを超えたこうした問題の広がりを、資本主義の生産体制の多様性という観点から論じようとしたのがソスキスらの生産レジーム論である。

ソスキスらによれば、生産レジームとは、①金融と企業ガバナンス、②労使関係、③職業訓練と教育、④企業間関係の四つの制度連携から成る。そしてその連携の仕方によって資本主義的な生産体制は、「自由主義的市場経済（Liberal Market Economy）」と「調整的市場経済（Coordinated Market Economy）」に大別される。調整的市場経済は、さらにヨーロッパ諸国を中心とした産業調整型と、日本や韓国などの集団調整型に区別される。

ごく要点だけを記せば、調整的市場経済は、自由主義市場的経済に対して次のような特徴を有していた。すなわち、（銀行であれ株式の持ち合いであれ）短期的な利益を求めない株主を基礎とした「忍耐強い資本」に基づく安定志向の経営が協調的な労使関係を可能とし、労働者が長くある産業や企業に留まるという展望から、職業教育投資へのインセンティブが労使双方で高まった（Soskice 1999）。

ただし、同じ調整的市場経済でも、ヨーロッパの産業調整型と東アジアの集団調整型では、企業間関係や労使関係の調整単位が異なっていた。ヨーロッパの産業調整型では、産業部門レベルで企業間の利益調整や賃金形成がおこなわれた。職業訓練は、したがって、産業別単位での技術互換性を重視した訓練制度あるいは見習い制度（apprenticeship）となった。産業調整型の内部でも、さらに北欧諸国のように全国規模でのより集権的な調整を重んじるモデルと、ドイツのように産業別により柔軟な調整を志向するモデルが区別しうる。これに対して、集団調整型の日本や韓国では、企業集団や系列（日本）あるいはチェボル（韓国）の内部でおこなわれる利益調整、基準設定、技術移転の比重が高く、産業部門レベルではむしろ競争が奨励された。職業訓練は、企業を単位とした企業特殊的熟練が重視された（Hall and Soskice 2001：34-35）。

以上の類型は形式的に福祉レジームとの類型と対応させることができる。生産レジームの自由主義的市場経済は福祉レジームの自由主義レジームに、産業調整型―集権平等モデルは社会民主主義レジームに、産業調整型―柔軟モデルは保守主義レジームに、そして集団調整型は後に述べる福祉レジームの東アジアモデルとの対応関係がある。

生産レジームに福祉制度を付加したものは、「福祉生産レジーム」とも呼ばれる（Estevez-Abe, Iversen and Soskice 2001：146）。

たとえば日本型の福祉レジームは、男性稼ぎ主の雇用保障が制度の前提となっていたが、日本の大企業の長期的雇用慣行はこの生産レジームのあり方を前提としていた。日本の生産レジームをまず企業間関係から見ると、企業集団（ヨコ系列）のなかでの株式の相互持ち合いや、とくに製造業の場合は系列（タテ系列）をとおしての生産調整などによって、大企業の経営を安定化した。金融関係については、メインバンクからの間接金融が資本調達の軸となることで、短期利益を志向する株主からの要求利益率が抑えられ、アメリカのように業績を急回復させるためのレイオフなどは回避された。こうした条件が協調的な企業内労使関係につながった。職業訓練については、ドイツなどのように産業部門のなかで連携して技術を維持、発展させるよりは、企業内部のＯＪＴが重視され、公共職業訓練においても在職者訓練の比率が高くなった。

企業集団が「ワンセット主義」とも呼ばれた一揃えの異業種集団であったのに対して、同業の産業部門単位では企業は業界としてまとまり、所管官庁の原局と密接な関係をもった。所管官庁は護送船団方式でこの業界を護り、業界や企業が男性稼ぎ主の雇用を維持し、男性稼ぎ主はその勤労所得（家族賃金）で家族を扶養した。その点では、政策官庁に導かれて国際競争力を高め日本経済を牽引した鉄鋼、自動車、ＩＴなどの中核的業界も、許認可官庁と連携して地方の雇用を支えた土建業、流通業、一次産業などの周辺的業界も同じであった。ここに生産レジームと雇用レジーム、そして福祉レジームの接合点があった。

生産レジームと雇用レジームが現役世代の生活保障を支え、男性稼ぎ主の包摂を実現することで、狭義の社会保障は年金や高齢者医療など高齢世代への支出に偏ることになった。他方で現役世代を脱商品化する仕組み、たとえば公的扶助や失業保険などは抑制されてきた。したがって日本型のレジームは、雇用を重視するという点で北欧と共通していても、脱商品化の制度や積極的労働市場政策をテコとして、人々が企業を離脱したりあるいは自発的に再就労できる条件はきわめて弱かった。その限りでは、日本のレジームが実現していたのは、社会的包摂というよりは「企業的包摂」であった。

後発福祉国家のモデル化

さて、福祉レジーム論を深化させていくもう一つの方向は、時間軸に沿った視野の拡大である。日本が、強力な政府によって大きな福祉国家を形成するのではなく、競争力のある生産レジームや安定した雇用レジームの形成をテコにむしろ小さな福祉国家を形成した背景やその政治的イニシアティブについては、やはり福祉国家形成のスタートラインの相違をふまえて検討することが必要なのである。

エスピン‐アンデルセンのモデルは、基本的には先進国工業国に焦点を当てたモデルであるが、彼が後発福祉国家の問題に無関心であったわけではない。エスピン‐アンデルセンは、グローバル化のさなかにアジア、ラテンアメリカ、東欧に「新福祉国家」群が誕生しつつあることを、福祉国家体制の行方に大きな影響を及ぼす問題と考えていた（Esping-Andersen 1996：27）。

彼は、こうした「新福祉国家」群が、基本的にはその先行者が辿った三つのルートのいずれかを進むことになると考えていた。たとえば現状では、東欧諸国、チリ、アルゼンチンなどは自由主義モデルの道を、そして日本を初めとする東アジア諸国は、前述のように保守主義モデルと自由主義モデルのハイブリッドという方向を辿っている、というのがエスピン‐アンデルセンの認識であった（Esping-Andersen 1996：20-21）。

だが、ラテンアメリカや東アジア諸国の発展経路を見ると、福祉国家化を主導した政治勢力の構成とイデオロギーは、欧米諸国に関して抽出された三勢力（労働運動、キリスト教民主主義、自由主義）とは異なっており、また民主主義の制度条件も十分に整ってはいなかった。たとえばラテンアメリカでの福祉国家化の端緒となったのは、輸入代替工業化路線のもとで拡大した都市の製造業、公共セクター、サービス業の労働者に対する社会保険制度が中心であった。この労働組合の政治的影響力や制度形成のタイミングという点では、ラテンアメリカは東アジア諸国と異なっており、むしろ欧米との類似性がある（宇佐見編 2001）。だが、ラテンアメリカで輸入代替工業化や福祉国家形成をすすめたのは、ポピュリスト政権であっても、社会民主主義勢力ではない（大串 2002）。

また、東アジアの新興市場諸国においても、少なくとも福祉政策の領域に関するかぎり、三勢力いずれかのはっきりした影響力はとらえがたく、代わって国家官僚制の影響力が強力である。労働運動の影響力を見出すとしても、それは官僚制と深くむすびついた国家コーポラティズムのそれである（上村 1999）。そして国家官僚制は、福祉政策に関するイニシアティブを発揮するにあたって、欧米あるいは欧米の制度移入で先行した日本の経験に倣う場合がしばしばであった。それも異なったモデルから、時々の必要に応じて移入するという「場当たり的学習（Peripatetic learning）」であり、したがって制度の性格もモザイク的になった（Goodman and Peng 1996：211-212）。

とは言っても、東アジアの後発福祉国家の制度理念までがモザイク的であったわけではない。この点では、むしろ一貫した理念が見出されるのであって、それは経済成長を最優先の課題として、福祉政策を開発政策あるいは経済政策に従属させる、という点である。このような福祉政策（社会政策）のあり方について、デヨが「開発補完型社会政策」と呼んだことはよく知られている（Deyo 1992：304）。前節の議論との関連で言えば、たとえば日本において雇用レジームが福祉レジームに部分的に代替したという事実、さらにはその独自の生産レジームが雇用レジームの安定を支えたという事実も、後発資本主義の開発主義に帰結すると目されてきたのである（村上 1992：87-156）。

東アジアの福祉体制というと、ジョーンズのように儒教主義の影響を強調する議論が多く、またエスピン－アンデルセンも、日本では儒教的な理念が保守主義レジームにおけるキリスト教保守主義の機能的代替物になったという理解をしている（Jones 1993：エスピン－アンデルセン 2001）。これに対して，グッドマン，ホワイト，クオンは，東アジアの福祉の特質を儒教原理に還元しがちな「福祉オリエンタリズム」を批判しつつ，あくまで政治的あるいは制度的な観点から「東アジア福祉モデル」の特質を抽出する（Goodman, White and Kwon 1998）。その基本的特質は，やはり財政資源を経済開発に集中し，その枠の中で，開発に適合的に福祉体制の設計をおこなったことにある。結果として，狭義の福祉に対する政府支出は抑制されたが，政府の規制は強化され，そのもとで企業，家族，コミュニティなどの非政府機関が福祉供給の主体となった。社会保険の原理が優先されたが，制度は細分化され階層化された。そして開発志向の体制は，政治構造に関しては，（自民党の一党優位制を含めた）権威主義的体制に支えられる必要があったというのがグッドマンらの見方である（Goodman, White and Kwon 1998：13-15）。

またハリデイは，グッドマンらと基本的な認識を共有しつつ，これをエスピン－アンデルセンのモデルに直接組み込もうとする。そのために，エスピン－アンデルセンの福祉国家類型を支えた諸指標に，さらに新たな指標として，「福祉政策と経済政策の関係」を加えることを提案する。その結果，福祉政策が優位な社会民主主義，いずれかがとくに優先されていない保守主義，自由主義の三つに加えて，経済政策が優位で福祉政策がこれに従属する「生産主義モデル」が現れる。東アジアの福祉国家は，まさにこの生産主義モデルに属することになる。同時にその内部でも，エスピン－アンデルセンが重視した他の指標，つまり，社会権の浸透度（脱商品化）や階層化等の程度により，普遍主義の程度が相対的に高い日本，制度移入をとおしてそれに接近しつつある韓国，台湾，より選別主義的あるいは市場主義的なシンガポールや香港が区別される。いずれの場合でも，生産主義モデル形成の背景としては，その生産性上昇を強いる国際的経済環境とそれに対応する官僚政治が重視される（Holliday 2000）。

後発福祉国家と福祉圧力

後発福祉国家の類型化の試みは、福祉レジーム論の射程を広げるうえで大きな貢献となった。しかし、その一方で、もし東アジア諸国のような後発福祉国家が、社会運動の圧力とは無関係に、国家官僚制による上からの一方的なイニシアティブで実現したものであるならば、しかも開発政策や経済政策に従属した福祉政策で、脱商品化への足がかりを欠くものならば、そこで論じられている福祉国家は、もはや福祉レジーム論の前提とする福祉国家とは異なったものである。

ここでは、上述のような単純化を避けるためにも、東アジアの後発福祉国家の発展をもたらした政治的圧力について、欧米の福祉国家群との対比で特徴づけておきたい。周知のように、欧米の福祉国家は、いくつかの例外はあるものの、一九六〇年代までにほぼ所得保障体制の整備を終え、その後は対人社会サービスの供給に力点を移していった。これに対して、日本をはじめとした後発福祉国家は、石油ショック後の低成長への転換期にあって、また各国の産業構造がしだいに脱工業化社会の様相を濃くしていくなかで、短期間のうちに所得保障体制の確立と社会サービス供給体制の整備を集中しておこなうことを余儀なくされた。

たしかに、製造業を基礎とした組織的労働運動が弱体化し、福祉国家の危機が喧伝される時期にすすめられた東アジアの福祉国家形成は、欧米の福祉国家とはかなり異なった様相を帯びた。福祉国家の拡大が端緒についたのとほぼ時期を同じくして、組織された労働運動は後退を開始した（新川 1993：199-216）。制度改革を導いたのは、福祉国家というシンボルではなく、「日本型福祉社会論」のようなイデオロギーであった。そして現実にも、それまでの開発主義と一体化してきた政策手段、たとえば企業福祉や公共事業、あるいは家族主義などの「応用」や「転用」がレジーム形成を支えることになった（宮本 2008a）。同様の理念は、台湾や韓国でも語られたと言われる（Goodman and Peng 1996：209）。しかし、このように言うことは、この時期の福祉国家形成に、「下からの」福祉圧力が作用していなかったという意味ではない。

この点に関して、ここでアイヴァセンらの、脱工業化段階での福祉政治をめぐる研究を想起しておくことが有益である。アイヴァセンらの主張のポイントは、脱工業化が、労働者の職域的なリスク管理を困難にして、職域を越えた公的な社会保障へのニーズを拡大したという点にある（Iversen 2001：47-48）。脱工業化は、製造業に典型的な組織労働の解体をすすめるという点では、たしかに一面で福祉国家の推進力を減じた。しかし他面においては、広範な人々の「新しい社会的リスク」を増大させることで、職域を超えた公的福祉への政治的圧力を高めたのである。アイヴァセンは、労働市場の構造と政党政治の展開によって、この条件が政策アウトプットにいかに反映するかが分かれたと見ている。いずれにせよこうした研究からは、組織された労働運動による福祉政治とは異なったかたちで、脱工業化段階での福祉圧力が現れる可能性を読みとってよいであろう。

日本について言うならば、上述のような福祉レジームの形成そのものが、こうした福祉圧力の存在抜きには語れないものである。福祉元年に至る、一九七〇年代初頭の福祉政治においては、戦後労働運動の影響力が後退するなか、新しい中間層の支持に支えられた「革新自治体」の増大などが福祉圧力を構成した。そして、その帰結として出現した日本の福祉レジームの特質を、開発補完型の政策体系と特徴づけるのはミスリーディングなところがある。脱工業化段階の福祉圧力に対して、公的福祉の形成によってではなく、たとえば企業内福利厚生や家族主義など、その時点で動員可能であった政策ツールで個別的に対応したもの、というほうが正確である。このような対応が可能であったのは、この脱工業社会型の福祉圧力を受け止めてナショナルな改革ビジョンを提示する政治勢力が存在していなかったことと関係していよう。

公共事業が家族福祉と連動して福祉給付に代替した点についても、少なくとも一九七〇年代以降の日本に関しては、開発主義の表れというよりは、都市への人口移動に歯止めをかけ、脱工業化段階での福祉ニーズの噴出を抑制する自民党の政治戦略という性格が強かった。石油ショック以後の国際経済環境のもとで、公共事業支出の正当性が高められたこと（日本機関車論）が、こうした戦略を後押しした。林の研究レビューによれば、台湾や韓国の福祉政治においても、国家官僚制の主導性の一方で社会運動の圧力が存在しており、その担い手は急速に形成された中間層であった（林 1999；船津・鳥居 2002）。

東アジアの後発福祉国家を含めて、福祉レジームの発展は、経済発展に受動的に対応しただけではなく、そこにはレジーム形成をすすめた広範な政治圧力が存在したのである。

3　社会的包摂と脱商品化

社会的包摂の浮上

さて、福祉レジーム論の深化、発展に関わって、二つの軸での議論を検討してきた。時間軸で欧米の福祉国家に比べ遅いスタートを切った後発福祉国家は、空間軸の制度特性では、雇用や家族に強く依拠する傾向があった。すなわち、日本の例で言えば、生産レジームにおける調整型市場経済を基礎とした長期的雇用慣行や政治的に動員された公共事業などで雇用レジームにおける生活保障を実現し、その結果として福祉レジームの規模を抑制してきたのである。

ところが、この生産レジームと雇用レジームのかたちが、グローバルな市場経済の形成と脱工業化の進展のなかで急速に解体に向かい、安定した雇用が失われ、家族のかたちが変化している。その結果、解体に向かう生産レジーム・雇用レジームと福祉レジームとの機能的な相互不適応が広がり、福祉レジームは生産レジームと雇用レジームの揺らぎに対処できないばかりか、むしろ問題を助長する要因にすらなっている。

福祉レジームは先進工業国の三つの類型を含めて、多かれ少なかれ安定した雇用と家族に依拠してきた。その揺らぎに対処する方法として、ヨーロッパを中心に社会的包摂という戦略が浮上した。この戦略においては、所得保障それ自体よりも、人々を雇用を軸にした社会参加にむすびつけ、家族関係が維持される条件を形成することが重要になるのである。

ここでまず、社会的包摂戦略の浮上と福祉レジーム論の関係について考える必要がある。先に述べたように、雇用や家族の再構築を目指すことが福祉レジームの課題となるならば、エスピン-アンデルセンのレジーム論の脱商品化、脱家族化という理論枠組みは有効性を喪失していくかに見える。脱商品化、脱家族化とは、雇用と家族が成立して初めて成り立つ考え方だからである。逆に言えば、その前提が揺らいでしまったからこそ、これからの福祉国家の課題として社会的包摂が浮上しているのである。

この問いを念頭に置きつつ、併せて考えるべきは、日本における社会的包摂についてである。雇用と家族の揺らぎは、この二つの社会的ユニットへの依存度が高かった日本のような後発福祉国家において、最も大きなダメージをもたらしている。日本において近年、格差と貧困が急速に広がる速度は、そのことを示していると言えよう。であるならば、日本においてこそ社会的包摂の有用性は高いように見える。そして実際のところ、社会的包摂という言葉は日本でも頻繁に聞かれるようになった。

だが、日本の現状は、脱商品化の水準が低いなかでの社会的包摂には問題があること、社会的包摂と脱商品化は矛盾するどころか一体のものであることを逆説的に示している。社会的包摂の基準を就労に置くならば、日本では長期にわたり失業していた人々の包摂は、多くの場合非正規の雇用になる。だが、もともとパートやアルバイトの賃金や処遇が、正規の男性稼ぎ主雇用の補完という水準に留まっていた日本では、非正規の就労は決して生活の安定を意味しない。日本における社会的包摂は、単純に人々に就労を義務づけたり、就労につなげることのみを追求するならば、新たな排除を生み出しかねないのである。

福祉レジームの指標としての脱商品化の度合いが低かった日本では、企業に労働者が誘因を感じる賃金や労働条件の形成を促すバネを欠いていた。脱商品化の条件を欠落させたままで、非正規雇用の拡大などで既存の労働市場の劣化がすすむなか、やみくもに就労を義務づければ、貧困の再生産にさえむすびつく。また、脱家族化を支える保育や介護のサービスが不十分なままで女性の就労を促進すれば、家事、育児、就労の過剰な負担で女性を押しつぶしかねない。つまり、日本では質の高い社会的包摂をすすめるためにこそ、脱商品化と脱家族化をすすめることが求められているのである。

日本の事例は、福祉レジーム論のこれまでの指標であった脱商品化と脱家族化が、雇用や家族の揺らぎと社会的包摂戦略の浮上によってその意義を失うわけではないことを示している。むしろ質の高い包摂を実現するためには、アクティベーションなど支援の度合いの高い包摂戦略を採用すると同時に、脱商品化や脱家族化の政策や制度を維持し、発展させることが不可欠になるのである。

脱商品化と能動的参加

ここで、エスピン－アンデルセンの福祉レジーム論において、脱商品化という考え方がどのような位置を占めていたかを改めて振り返っておきたい。

エスピン－アンデルセンの脱商品化論が依拠したのは、一方ではポラニーやオッフェの市場社会論であり、他方ではマーシャルの市民権論であった。ポラニーは、市場社会が、労働、土地、貨幣という本源的生産要素までを擬制的に商品化していくことに対して、「社会の自己防衛」が開始され、「労働、土地、貨幣に関する市場の動きの規制」が展開されること、つまり脱商品化が進展することに現代社会のダイナミズムを見出した（ポラニー 1975：

101, 111)。

また、オッフェにとって脱商品化とは、市場システムのなかで市場原理が直接妥当しない公共セクターが拡大し、市場システムがそれに支えられるという矛盾した事態を指す。そしてオッフェは、社会運動の圧力次第で脱商品化が市場システムの転換に結びつくと考えたのである（Offe 1984：14-18）。

ポラニーとオッフェが、いわばマクロな構造次元で論じた脱商品化論を、エスピン‐アンデルセンは、マーシャルの市民権理論と重ね合わせ、ミクロな主体次元において展開しようとする。マーシャルが福祉国家の発展経路を市民的シティズンシップから政治的シティズンシップ、そして社会的シティズンシップへという市民権の成熟過程と見たことはよく知られている。エスピン‐アンデルセンは、脱商品化の概念をこの社会的シティズンシップの発展の指標として導入したのである。その定義を繰り返せば、「市民が、自由に、かつ雇用、所得、福利を失う怖れなく、必要なときに仕事から離れることができる」ことこそ脱商品化である（Esping-Andersen 1990：23）。

ただし、このように定義された脱商品化は、マーシャルの社会的シティズンシップの考え方からすると狭きに失する。マーシャルは、社会的シティズンシップ概念の要素として教育への権利を重視していた。そして、一九世紀末以来のイギリスにおける公教育の発展が市民権の含意をいかに変えたかを強調し、社会的シティズンシップを単にある水準の生活保障とするのみならず、「自らの潜在能力のすべてを発展させる権利と共に義務」をも含むとしていた（マーシャル 1993：79）。

実はエスピン‐アンデルセンもまた、マーシャル同様に、福祉国家が人々を能動的な社会参加に向かわせる機能を有していることを重視していた。そのことは、まずはフェミニストからの批判に対する対応というかたちで表われた。ここでフェミニストからの批判とは、オコナーやルイスらが、脱商品化とは労働力がすでに商品化されている男性労働者を前提にした議論であり、無償の家事労働から脱却して労働市場に参加することが課題となっている女性を埒外に置いた議論である、と批判したことを指す（宮本 1997）。

これに対してエスピン-アンデルセンは、フェミニストからの批判を大筋で認めた上で、就労を軸とした社会参加の条件を福祉レジームの指標に加えようとする。実は脱家族化という指標が新たに加えられたのは、このような意図の下にである。脱家族化とは、「社会政策が女性を「商品化」する、あるいは独立の家計を形成することができるまでに自律化する程度」を指すが、その指標は、福祉政策の展開によって女性がいかに介護・育児負担を軽減され、就労をとおして自律の基盤を獲得できるかをとらえようとしたものであった（Esping-Andersen 1999：51）。

加えてエスピン-アンデルセンは、脱商品化の度合いが高い北欧諸国は、人々の能動的な労働市場参加を奨励してきた国でもあったことを強調している。これはスウェーデンなどが、積極的労働市場政策を展開して男女の就労を促進してきたことを指す。その方法は、アメリカで見られるようなワークフェアとは異なって「福祉国家がすべての人々に就労可能な制度資源と動機付けを保障」するというもので、エスピン-アンデルセン自身はこれを「生産主義（Productivism）」と呼んだ。これは、前節で紹介したハリディが東アジア諸国の福祉レジームについて述べた「生産主義モデル」とは異なり、アクティベーション型の社会的包摂と重なるものである（Esping-Andersen 1999：80）。

たしかに、各種社会保障制度の所得代替率、給付期間、個人負担の割合などから操作可能な指標として設定された脱商品化の概念には、人々の能動的な雇用と社会への参加、という側面は含まれていない。それは技術的にも困難なことだからである。にもかかわらず、エスピン-アンデルセンにおいても、脱商品化および脱家族化の進展と社会的包摂やアクティベーションは、相互に矛盾しないばかりか密接に連関したものとされていたのである。

脱商品化概念をめぐる論争

それではこの連関はどのように理解すればよいであろうか。この点を考える上で示唆的なのは、ルームの福祉レジーム論批判とそれに対するエスピン－アンデルセンの応答である。

ルームは、労働力の商品化と脱商品化という考え方の原型をマルクスおよびポラニーに求めた上で、初期マルクスが労働力商品化のなかに窮乏化と自己疎外の二つの問題を見ていたことを指摘する。ここで自己疎外とは、労働をとおしての自己実現の可能性を奪われていることを指す。

したがって、ルームによれば労働力商品化からの脱商品化もまた二重のプロセスなのであって、「消費のための脱商品化」とともに「自己実現のための脱商品化」が問題とされなければならないのである。ところが、エスピン－アンデルセンの脱商品化論は、この二重のプロセスのうち「消費のための脱商品化」のみをその指標としており、「自己実現のための脱商品化」については看過されている（Room 2000：337）。このルームの批判は、先に検討した社会的包摂と脱商品化という問題と関わっている。

その上でルーム自身は、「自己実現としての脱商品化」を「人々がその人生のなかでどれだけ柔軟な方法で、どこまで自らの能力や社会的役割を発展させることができるか」という指標として定義し、長期失業者の割合、労働への満足度、世代間職業移動、義務教育以後の教育参加、職業訓練の受講者、批判的な社会参加の六つの変数からその度合いをとらえることを提案する。

長期失業者を指標とするのは、長期の失業を余儀なくされるならばその能力を発展させることを根本から妨げられるからであり、また職業移動変数は、人々が職業を選択していく機会の広がりを示す点で重要である。さらに批判的な社会参加とは、ヴォランタリーな社会活動や選挙などへの関与を指し、この変数は、自己実現のためには労働市場の外での活動が重要になることを示している（Room 2000：338）。

ルームは、以上の六変数のなかで当面利用可能な四つ（長期失業者、世代間職業移動、教育、職業訓練）から「自己実現としての脱商品化」を暫定的に測定し、エスピン‐アンデルセンの「消費としての脱商品化」計測の結果と比較をしている。ルームによる「自己実現としての脱商品化」度数においては、九〇年代半ばの段階で進学率が高く失業率が低かったアメリカ、日本がスウェーデンと並んで上位を占める結果となった。アメリカはエスピン‐アンデルセンの「消費としての脱商品化」変数では低位であり、日本は中位であったので、二つの脱商品化指標は食い違った結果を生んだことになる。

この点に関連してルームは、自己実現の意味をめぐる解釈によって変数の構成はまったく異なり、ここでの測定は変数の都合から経済競争力に直結するような自己実現（人的投資）が強調される結果になったと述べている。この結果についてはルームの困惑も窺われ、併せてより社会的かつ人間的な自己実現を反映する変数設定もありうることを示唆しているが、その具体的な方向性については触れられていない（Room 2000：340-347）。

さて、エスピン‐アンデルセンはこのルームの論文にリプライをし、脱商品化の定義を多次元化し、ルームの言う自己実現の要素をとらえていくという方向性については自身も賛成である旨を表明する。ただし、エスピン‐アンデルセンは、「消費としての脱商品化」と「自己実現としての脱商品化」は見かけほど簡単に区別できないことを強調する。

たとえばスウェーデンの社会民主主義は、早くからケイパビリティと自由の拡大を福祉国家の課題としてきたが、その実現のためにこそ、「消費としての脱商品化」を追求したのである。なぜならば、労働市場から自律した生活保障を確保することこそが、自らの自己実現にとって有意味な労働を選び取ることができる条件であったからである。（Esping-Andersen 2000：354）。この論争からは、本書が問題としてきた脱商品化と社会的包摂との関係がエスピン‐アンデルセン自身によって強調されていたことが分かる。

このような観点からエスピン‐アンデルセンは、自らの操作化した脱商品化指標でこと足れりとするのではなく、自己実現を図るうえでほんとうに有意義な条件を確定してこれを指標に収めていくことが求められているとしている。こうした条件を構成する一つの要素は、ルームも強調しているライフサイクルをとおしての流動性の問題である。換言すれば、個人のライフコースを辿った時、どれだけ社会的な流動性が確保されており、多様なライフチャンスが拓かれているか、という問題である。そしてエスピン‐アンデルセンは、そのために教育と訓練という問題がとくに重要であること、自らの脱商品化指標がこうした要素を包摂するものではなかったことを認めている（Esping-Andersen 2000：356）。

すなわち、脱商品化を社会的包摂と連携させて捉える「脱商品化への多元的アプローチ」（Esping-Andersen 2000：357）が求められているのであり、ここには、社会的包摂が課題となる時代の、福祉レジーム論の新たな可能性が提示されているのである。

本章は、社会的包摂という政策課題が浮上するなか、今日の福祉国家研究の基本パラダイムともなっている福祉レジーム論はこの課題の実現にどのような展望をもたらすかを論じた。その際、日本などの東アジア諸国が、欧米諸国の経験をふまえて展開されてきた福祉レジーム論において位置づけにくくなっているという事実も念頭において議論をすすめた。

本章の結論は次の二点に要約できよう。第一に、脱商品化、脱家族化を比較の指標としてきた福祉レジーム論は、社会的包摂が、劣化する労働市場への単なる動員になってしまうことを回避するための制度条件を考えるうえで依然として有益である。人々が新たに包摂される雇用や家族の空間を展望する時、それが人々にとって離脱の可能性をテコとして意図的に選択された空間であることが重要になる。

第二に、このことは日本や東アジア諸国のように、脱商品化の制度の構築に先立って雇用への包摂（企業的包摂）

を優先してきた国の制度改革を展望するうえでも重要な示唆をもたらす。日本は、社会保障への支出を抑制しながら男性稼ぎ主雇用の安定化を重視してきた。日本の生活保障の根本であった安定雇用が揺らぐなか、ここで劣化しつつある労働市場への単純な動員が目指されるならば、それは決して新たな生活保障にはつながらない。

したがって、雇用レジームにおける生活保障を優先してきた後発福祉国家は、社会的包摂を基礎にした生活保障を実現するためにこそ、遅まきながら脱商品化と脱家族化の制度を社会的包摂と平行して整備していく必要があるのである。

第5章　日本の労働変容と包摂の政治

日本の生活保障の基盤をなしていた男性正社員の安定雇用が崩れつつある。非正規雇用は三割を大きく超え、また形式的には雇用期間の定めのない正社員であっても、昇給や賞与がないなどその処遇は非正規社員同様で、「周辺的正社員」などと呼ばれる若者も増大している。他方で、正社員になれば安泰かと言えばそうではなく、熟年層を含めて、週六〇時間以上の長時間労働が増大している。多くの正社員が、がんばらなければ仕事を失うというストレスにさらされ続けている。

男性稼ぎ主の所得が不安定になっているなかで、専業主婦として家事や子育てに従事することで満ち足りた生活を送っていく、ということもまた難しくなっている。

人々は多くの場合、活動的な人生を送りたいと考えている。自らの能力を高め、生活を安定させる所得を得て、他の人々とつながって認め認められる関係を形成していくために、である。ところが、雇用の場であろうが、家族の関係であろうが、安定した持続的な関係が解体に向かい、いかなる場にも足場を持てない排除された人々が増大しつつある。人々のつながりを確保し、生活を安定させ、能力形成の条件をつくる、包摂の政治が決定的に重要になってきている。

本章は、このような状況をふまえつつ、政治と労働の世界との関係を考察しようとしている。日本の戦後政治に焦点を当てて、人々が労働し社会に包摂される条件がいかに確保されてきたのか、なぜそのかたちが失われたのかを振り返ることが本章の一つの目的である。ここでの労働の世界とは、狭義の雇用労働だけではなく、女性が主に担ってきた子育てや介護の仕事も含めるものである。

同時に、労働の世界のあり方は、政治のかたちを逆に規定していく。人々を雇用する経営者と、労働する人々は、その事業や雇用の継続が可能なように、政治に働きかけるのが常だからである。本章では、この政治と労働の相互作用がどのように形成され、変容してきたのかを、併せて検討する。

政治と労働世界の相互作用をふまえて、今日のような労働世界の分断、解体状況を解決していく道筋はあるだろうか。本章では最後に、複線・多層型ともいうべき新しい包摂のかたちについて展望する。そしてそのためには、雇用労働と子育て、介護などの働き方のバランス転換に加えて、働くことと政治との関係の見直しが求められると主張する。

1　戦後政治と労働の三つの世界

戦後政治と生活保障

労働と政治の関係を考える時、二〇世紀後半の日本の政治は興味深い事例を提供している。大衆民主主義に立脚した二〇世紀の政治にとって、人々の生活を安定させることは、政府への支持を広げる上で決定的に重要な課題であった。それゆえに、二〇世紀の先進国にあっては、ケインズ主義的福祉国家がその政治経済の標準的様式となった。

日本においても、すでに一九五〇年代の半ばには、保守合同の結果生まれた自由民主党が綱領のうえで福祉国家を掲げた。実際に自民党政権は、一九六一年には岸信介首相のもとで皆保険皆年金を達成した。岸は日米安保条約を改訂した親米ナショナリストとして知られるが、他方において福祉国家形成にも強い意欲をもっていた。当時、すべての国民が健康保険に加入できる皆保険を実現していた国は三カ国に過ぎなかったことを考えると、高度成長を達成する前の日本が福祉国家の体裁をいち早く整えたということは、注目するべき出来事であった（宮本 2009）。

安保騒動のなかで岸が退陣をして池田勇人がその後を継いだことは、一般に、日本政治がタカ派のナショナリズムからハト派の経済主義へと転換をとげたものとされる。その一方で池田は、岸の福祉国家路線にも批判的であり、パイの分配よりもパイの拡大がより重要であると主張した。池田はまず経済成長を実現させ、それを人々の所得にむすびつけることを重視した。そのための最も重要な手段が、一九六二年に閣議決定された「全国総合開発計画」のもとで推進された地域開発であった。

しかしながら、経済成長は自動的に人々の所得にむすびつき、政権への支持を広げるわけではない。地域開発は三大都市圏への人口流入を拡大したが、それはむしろ保守政治の地盤を離れた都市住民を増大させ、その結果、自民党政権への支持は長期的に低落することになった。この自民党政権の危機に対して、その抜群の政治的直感によって対処したのが田中角栄であった。田中は保守政権の防衛に努め、結果的にはその後の日本の生活保障のかたちを生みだすことに大きく貢献することになる。

この時期から姿を現した日本型の生活保障は、現役世代のための雇用保障を軸に、現役を退いた高齢世代向け支出に主眼を置いた社会保障を組み合わせたものであった。

第一に、経済成長から取り残される部門を含めて、男性稼ぎ主に関するかぎりその雇用を政治的に支える仕組みが構築された。一九六〇年代を通して、日本の大企業において年功制の再設計、企業内福利厚生の整備などがすすみ、いわゆる日本的経営のかたちが定着していく。他方で、地方を中心とした公共投資が拡大される。田中は、一九七二年に出版した『日本列島改造論』のなかで、「福祉は天から降ってこない」としたうえで、東京や大阪に集中する工業生産を、「全国的な視野から再分配」することを謳った。田中が、工業生産の「再分配」を福祉に代わるものと位置づけていたことは興味深い。この工業生産の「再分配」には、都市への人口流出に歯止めをかけて、保守の地盤を守ろうという意図も働いていた。

加えて、中小企業に対する「小企業等経営改善資金融資制度」などの金融的支援、スーパーなどの出店規制を許可制に近い形で運用して零細流通業の保護を図る「大規模小売店舗法」などが次々に導入された。各経済部門にわたって、男性稼ぎ主であるかぎりはその雇用が安定していく仕組みが、政治的に形成されたのである。

第二に、こうした雇用保障に関わる制度形成と平行して、一九七三年には、社会保障についても大きな調整がおこなわれた。田中内閣はこの年、七〇歳以上の老人医療費について自己負担分を無償化し、厚生年金の給付額を二・五倍に引き上げ、支給額を毎年の消費者物価にスライドさせることを決めた。一般にこの一九七三年の福祉拡大は、「福祉元年」と呼ばれ、日本でもようやく欧米福祉国家なみの社会保障の水準に近づく動きが起きたものの、翌年の石油ショックによって頓挫したとされている。たしかに、その後七〇年代の終わりになると、日本の福祉は企業と家族が主体になるべきとする「日本型福祉社会論」が台頭し、高い伸び率で増大していた社会保障支出は抑制されていく。

しかし、年金と高齢者医療に重点的な配分をおこなった「福祉元年」は、より長い視点で見ると、日本型生活保障の形成過程であったと見ることもできる。すなわち、現役世代については雇用保障の様々な仕組みが整うなかで、社会保障については、人生後半への支出に重点化されていくプロセスがここを起点にその後も進行していったのである。田中が五万円年金の実現に動いた背景には、前年に総評と日経連が年金の大幅増額を求めて「福祉共闘」を決めたという経緯もあった。一九六〇年代の終わりまでに日本的労務管理がほぼかたちを整え、大企業における男性稼ぎ主の雇用が安定した後、労使は退職後の保障を公的な社会保障に求めたのである。

この年の福祉拡大には、所得制限つきで児童手当も導入されたが、現役世代向け支出は、その後は拡張されることもなく、児童手当も一九八八年には就学前までの支給に短縮された。これに対して、年金や高齢者医療など高齢者向けの支出については、その後も一貫して伸び続け、社会保障支出のなかでは高い割合を占め、人生前半の雇用保障と相補的な関係を形成していくのである。

労働の三つの世界

さて、日本の政治が働くことを支える仕組みをつくりだしたことを述べた。ここでつくりだされた労働のかたちは、どのようなものであったのか。

第一に、政治が主に支えてきたのは、男性稼ぎ主の正規雇用であった。年と共に右肩上がりで上昇する年功賃金は、家族賃金、すなわち妻や子供の生活費も組み込まれた生活給として算定された。現役世代は雇用保障、高齢世代は社会保障というかたちができあがったために、欧米であれば社会保障給付の割合が高かった教育費や住宅費などについても、かなりの部分を現役世代が自らの勤労所得から支出することになった。

男性稼ぎ主の働き方を見ると、とくに長期的雇用慣行が実現した企業では、働き手が会社に属するという「メンバーシップ」それ自体に給与が支払われ、したがって会社による拘束や貢献への期待も個別の職務の範囲を超えて広がることになった。これは、個別の職務の範囲で会社に拘束され給与が支払われるという、欧米で一般的な職務給のかたちとは対照的であった（濱口 2009）。

しばしば日本の雇用が「就職」ではなく「就社」であるとされた所以である。このため男性稼ぎ主は、会社の組織と相性がよい場合は活き活きと能力を発揮できたが、そうでない場合は、強い疎外感や消耗感にとらわれることも少なくなかった。

第二に、その結果として、有償の雇用労働と家事・育児・介護の無償労働が、男性稼ぎ主と妻の間で、はっきりと分担されることになった。こうした分担は、二〇世紀の先進工業国にはある程度までは共通したものであった。しかし、一五歳から六四歳までの女性労働力率を見ると、一九六〇年代以降七〇年代の半ばに至るまで、その割合が低下した先進工業国は日本だけであった（落合 2004）。専業主婦による家事・育児・介護の世界は、地縁や血縁のネットワークの衰退に伴い孤立する場合も少なくなく、妻たちが強いストレスを味わうこともしばしばであった。

第三に、現役世代の生活コスト、とくに教育費や住宅費について自己負担の割合が高かったが、男性稼ぎ主の平均的な賃金ではそのすべてをカヴァーすることは困難であった。他方で、老齢年金や高齢者医療に傾斜した社会保障のために、現役世代を支援する教育や住宅のサービスはきわめて限定されていた。

したがって、無償労働を担う妻がパートに出たり、学生の息子や娘がアルバイトをして家計を補完するかたちが広がった。しかし、こうしたパートやアルバイトは、男性稼ぎ主の所得を前提にしていると解されて、雇用保険など社会保障の対象からも外される場合がほとんどだった。また実際のところ、男性稼ぎ主を軸にした社会保険制度や税制のもとでは、妻や息子・娘の所得が増大して、第三号被保険者の資格を失ったり、配偶者控除（あるいは配偶者特別控除）の対象から外れることは回避する必要があった。その結果、この三番目の労働世界は、一般的に賃金水準が低く、流動性の高い世界となったのである。

さて、以上の労働の三つの世界は一九七〇年代の前半にはひとまずかたちをなした。この時期、日本型労務管理の仕組みが定着し、土建国家の形成もすすむなか、女性労働力率が減少し七〇年代半ばに最も低くなる。専業主婦の増大を反映して幼稚園児の数は一九七八年に二四八万人とピークに達した。

この三つの世界は、機能的にはっきり分化していたが、同時に家族の紐帯をとおして結合していた。男性稼ぎ主の雇用と所得が安定している限り、この紐帯は維持可能であった。他方で労働世界がこのようにはっきりと区分されたことは、男性稼ぎ主の形式的実質的な長時間労働、専業主婦の育児・介護ストレスなど、雇用と家族のあり方に様々な歪みをもたらすことにもなった。

もちろん労働世界は以上の三つがすべてであったわけではない。男性の雇用労働でも、賃金水準が低くより不安定な零細企業の労働や有期労働が数多くあり、また、大企業における女性の雇用は、専業主婦予備軍と位置づけられ、労働時間の規制が厳格である代わりに差別的に取り扱われるのが常であった。しかしながら、男性稼ぎ主の相対的に安定した雇用労働、主婦に担われる家事・育児・介護、家計補完型の非正規労働という三つの労働世界は、戦後日本の生活保障の制度とも関わって、労働世界の基軸を形成したのである。

政官業ネットワークと労働世界

このように作り出された労働の世界は、他方で政治のあり方を逆に規定していくことになる。まず、男性稼ぎ主の雇用労働の世界においては、そこに家事・育児・介護の世界、補完的な非正規労働の世界が依存し、彼の賃金が教育・住宅関連の費用もカヴァーすることになったその分、業界単位、企業単位で雇用を維持していくことがきわめて切実な課題として浮かび上がった。雇用を維持するためには、政治と行政に対して積極的に働きかけ、影響力を行使することが生活保障の要となった。

その影響力行使のかたちは、それぞれの働き手の属する業界と、当該業界の利益を擁護する所管官庁、そして両者をつなぐ族議員の分立的なネットワークというかたちをとった。たとえば、最も大枠のところで言えば、建設業界と国土交通省、農水省、自治体などと建設族、あるいは流通業界と経産省関係部局に商工族といったつながりである。こうした中央のネットワークと地方での業界、自治体および中央官庁出先機関、地方議員のネットワークが重層的に積み上がった。このような「仕切られた生活保障」とも言うべきネットワークが多元的に成立して、業界の利益を促進しつつ、働くことの安定を守ろうとした（宮本 2009）。

「仕切られた生活保障」の仕組みは、ヨーロッパにおける「ネオ・コーポラティズム」の仕組みと比較することができる。「ネオ・コーポラティズム」は、企業横断的な労働組合が働く人々の利益をまとめあげ、経営者団体、政府と交渉する仕組みである。企業横断的な労働組合は、こうした仕組みをとおして雇用の確保と併せて社会保障の推進を求めた。行政の業界保護が徹底した日本に比べれば、ヨーロッパでは、個別企業や産業部門が衰退し、多くの労働者が離職を余儀なくされる可能性も高い。こうした条件のもとでは、労働組合は組合員の生活の基盤を確保するために、労働市場の外で生活を維持する制度条件の形成をすすめるのが普通であった。その制度条件こそ社会保障であった。

これに対して、「仕切られた生活保障」の仕組みのもとにある日本の労働組合にとって、個別企業や業界の安定と組合員の雇用の確保はほぼ同義であった。それゆえに日本の労働組合は、会社や業界とも一体となってまずは業界および企業経営の安定確保を目指し、その上でどちらかと言えば補完的に、退職後の社会保障の充実を働きかけたのである。

他方で、家事・育児・介護の世界や、非正規労働の世界は、この男性稼ぎ主の雇用の世界に経済的に依存した世界であった。それゆえに、この二つの世界の安定は男性稼ぎ主雇用の安定の付随的効果となり、したがって、政治と行政が取り組むべき問題圏としては直接立ち現れない世界となった。

とくに子育てや介護という問題は、男性稼ぎ主がその勤労所得で私的に対応するべき問題とされた結果、公共の問題圏から遠ざけられる傾向が強くなった。もちろん、「保育に欠ける」子どもを対象とした保育所の業界、あるいは専業主婦の子育てを前提とした幼稚園の業界、さらには家族介護が維持できない事態を対象とした特別養護老人ホームなどの業界は成立していて、補助金や税制などその存立に関わる制度条件をめぐって族議員と一体となって行政に働きかけた。しかし、家族で子育てや介護に携わる「普通」の世帯については、長い間その負担の重さは、政治が正面から取り組むべき事柄とは見なされずにきた。

2　二つの世界への分断

社会変容と構造改革

一九七〇年代以降に形成された三つの労働世界は、男性稼ぎ主に扶養されつつ子育てや介護がおこなわれ、またそれを非正規のパートやアルバイトが補完するというかたちで連携し、いずれの担い手もその居場所を得て包摂される条件があった。ところが、本章冒頭に記したように、一九九〇年代の半ばから、男性稼ぎ主の安定した雇用が急速に失われ、いずれの世界にも足場をもてず排除される人々が増大している。そこには大きく二つの背景があった。

第一に、技術革新、グローバルな市場経済の形成、人口動態の変化のなかで、これまでの労働世界のあり方が維持困難になった、ということである（鈴木 2009）。ＩＴ化と新興市場諸国への生産移転のなか、安定した相対的に高い給与水準の仕事が減少し、これまで家計を補完していた非正規の労働が家計を主に支えるというケースが急増した。一九九七年には、共働きの世帯が片働きの世帯を数の上で追い越した。その一方で、高齢化の進展や家族の変容のもと、子育てや介護の仕事は、被扶養者としての主婦が「私的」に担うにはあまりに重い仕事になりつつある。

第二に、政治と労働の連関から言えば、生活保障を支えてきた政官業のネットワークがこれまでのように機能しなくなった。一方では、グローバルな市場競争にさらされることになった多くの業界にとって、行政の力に依拠しても経済的な見返りがあるとは限らなくなった。もはや確実な成長を実現するモデルはなく、政府には業界の成長を導くことができなくなってしまった。

市場主義的な改革路線

政治と行政の側は業界を保護する力を失ったにもかかわらず、業界とのつながりに多くの利権を確保していることを指弾され、その解体が叫ばれるようになった。大きな流れをつくったのは、一九八八年に露呈したリクルート汚職事件であった。こうした汚職スキャンダルを掘り下げれば、政官業のネットワークにつきあたる。つまり、政治改革を求める議論は、政官業連携の解体を叫ぶ構造改革論議に転換する必然性があった。

こうしてこれまでの労働世界は、一方においては、社会構造の転換がすすみ三つの世界の連携が維持できなくなることによって、他方においては、労働世界を支えてきた政治構造の歪みが露呈するなかで、抜本的に見直されることになった。その帰結が、一九九六年に橋本内閣が掲げた六大改革から、二〇〇一年に小泉内閣が旗印とした構造改革に至る、市場主義的な改革路線に他ならなかった（清水 2005）。

しかしながら、こうした構造改革の流れは、すでに半ば進行していたこれまでの仕組みの解体を、より徹底して促進するものであっても、社会構造の転換に見合った働き方を見通して、新しい労働世界を構築しようとするものではなかった。あるいは、新しい労働世界に見合った、政治の刷新を試みたものでもなかった。

3　三つの世界の解体

三つの世界の変容

社会構造の変化と構造改革の政治は、労働の三つの世界を、次のように変えていった。

まず、男性稼ぎ主の安定雇用の世界を変貌させた（竹信 2009）。男性稼ぎ主の安定雇用は、長期的雇用慣行のもとにある大企業の雇用と、政府の公共事業予算や保護・規制に支えられた土建業や流通業などの雇用に区分できる。そのうち、前者に関しては、経営側はすでに一九九〇年代の半ばから雇用慣行の見直しをすすめていた。加えて、二〇〇二年に竹中平蔵金融担当大臣のイニシアティブですすめられた「金融再生プログラム」などの不良債権処理政策が、リストラ解雇に拍車をかけた。五〇〇人以上企業の正規男性労働者の数は、一九九九年の八〇六万人から二〇〇七年には六九三万人まで減少する。

また、後者とくに公共事業に関しては、二〇〇一年から二〇〇七年の間に、国の公共事業予算は毎年三％ずつ削減された。さらに、四・七兆円の交付税削減などで、地方の公共事業支出も大幅に減少した。零細な流通業を保護する大規模小売店舗法が二〇〇〇年に廃止されるなど、保護・規制の撤廃もおこなわれた。

その一方で、高齢化や家族変容がすすむなか、家事・子育て・介護については、市場主義的な構造改革に還元しえない流れも生じた。すなわち、こうした無償労働を社会全体で担っていく方向へ転換を図る動きが強まったのである。一九九九年に各省間で合意された子育て支援のための実施計画（新エンゼルプラン）や、二〇〇〇年の介護保険の導入などがそれにあたる。一九九九年には、男女共同参画社会基本法が制定され、男女雇用機会均等法が改正された。またこうした動きは、女性の就労促進という点では構造改革路線とも合致する所があった（大沢 2002）。

それゆえに、小泉内閣の「骨太の方針」第二弾（二〇〇二年）は、子育てに対する社会全体での支援を求め、男性稼ぎ主が配偶者を扶養する原則に立った配偶者特別控除についても、その見直しを提起した。さらに、二〇〇九年の政権交代後の社会保障・税の一体改革においては、保育サービスの供給増大を基軸にした子ども子育て支援がその主要課題として位置づけられるようになった。

最後に、これまで家計を補完していた非正規の雇用が、量的に拡大すると同時に、家計を主に担うケースも増大した。非正規雇用は、一九九五年には一〇〇〇万人を突破し、その後の一〇年間で六〇〇万人増える。連合の調査によれば、フルタイムで働く非正規雇用のうち半数以上が、家計を主に担っていると答えている。ここから窺えるように、非正規雇用の役割はもはや家計の補完という位置に留まらなくなってしまった。一九九九年には労働者派遣法が改正され、従来二六業務に限定されていた派遣対象事業が原則自由化され、非正規雇用の拡大がさらにすすんだ。

労働の三つの世界には根本的な変動が起きている。男性稼ぎ主の正規雇用は縮小し、女性の雇用者は増大し一部は正規雇用へ参入したものの、女性の非正規雇用の割合はむしろ増大し続け、二〇〇〇年から二〇一〇年の間に四九・三％から五三・八％へと四・五ポイント増大した（『働く女性の実情』平成二三年版）。男女の賃金格差は依然として大きく、男性一般労働者の平均所定内賃金を一〇〇とした時の女性労働者の給与は、二〇一〇年では六九・三で、前年度に比べて〇・五ポイント差が広がった。他方で、大都市部を中心に通勤時間が長く保育所が確保できないなどの事情で、就労できない層も多く残った。

労働の新しい二つの世界

労働の三つの世界は、新たに、相対的に安定した正規雇用と、不安定な非正規雇用という二つの世界に再編されつつある。家事・子育て・介護は、依然として一部は専業主婦に担われつつも、一部はアウトソーシングされた新しい対人サービス雇用となり、あるいは両性が家庭において担うべき仕事として新しい二つの世界に接合されていく。

新しい二つの世界は、それぞれが異なった意味で厳しいものとなっている。正規雇用の世界では、これまでは、働くことの見返りが処遇の改善や企業の成長というかたちで期待できた。これに対して現在は、競争のなかで仕事を失うというプレッシャーに絶えずさらされ、言ってみれば「過度に濃密」な世界となっている。

他方で非正規のパート、アルバイト、派遣労働の世界は、職場でのつながりが弱く、能力を蓄積していく条件を欠き、生活を安定させるだけの所得を得ることが難しい場合も多い。家族を形成することが困難な場合がしばしばで、安息できるコミュニティへの足がかりを欠く。こちらは「過度に希薄」な世界となっている。かつての三つの世界における非正規労働が、男性稼ぎ主の雇用を補完する「家族に根ざした非正規」であったのに対して、二つの世界へ再編された後の非正規は、「家族をつくれない非正規」である。

二つの労働世界の形成に対応して、労働時間は長短二極化がすすむ。一週間の労働時間について一九九五年から二〇〇五年の間の変化を見ると、六〇時間以上の層が一六・八％から一八％に、他方で三五時間未満の層も一〇・一％から一四・二％に増大している。

収入が相対的に安定していても、長時間労働の負荷は大きい。「プレジデント」誌（二〇一二年五月一四日号）が公表した調査では、「残業、仕事の持ち帰りが多い」と考えているのは年収八〇〇万円台で五一％に対して、非正規を含むと考えられる年収三〇〇万円台では三三・五％、「うつなどのメンタルな問題が（職場で）増えている」と受け止めているのは、年収八〇〇万円台で三二・五％に対して年収三〇〇万円台で二〇％となっている。

他方でセーフティネットについて言えば、正規労働の世界が雇用保険や医療保険などでセーフティネットを維持しているのに対して、いったん非正規となると、雇用保険に加入できなかったり国民健康保険の保険料滞納を余儀なくされるなど、セーフティネットそのものを喪失していく。家族や近隣のインフォーマルなセーフティネットも弱い場合がしばしばで、住居すら工場の寮などに住み込んでいるケースも多い。したがって、この新しい非正規の世界でいったん失業したり、自分や家族が重い病気になったりすれば、問題に対処する方法はなく、生活は一挙に深刻な状況に立ち至る。

すなわち新しい非正規の世界は、貧困と排除の世界と背中合わせの世界でもある。このことの一つの象徴が、生活保護受給者の増大である。生活保護の受給世帯は、一九六〇年代の半ばからは高齢、障害、傷病などの要因を抱えた非稼働世帯が多数となっていたが、とくにリーマンショック以降は、はっきりした就労困難要因をもたない「その他世帯」が増大し、二〇〇〇年には保護受給世帯のうち七・四％であったが、二〇一一年には一六・二％に達する。保護受給世帯は二〇一二年には一五〇万世帯を超えた。

ただし生活保護を受給できた人々はごく一部であって、資産や所得が生活保護受給資格以下である人々は数の上で受給者を圧倒的に上回ると見られる。このような低所得の非正規世界が家族形態の「非正規」、つまりひとり親世帯などの事情と重なる時、制度的あるいは家族関係など非制度的セーフティネットの利用可能性はよけいに減じ、貧困と排除の度合いは高まる。

労働のかつての三つの世界のうち、専業主婦の無償労働の世界が分化するなか、母子世帯数は二〇一一年には五年前に比べて一〇万世帯以上増大して一二三万世帯に達し、そのうち八〇・六％の人々が就労しているにもかかわらず、非正規の就労が五割近くであり、平均就労収入は一八一万円に留まる（厚生労働省平成二三年度全国母子世帯等調査結果の概要）。親が就労しているひとり親世帯の子どもの貧困率は、ＯＥＣＤのデータ（Growing unequal）ではＯＥＣＤの平均が二〇％、アメリカが三六％であるのに対して、日本は五八％である。

4　労働世界の分断とポピュリズム政治

労働の世界は政治によって形成されつつ、政治を逆規定する。それではこの新しい労働の二つの世界と増大する生保受給層は、政治のあり方をどのように逆規定しつつあるのであろうか。かつて政治と雇用をつないでいた政官業のネットワークは、完全に解消したわけではないが、明らかに弱体化しつつある。代わって労働組合固有の政治を追求し、業界や企業単位での雇用確保を超えた制度要求を重ねる動きも広がってきた（篠田 1996；久米 2005）。しかしながら、組織された労働組合は既得権集団として政策過程から排除されることもあり、官民あるいは単産ごとで制度要求の一貫性を欠くこともしばしばで、政治的影響力は安定しない。

他方において、労働のもう一つの世界、すなわちパート、アルバイト、派遣労働などのなかでは、常用雇用が増大し、雇用に生活が依拠する度合いが高まっているにもかかわらず、政治的影響力を確保できない。かつて正規と非正規の世界は家族紐帯をとおしてむすびついていたが、その分離がすすんだ後、この二つの世界を架橋する広範な連帯は未形成であるばかりか、労働の新しい二つの世界の間には、相互不信すら生まれるようになっている。

非正規の世界から正規の世界に対しては、安定した地位を独占する既得権の世界であるというまなざしが向けられる。他方で、正規の世界から非正規の世界、失業した人々に対しては、時にその能力や熱意などを疑問視する声も広がる。

他方で、かつて業界保護をとおして労働の（旧い）二つの世界とつながっていた政治が流動化していることが、正規と非正規の二つの世界の調整と連携をよけい困難にしている。安定した基盤を失った政治は、二つの世界の相互不信を解消したり、あるいは連帯を促すイニシアティブを発揮することができずにいる。むしろ政治が、メディアや世論調査などがつくりだす「空気」を介して、ポピュリズム的な言説で、新しい二つの世界相互の（あるいは非正規の世界内部での、たとえば生活保護受給者と未受給の困窮層との）不信を煽り、対立を助長することも少なくない。ホワイトカラーの労働時間規制免除（ホワイトカラーエグゼンプション）論など、労働市場の規制緩和論が、こうした相互不信を前提に打ち出されたこともあった。あるいは逆に、リーマンショックで派遣切りが横行し、年末に年越し支援の「派遣村」が生まれたときに、政治家が「派遣村」の人々の就労意欲を疑問視する発言をして物議を醸したこともあった。

生活保護受給者の増大については、扶助水準が最低賃金でフルタイムを働いた勤労所得を上回っている地域があることなどから、低所得の非正規層などには生活保護受給者への不信もある。二〇〇七年の最低賃金法改正では、最低賃金水準の改善こそが目標とされたにもかかわらず、こうした不信をテコに、生活保護のバッシングと扶助水準切り下げで政治的な支持を広げようとする動きも起きる。

労働の世界と政治が安定したむすびつきを失い、労働の世界内部の亀裂とも相まって政治のポピュリズム化がすすむのである。

5　複線・多層型の労働世界と包摂の政治

包摂のための条件

さて、様々な問題を孕みつつも長い間人々の生活を支えてきた労働の三つの世界が解体し、「過度に濃密」な正規労働と「過度に希薄」で貧困・排除と背中合わせになった非正規労働という二つの分裂した世界が前面に出てきたことを述べてきた。二つの世界の分断は、一般的に考えれば、たとえば正規雇用の労働時間を短縮し、非正規労働者や失業者の参加の機会を広げることで、相互補完的に解決できるようにも思われる。これは、社会全体でのワークシェアリングの推進と言ってもよい。こうした対応がすすめば、働く男女に余裕が生まれ、彼ら彼女らが保育や介護の公共サービスの支援も得て、主婦層に押しつけられてきたケア労働に共に関わることも可能となろう。

こうした方向に踏み出すためには、これまでの労働世界の編成とも関連して、多くの課題がある（宮本 2009）。

第一に、賃金のあり方を再設計することが求められる。アメリカやヨーロッパの雇用制度のように、賃金が職務ごとに切り分けられた労働に対する報酬であれば、正規であろうが非正規であろうが、同一の職務に同一の賃金を支払うことでワークシェアリングを遂行することも比較的容易である。しかし、これまでの男性稼ぎ主の安定雇用の世界では、賃金は、会社に帰属して個別職務を超えて貢献することに対しての報酬であった。職務給の比重を高めるためにも、職務給を基礎とした「ジョブ型正社員」（濱口 2009）のような中間的職種をつくるなどの方法で、転換の手かがりを得る必要がある。

第二に、能力開発のあり方の問題がある。日本の企業は、長期的雇用慣行のもとで、労働者の能力開発を企業のなかで自前でおこなってきた（太田 2010）。それゆえに、非正規の労働者として企業の外部にいると、能力開発の機会が失われ、正規の労働者と対等に力を発揮することが難しくなる（労働政策研究・研修機構 2009）。また、現役世代にとっては、働く職場が様々な社会的常識などを培い相互に認め認められるほぼ唯一のコミュニティであった。それゆえに、そこから疎外されるということは、職業的技能以外のコミュニケーション能力の発展にも制約をもたらす。

ＥＵにおいては、柔軟な労働市場と離職期間の所得保障、さらに公共職業訓練を連携させる「フレクシキュリティ」の考え方が打ち出されてきたが、近年はさらに知識社会の形成をふまえてこれに生涯教育の提供を組み入れる試みが広がる。二〇一一年の北欧理事会に提出されたレポート「北欧諸国の競争力」は、こうした新しい生涯教育のかたちを、モビリティのなかのエデュケーションという意味で「モビケーション」と呼んだ。日本でも二〇一一年一〇月にスタートした求職者支援制度が失業者の能力開発の仕組みを目指しているが、教育訓練の質をいかに向上させ、地域の雇用ニーズとの連携をどう図るかなどが問われている。

第三に、長時間労働規制の必要性である。二つの世界の形成で労働時間の二極化がすすんでいることは前述のとおりである。厚生労働省のガイドラインでは、二カ月から六カ月の平均で週労働時間が六〇時間を越えるような働き方をした場合、脳心臓疾患および精神疾患を発症させ過労死を招く恐れが大きい。ところが、二〇〇七年の「労働力調査」では、週六〇時間以上の就業者は、雇用者では五五八万人に及ぶ（森岡 2011）。まずは手始めに、残業規制の強化によって残業時間部分のワークシェアリングをすすめることが必要である。

第四に、見返りのある仕事をつくりだしていく必要が増している。最低賃金は働くことの見返りを高め、また人材育成への投資を拡大し、質の高い雇用をつくりだしていくために効果がある（東京財団政策研究部 2010）。ただし、他方で地域によっては中小企業の経営を圧迫し雇用を縮小しかねない。勤労していてもその所得が一定水準を超えない場合は、これに給付付き税額控除のような補完型所得保障を加えたりして、共働きであれば生活が維持できる条件を形成していくことが求められる（宮本 2009）。

さらに、地方ではそもそも分かち合おうにも仕事がないところも少なくなく、こうした条件のもとで、保育、福祉、医療、介護などの領域やいわゆる第六次産業（第一次産業製品の製造・販売）分野で仕事を興していく必要もある（橘川・篠崎 2010）。実際のところ、二〇〇二年から二〇一一年までの間に、医療と福祉に関わる雇用は二一九万人増大し、他方で建設業に関わる雇用は一五八万人減少した（平成二四年版厚生労働白書）。新たに生みだされた雇用の質をいかに向上させるかが次の課題となる。

以上のような条件が満たされるならば、正規労働者であるか非正規労働者であるかを問わず、もっと能動的に仕事を選び直すこともできるようになる。職場が「過度に濃密」でも「過度に希薄」でもないコミュニティに近づけば、それは人々にとって、生活の資を得る手段に留まらず、相互承認の舞台として甦る。また、これまで有償の仕事と切り離されてきた家事や育児、介護などを、より多くの男女が生活の大事な場面として分担していくことも可能になる。

つまり、一人ひとりが人生で複数の仕事に就き、あるいは有償の仕事に携わりつつ家庭や地域で無償の仕事に多層的に関わることができるようになろう。これまでの「三つの固定された労働世界」と「二つの分断された労働世界」に代わる、いわば「複線的で多層型の労働世界」である（Giarini and Liedtke 1996）。

複線的で多層型の労働世界は、一方では人々が、自らの資質や抱負にあった仕事を見つけ、あるいは同僚との関係を能動的につくりだしていくことを可能にする。そして他方で、そのことをとおして人々が能力を高め発揮できるならば、それは知識経済のもとでは強い経済競争力に連動していく。

社会的包摂の政治概念

さて、こうした複線的で多層型の労働世界を地域に構築していくイニシアティブは、どこにあるのか。これからの能力開発や仕事の創出に関して、ＮＰＯなどの民間の力も期待されている。しかしながら、そのような民間の力を束ねることを含めて、最終的には政治と行政の役割が大きい。

それでは、複線的で多層型の労働世界を支える政治とは、いかなるものか。それは、三つの世界を支えた政官業のネットワーク政治でもなく、また、二つの世界の分断のもとでのポピュリズム政治でもありえない。より地域に密着しながら、有意義な働き方をとおしてつながり合うこと、あるいはそのための機会を拡大することを要求する、人々のニーズに応える政治である。

このような政治のあり方を考えたとき、ここでこれまでの議論の枠組みをもう一度考え直す必要に迫られる。これまで本章では、労働の世界と政治をとりあえず別立てとして、政治が労働の世界をいかに構築したか、あるいは逆に、労働の世界が政治をどのように方向づけてきたのかを論じてきた。このような議論の仕方そのものはとりたてて違和感のあるものではなかろう。

しかし、さらに踏み込んで考えると、政治や行政もまた一つの働きであり活動である。人々が働くことにもっとしっかり寄り添った政治を展望する時、政治や行政を通常の労働と切り離された別次元の活動として位置づけ続けることは適切なことか。同じ人間の行為である労働と政治の相互関係を、新たに考え直す必要はないか。

政治学の思想や理論に通じた者は、ここでハンナ・アレントが、その代表的著作である『人間の条件』において展開した議論を想起するのではないか。いささか抽象度の高い議論となることを承知の上で、以下ではアレントの所論を手がかりに、社会的包摂の政治像について考えておきたい。

アレントは、人間の営みを、労働（labour）、仕事（Work）、活動（Action）の三つに区別した（アレント 1994：19-21）。彼女の定義では、労働は自然的存在としての人間に対応し、生命の維持のために日々の消費に直結するものをつくりだす。また仕事は、非自然的存在としての人間に対応し、個別的生命を超えて持続する工作物をつくりだす。これに対して活動は、個体として決して同一ではありえない人間が、相互に出会い働きかけ合いながら歴史を形成していく政治的な営為である。

アレントは、古代ギリシアの思想的伝統に倣いながら、公共領域での政治的な活動こそ、自然的生命としての個人を超えた人間的行為の中心であると考える。しかしながらアレントによれば、こうした公共的行為としての政治は衰退しつつある。近代の市場社会が大量消費を旨とする大衆社会に転化するなかで、労働は人々が消費欲求を充足するための手段となり、さらに仕事の成果としての工作物も人々の消費の対象になってしまう。労働と仕事が消費の手段となっていくことによって、政治もまたこうした社会を持続させる手段に堕していくのである（アレント 1994：360）。

大衆消費社会のなかで、人々の関係は流動化し、画一主義が横行し、「無世界性」が増す。無世界性とは難解な言葉であるが、人々の関係から、各々の相違を相互に承認し、その相違ゆえに相互に必要とし合い支え合う態度が失われていくこと、と言ってよい。アレントは、無世界性が増すなかで、公共領域の政治もまた衰退し社会に従属するようになるとした。そして、二〇世紀における全体主義の台頭についても、こうした社会の変化から説明を試みた（アレント 1974：20）。

さて、労働と仕事の世界を、あらかじめ人々の相互承認関係が欠落したものとして定義するアレントの出発点は、能動的で相互的な労働世界を構想する本章の議論とは相容れない。しかしながら労働や仕事と政治の関係をめぐるアレントの議論は、少なくとも現状認識としては、本章がとらえた日本の姿と重なるところが多い。日本でもまた、高度な大衆消費社会のなかで、正規と非正規の二つの労働が道具化し相互に不信を高め、これに対応して政治がポピュリズム的な性格を強めているのである。こうしたなかで、活動、とくに政治を労働と仕事と並ぶ人間の行為として位置づけ、その復権を人々の関係回復の手がかりにしようとするアレントの立論は、本章の主張とも密接に重なる。

アレントが、政治が道具化した労働の世界を外部から支えるだけのものになってしまっている事態を批判しつつ、このような政治のあり方を結果的に正当化した論者としてジョン・ロックとカール・マルクスを挙げていることも興味深い。ロックにとって政治的共同体の役割は、人々が働くための身体と働くことでつくりだした富の双方を、すなわち「プロパティ」を保全することである（ロック 2010：442）。政治の役割はそれ以上でも以下でもなく、こうした役割から政府が逸脱し所有権を侵害する場合は、人々はそれに抵抗する権利を有する。

ロック的な労働価値説を継承しつつ、マルクスは、近代社会の財産秩序を資本制という視点から批判した。したがって、マルクスをロックと同罪と見なすのは、言いがかりに等しくも聞こえる。だがマルクスにとっても、市場社会の政府は、煎じ詰めれば所有権を保全するための「階級専制の機関」（マルクス 1970：77）であった。言ってみれば、ロックが財産秩序の保全者として積極的に描き出した政府像を、マルクスはそのまま裏返したことになる。そして、資本制経済が解体すれば、こうした機関は「環境と人間をつくりかえる一連の歴史的過程」（マルクス 1970：87）を経てコミューンとして社会に「再吸収」されるのである。

市場主義的な立場からであれ、それを全面的に批判する社会主義的立場からであれ、政治と行政が労働の秩序を外部で支える機関に還元されてしまい、それ自体に固有の能動性が認められない。したがって、政治が労働を再生する具体的な道筋は示されない。こうした政治イデオロギーの硬直状況も、今日の日本と重なる。アレントはこうした政治像を批判しつつ、公共の活動の拡大と政治の技を求めたが、実はアレントにとっても、この政治の技は労働世界の再編というかたちでは活かされない。なぜなら、そもそも労働を再生していくことには（彼女のその定義からして）限界があるからである。

本章が新たな社会的包摂の基盤と考える複線的で多層型の労働世界は、労働の世界を単なる消費欲求充足の手段や、受動的な被管理の領域から転換していくためのものであった。複線的で多層型的な労働世界は、人々が企業や家族をいったん離れて、働きなおし、学びなおし、あるいはケアに関わることを可能とし、また不可避とする。そのような労働世界を地域に構築していくためには、人々がその多層的な活動の一環として、統治の行為そのものに関わっていく必要がある。

包摂される人々が自らが包摂される秩序の形成に参加すること、そのことが決定的に重要になる。もちろんその仕組みをつくることは簡単ではないが、前章で述べた脱商品化や脱家族化の制度をテコに、包摂される雇用や家族の空間形成に当事者の意志を反映させていくことは、不可能でないばかりか包摂のプロセスを効率的にするであろう。人々が自らの生活世界のルール形成に関与する「ライフ・ポリティクス」（宮本 2008a）は、それ自体が異なったライフスタイル間の調停を伴う技の世界である。そしてそこには、アレント的に言えば「うち捨てられていた人々」が、政治に接近する重要なきっかけがある。労働世界の分断を乗り越える社会的包摂は、政治を外部化したままでは決して実現しないのである。

第6章　新しい右翼と排除の政治——福祉ショービニズムのゆくえ——

北欧、オランダ、フランスなど、欧州の政党政治のなかで共通の傾向が現れている。それは、福祉政策をめぐって主要政党間の政策距離が接近し、包摂型の政策が打ち出されると同時に、移民問題などをめぐって排外主義的、極右的傾向の強い新興政党が台頭している、という点である。

たとえばスウェーデンでは、二〇〇六年の総選挙で、それまで市場原理主義的な福祉国家批判を繰り返してきた保守党がスウェーデンモデルの擁護を掲げ、積極的労働市場政策の刷新を主張するようになった。積極的労働市場政策の内容については、社会民主党のアクティベーション的な方法より、ワークフェア的な傾向の強い政策が打ち出されたものの、主要政党の政策が接近した。その一方で、二〇一〇年の総選挙ではスウェーデン民主党が二〇議席を得て初めて国会に進出して衝撃を広げた。同党は移民の排斥をはっきり打ち出す右翼政党であり、地方議会において影響力を広げその動向が注目されていた。

スウェーデンに先立ってノルウェーやデンマークでは、同様に反移民の立場を鮮明にしたノルウェー進歩党やデンマーク国民党がそれぞれ第二党、第三党の地位を確保している。さらにフィンランドでも、二〇一一年の総選挙で反移民を掲げ欧州連合に反対する「真のフィンランド人党」が、六議席から三九議席へと議席を大幅に増やし第三党となった。いずれの党もスウェーデン民主党と同様に、自国民に対する福祉水準は維持あるいは充実させていくことを主張している。

またオランダでは、一九九四年に、労働党と自由民主人民党が中道政党のキリスト教民主アピールを外して連立をする「紫連合」を実現し、八年間政権を持続させた。これに対して二〇〇二年二月には、経済評論家のピム・フォルタインが、既成政党による「寡頭制」を批判し移民排斥を訴えるフォルタイン党を立ち上げた。同年の総選挙直前にフォルタインが暗殺されるという衝撃のなか、フォルタイン党自体は総選挙で一挙に二六議席を獲得した。カリスマ性のあったフォルタイン党首を失った同党はその後分裂したが、代わって保守政治家ウィルデルスが率いる自由党が台頭、二〇一〇年の選挙で議会のキャスティングボートを握る躍進をした（水島 2012）。

こうした欧州政治の動向は、日本政治の現況とも重なる部分がある。日本では二〇〇九年の政権交代以後、民主党が大幅に支持を失いながらも、自民党も安定した支持を回復しきれず、既成政党批判をテコにいわゆる「第三極」が支持を広げる傾向がある。福祉国家としての規模や移民問題の争点化という点で欧州の動向とは相違もあるが、既成政党批判や領土問題をめぐる緊張を契機としたナショナリズムにおいては共通点も窺える。

ただし本章は、こうした日本政治との重なりはひとまず置き、欧州における新しい右翼の台頭について、とくにその社会構造的、制度政策的な背景をふまえて分析する。とくに注目したいのは、これまであまり言及されてこなかった北欧の動向であり、そこに見られる福祉ショービニズムと呼ばれる新しい右翼のあり方である。各国の経験からは、社会的包摂をめぐる政治が一定の条件のもとで排除の政治を生みだしていくという逆説的事態が浮き彫りになる。

本章はまず第一節で、新しい右翼に関する近年の研究をサーベイし、その特質を整理する。ついで第二節では、こうした構造変容にさらに社会民主主義勢力との関係という視点を付加しつつ、新しい右翼の動向を比較論的に分析したキッチェルトの研究を検討し、新しい右翼の類型について考える。そして第三節においてその類型の一つである福祉ショービニズムの進出が顕著なデンマークとノルウェーの事例を分析し、スウェーデンの事例と比較する。

1　新しい右翼とは何か

新しい右翼の台頭

今日台頭する右翼勢力をどのようにとらえるかは、実に多様な形容が交錯する「言葉の闘い」となっている。実のところ、「極右（Extreme right）」「ラディカル右翼（Radical right）」「ラディカル右翼ポピュリズム（Radical Right Populism）」など、多様な表現が用いられている。さらにミュッデによれば、その定義に関しては二六通りがあり、五八の特徴が言及されているという。そのうち半数以上の論者によって言及されている特徴が五つあり、ナショナリズム、人種主義、外国人嫌い（xenophobia）、反民主主義、強い国家志向であるという（Mudde 1996：229）。ただし、これはあまりに羅列的であり、明確な概念にはつながらない。今日勢いを増している右翼勢力を仮に日本語として新しい右翼と呼ぶならば、その独自性はどのようにとらえられるのであろうか。

議論の出発点として参考にしてよいと思われるのは、イニャーチの議論である。イニャーチは、こうした新しい右翼勢力が強い「反体制的性格（anti-systemness）」を有していることに注目しつつ、その点でこの勢力を、戦後に現れた他のいくつかの右翼のあり方と区別していく。たとえば、かつてベルが「ラディカル右翼」という言葉でとらえたアメリカの超保守主義、具体的にはジョン・バーチ協会やマッカーシズムは、権威的な体制擁護運動でもあった。また同様に、一九七〇年代の終わりからアングロサクソン諸国で台頭した新保守主義としての「新右翼」も、体制の擁護を目指したものであった（Ignazi 2002：22）。これに対して、反体制的な右翼運動としては、旧ファ

表 6 - 1　旧い右翼と新しい右翼

旧い伝統的極右	新しい脱工業化社会の極右
イタリア国民運動（イタリア）（1995年に解党）	オーストリア自由党（オーストリア）
三色の炎（イタリア）	フラームス・ブロック（ベルギー）＊（2004年から「フラームス・ベラング」）
国家民主党（ドイツ）	国民戦線（ベルギー）
民族連合（ドイツ）	国民党（デンマーク）
イギリス国民党（イギリス）	国民戦線（フランス）
中央党86（オランダ）＊（1998年に解党）	共和党（ドイツ）
	中央民主党（オランダ）＊（2002年に解党）
	進歩党（ノルウェー）
	新民主主義（スウェーデン）＊（2000年以降は「民主党」が台頭）

（出所）Ignazi 2002. ただし＊の情報は本書で付加した。

シズムとの連続性をもった右翼運動が戦後の各国で展開された。しかしながらイニャーチは、今日台頭している新しい右翼は、この旧ファシズムとの断絶性が強いと考える。

したがって、イニャーチが新しい右翼の特質を抽出するスクリーニングの方法は、まず反体制的な性格を有するか否かという点である。反体制的な右翼運動は、政治的なスペクトラムにおいてある極を占めるという点で、「極右」という呼称が適当であるとイニャーチは主張する。反体制的な右翼政党に関して、次に問われるのは、旧ファシズムとそのイデオロギーや組織が断絶をしているか否か、である。旧ファシズムとの連続性が強い「旧い（極）右翼」と連続性が弱い「新しい（極）右翼」がここで区別される。そのリストは表6-1のようになる。その上で、近年選挙において得票数を伸ばしているのは、この「新しい（極）右翼」であることが明らかにされる。

さて、イニャーチの言う新しい右翼の「反体制的性格」については、いくつか留保を加える必要がある。ファシズムが少なくともイデオロギーのレベルでは反資本主義を掲げていたのに対して、後に述べるように、新しい右翼は、資本主義的な業績原理を擁護する。新しい右翼の反体制とは、反資本主義であるわけではない。もちろん、こうした業績原理を蹂躙する現体制を強く否定するという意味では、この勢力はある種の反体制的性格をもっている。しかし、後述するように他方においては、この勢力は一部の国では議会政治の一角に地歩を占めるに至り、その限りでは体制の外にあるとは言い切れない存在となりつつある。

ここではむしろ、イニャーチの強調するもう一つの特質、すなわち旧ファシズムとの相違に注目しながら、社会的基盤、秩序構想、排外主義の内容、議会制民主主義との関係の四つの点について、その特質の検討をすすめることにしたい。かつてのファシズムの社会的基盤やイデオロギーそのものも決着がついた問題ではないが、以下では通説的見解に依拠しながら対照をおこなう。

社会的基盤

かつてのファシズムにおいては、資本主義的近代化の脅威にさらされた中間層が、その支持勢力として大きな役割を果たした。ファシズムを体制レベルと思想・運動レベルに分けるならば、運動としてのファシズムの基軸が中間層であったことは、広く共有された認識とされている（山口 1979：86）。その結果、ファシズムの秩序構想には、反資本主義的な言説が盛り込まれていった。これに対して、「新しい右翼」の支持基盤にはどのような特徴が見出されるのであろうか。多くの研究が発見しているのは、八〇年代の後半から、「新しい右翼」政党への投票者のなかでブルーカラー労働者の占める割合が高まっている、という事実である（Immerfall 1998：250；Betz 1994）。

たとえば、フランスの国民戦線では、一九八六年ごろから支持層のなかでブルーカラー労働者の比重が確実に増大していることが明らかにされている。一九八八年から二〇〇二年の大統領選挙第一回投票での支持率の階層別変化は、労働者階級では一九％から三〇％へと大きく伸び、これに対して新旧の中間層では停滞あるいは減少した（長部 2002）。畑山敏夫は、国民戦線について、党組織を構成する活動家・幹部層ではエリート階層からの参加が増

表6-2　デンマークとノルウェーにおける労働者階級の政党支持

デンマーク（国民党の前身の進歩党のケース）

	1966	1973	1977	1979	1981	1984	1987	1988	1990	1994	1998
進歩党	−4	−1	2	6	9	4	14	15	16	18	15
非社会主義諸党	−26	−15	−20	−17	−15	−12	−12	−15	−16	−11	−10
社民党	27	26	20	15	18	20	19	16	16	13	9
左翼諸党	26	17	6	3	4	0	2	4	1	−3	−3
標準	40	37	35	36	36	32	32	36	31	34	35

ノルウェー

	1965	1973	1977	1981	1985	1989	1993	1995	1997
進歩党		−5	15	9	3	7	3	8	5
保守党	−29	−29	−25	−19	−13	−15	-16	−10	−7
中道諸党	−17	−12	−9	−8	−12	−8	1	1	−1
社民党	21	19	18	20	16	13	7	6	2
左翼諸党	21	16	0	−6	−2	−3	−10	−9	−2
標準	43	43	41	35	32	32	22	19	19

（注）数字は総投票に占めるブルーカラー労働者の割合（標準）と各党への投票に占めるブルーカラー労働者の割合の偏差，デンマーク98年で国民党の数値はプラス13。

（出所）Andersen and Bjørklund, 2000, p. 217.

えているのに対して、その支持層では「プロレタリア化」がすすんでいることを指摘している（畑山 1997：121）。またベッツは、オーストリアの自由党とイタリアの北部同盟について、その支持基盤のなかで労働者階級が増大していることを確認している（Betz 2002）。

こうした傾向はノルウェーとデンマークについてはより顕著である。表6-2は、デンマークとノルウェーについて、主要政党の支持基盤の階層別の変遷を平均値との偏差で見たものであるが、デンマーク国民党とノルウェー進歩党の支持層でブルーカラー労働者の割合が増大していることが確認できる。ここでは、同時に社会民主主義政党が労働者の支持者を失っており、新しい右翼の伸張は、社会民主主義政党の基盤を浸食した結果であることが窺える。だが、同じ北欧でも、かつてスウェーデンで台頭した右翼政党である新民主主義に関しては、その支持基盤は各階層に分散しており、労働者階級の比重がとくに高いわけではなかった。このことは、同じ福祉国家レジームの下にあっても、政党間の戦略的な対抗関係によって新しい右翼の基盤が大きく異なってくることを示唆している。この点は後に立ち返って分析したい。

権威的手段による業績原理の擁護

イデオロギー的には反資本主義を標榜したファシズムと異なり、新しい右翼は資本主義的な市場秩序と業績原理の擁護を掲げる。だがそれは、新中間層を基盤にした新自由主義が市場原理主義を掲げるのとも、また異なっている。たしかに、フランスの国民戦線は一九七〇年代末には新自由主義的な経済綱領を発表し、「レーガン以前のレーガン主義者」とさえ呼ばれていた（Kitschelt 1997：95）。オーストリア自由党も、かつては反国家的で新自由主義的な政策を掲げていた。しかし、前述のとおりブルーカラー労働者の支持が集まり始めるのと軌を一にして、両党は市場原理主義と距離を置き始める。フランスの国民戦線では、しだいに新自由主義的な主張は影を潜め、国民共同体の擁護が強調されるようになった（畑山 1997：142-143）。また、オーストリア自由党も、一九九〇年代に入ってからは社民党の支持層に食い込むことを目標としてそれまでの新自由主義路線を修正し、ある種の再分配を伴う「公正なる市場経済」をスローガンとするようになった（Betz 2002：75）。

デンマークやノルウェーにおいては、こうした変化はさらに明確に現れた。デンマーク国民党とノルウェー進歩党は、いずれも元々は一九七〇年代初頭に現れた反税政党であり、新自由主義的というよりも、リバタリアン的で反権威主義的な市場主義を掲げる政党であった。しかし、八〇年代から九〇年代にかけて、両党内部ではリーダーシップの交代もあってしだいに「法と秩序」や「反移民」など権威主義的な政策志向が際だつようになる。そしてさらに興味深いことに、両党は、高齢者介護政策などを中心に、むしろ福祉に対して積極的な態度を示すようになるのである。ただしその福祉政策は、移民排斥政策と一体不可分であって、所得保障やサービス給付の対象を自国民に限定することを強く主張する。この福祉国家と排外主義の結合、すなわち福祉ショービニズムについては、節を改めて考察を加えることにする。ここでまず検討しておきたいことは、たとえ排外主義との連携のもとでも、福祉国家の擁護を打ち出すことがなぜ業績原理の擁護に通じるのか、という点である。

その理由は、今日の福祉国家が社会的包摂を志向するようになっていることと関わる。新しい右翼が台頭する北欧諸国の福祉国家体制は、社会的包摂を先取りしていた。北欧諸国では、福祉国家が積極的労働市場政策等をとおして市民の生産活動への参加を支援し、福祉国家の財政基盤を広く維持しようとした。そして各種の社会保障は、所得比例原理を徹底し、市民がそのような生産活動への参加で得た現在の所得水準の維持を保障しようとする。実は北欧福祉国家は、就労規範を前提とし、その中での業績に応じた給付を提供するという意味で、ある種の業績原理に基づいて作動しているのである。そして北欧福祉国家が規模を拡大した背景には、業績原理が高い補償水準を求めたという事情があったのである（宮本 1999）。

こうした北欧の福祉のあり方についてエスピン－アンデルセンは「生産主義」と表現したが、北欧型の生産主義が社会的包摂と重なるものであることはすでに指摘した（Esping-Andersen 1999：80；宮本 2002b）。こうした規範構造のなかで、たとえば移民などがある種のフリーライダーとして認識されるようになった時、これに対する反動が、福祉国家体制の解体を要求するのではなく、その対象を限定する方向で現れることは不思議ではない。

排外主義

ファシズムの民族主義は、「血と土」のイデオロギー、すなわち強固な自民族中心主義や優生思想に基づくものであった。これに対して、新しい右翼の排外的ナショナリズムは、以上のような背景とも関連して、独自の様相を帯びている。

たとえば畑山敏夫は、その特徴を、P-A・タギエフの「差異論的人種主義」という概念でとらえようとしている。「差異論的人種主義」とは、ある共同体の優越性を強調するというのではなく、個々の共同体が他の共同体と違ったものとしてある権利を掲げ、これを侵すものに対して闘うというスタイルをとった人種主義である。なんらかの普遍主義的な思考に基づいた同化主義は「差異論的人種主義」からすれば相容れるものではない。「差異論的人種主義」は、形式的には相互に異なったものとしてあることを「平等に」承認したうえで、自らの純化を要求する、という論理をとる。こうした論理は、移民などを生ぜしめた歴史的文脈を無視したものではあるが、たしかに強制的な同化主義とは異なった性格のものである。そして、これまで「差異への権利」を謳ってきた左翼の論法を奪っていることでも注目される（畑山 1997：163）。

この「差異への権利」の要求が、共同体ではなく個人の水準でなされるとき、そこには「啓蒙主義」的なゼノフォビアとでもいうべきものが現れる。これは、今日の世界において排外主義の対象がしばしばイスラム文化圏の人々と重なるという事情と深く関連している。たとえば、オランダのフォルタインは、自らの性的志向性とも関わって、女性や同性愛者に対して不寛容な「遅れた文化」（backward culture）としてのイスラムを批判し、「社会のイスラム化」を警告した。ここからはオランダの新しい右翼を「ポスト・モダンの新右翼」あるいは「ポスト・モダン・ポピュリズム」と呼ぶ議論も現れる（水島 2002：キュペルス 2003：高橋 1998）。またデンマーク国民党の女性党首ピア・ケアスゴーは、イスラム文化が女性を抑圧することを批判し、成熟したデンマーク文化を守ることを主張した。ノルウェー進歩党の青年組織は、党中央から却下されはしたものの、政策要求に男性の同性婚の制度化を掲げたこともあった（Andersen and Bjørklund 1990：207）。

このように、新しい右翼の排外主義は、モダンあるいはポスト・モダンの立場からする、プレ・モダンの排撃という様相を帯びる。しかし、党活動家層の言動はさておき、新しい右翼の支持基盤全体の価値志向を見るならば、デンマークやノルウェーの場合でも、脱物質主義的価値は必ずしも明確ではない。むしろ新しい右翼の支持基盤としては、前述のとおりかつて社会民主主義政党を支持していたブルーカラー労働者の増大が見られ、こうした人々は党活動家層とは異なり、むしろ伝統的な物質主義的価値を志向する場合が多いという事実も留意しておく必要がある（Bjørklund and Andersen 2002）。

歴史と議会制民主主義への態度

新しい右翼は、近年しだいにファシズムから距離をとるようになり、議会制民主主義についてもこれを遵守する姿勢を強調してきている。新しい右翼政党・オーストリア自由党の党首であったハイダーは、ホロコーストが枢要な問題であること、あるいは若い世代を含めて歴史に対する責任を有するとした上で、オーストリアもまたドイツと同様にナチスの犠牲であったという議論を展開した（Betz 2002：74）。フランス国民戦線の前党首ルペンは、かねてからホロコーストを歴史のひとこまにすぎないとする発言などを繰り返してきたが、これに対して、やがてルペンと袂を分かつテクノクラート官僚出身のメグレなどが穏健化路線を追求した。

そのメグレが「新しい欧州右翼ナショナリズムのモデル」と賞賛したデンマーク国民党やノルウェー進歩党は、より積極的にファシズムとの断絶や議会制民主主義への順応をすすめようとしている。デンマーク国民党に関しては、移民行政の職権乱用をめぐる議会論議で法に基づかない行政を称揚したり、党首のケアスゴーが違法な護身具携行で罰金を受けたりするような行動も目立つが、エキセントリックな行動は影を潜めつつある。ケアスゴーはルペンの言動を批判し、また一九九九年には、党内の親ルペン派のグループを追放した。ノルウェー進歩党のカール・ハーゲンも、党内では強行に反対派を排除してきたが、対外的な言動は慎重でかつ巧みであることで知られている（Andersen and Bjørklund 2000：201-202；Bjørklund and Andersen 2002：112）。

山口定が紹介するベルリン社会科学センターの調査によれば、一九八六年から九四年にかけての極右政党の国政選挙の得票率と、極右勢力による重大な暴力の発生件数は、ほぼ逆相関するという。すなわち、暴力の発生はイギリス、ドイツ、スウェーデンなど、右翼政党の議会進出が弱い国で多く、デンマーク、ノルウェー、フランスなど、議会進出がすすんだ国で少ないのである（山口 1998）。

こうした傾向が何を意味するか、つまり新しい右翼はすでに議会制民主主義のアクターとなりつつあるのか、それともこれが戦略的な順応なのかは、ただちには結論の下せない問題である。ただし、新しい右翼の定着によって各国議会政治のシステムそのものに変化が生じつつあるというシャインらの指摘は、留意しておいてよいと思われる。シャインらによれば、新しい右翼の議会進出は政治システムのアジェンダや対立軸に変化を引き起こしつつある。そして、逆にこのことが、新しい右翼政党の穏健化をもたらしている。デンマーク、ノルウェー、オランダなどにおける近年の移民立法の動向は、少なくとも移民政策をめぐるアジェンダに関するかぎり、新しい右翼の政策過程への影響力が確実に増大していることを窺わせる（Schain, Zolberg and Hossay 2002）。

構造変容

新しい右翼の台頭の背後には、いかなる社会変容があるのであろうか。これまでの叙述とは異なり、あくまで仮説的な議論とはなるが、そこには福祉国家体制を支えた社会的基盤に生じた構造変容が深く関連していると考えられる。

福祉国家的な妥協枠組みの動揺は、クリーヴィッジ構造の変化を生み出した。すなわち、激しい国際競争にさらされる民間セクターと、公共セクター・非競争セクターとの間には、新たな政治的亀裂が走る。民間ブルーカラー労働者はこの場合、業績原理の尊重される経済環境を重視し、公共セクターあるいは非競争セクターを保護するコ

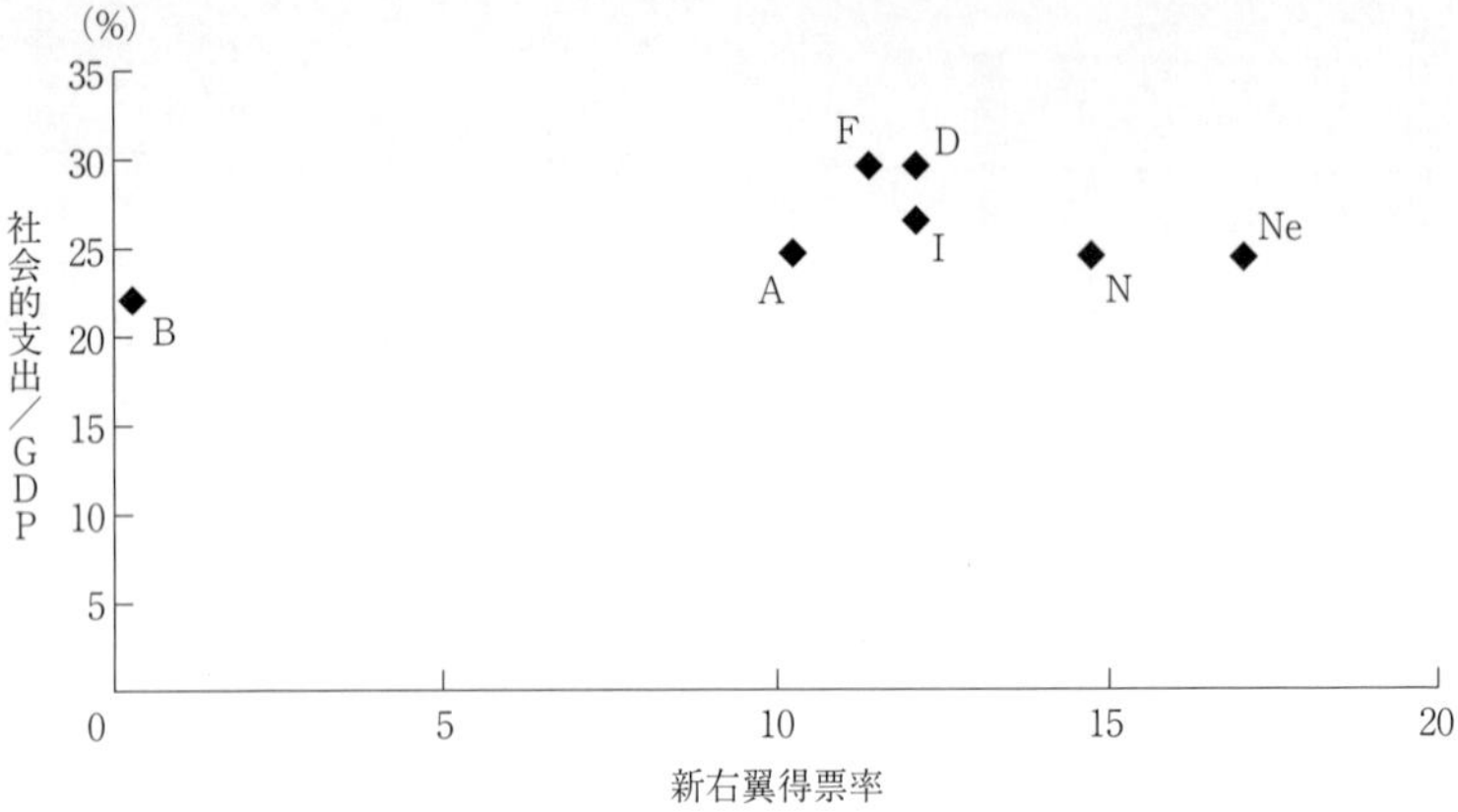

図6－1　新右翼得票率と社会的支出

（注）Ne オランダ，N ノルウェー，D ドイツ，I イタリア，F フランス，A オーストリア，B イギリス。2000年前後の総選挙における新右翼政党の得票率と各国社会的支出（SOCX 1995）の相関。

（出所）筆者作成。

ストを担うことを嫌うようになる。だが、他方においてグローバルな競争のさなかで彼らの地位もまたきわめて不安定なものとなり、常に周辺層に転落しかねないジレンマをかかえている。

ここには、業績原理を維持する強いインセンティブが生まれる。ただし、競争セクターの労働者の支持も得て社会的包摂志向の福祉国家が確立し、各種社会保障がある種の業績原理と連動している北欧諸国のようなケースでは、この業績原理を維持する志向が必ずしも反福祉国家を意味しないことは既述のとおりである。実際のところ、社会的支出で見た福祉国家の規模と表6-1に挙げられた各国の新しい右翼の得票には、強い相関は見られない（図6-1）。しかも、北欧型の、業績原理や就労支援と連動した仕組みは、各国の社会的包摂政策をとおして広がっているのである。

欧州における新しい右翼の台頭は、こうした文脈の下で移民労働者の動向に対応している。移民労働者の増大一般というよりも、様々な保護措置の対象となり、また非西欧圏からの流入が増大する政治難民の数と新しい右翼の得票

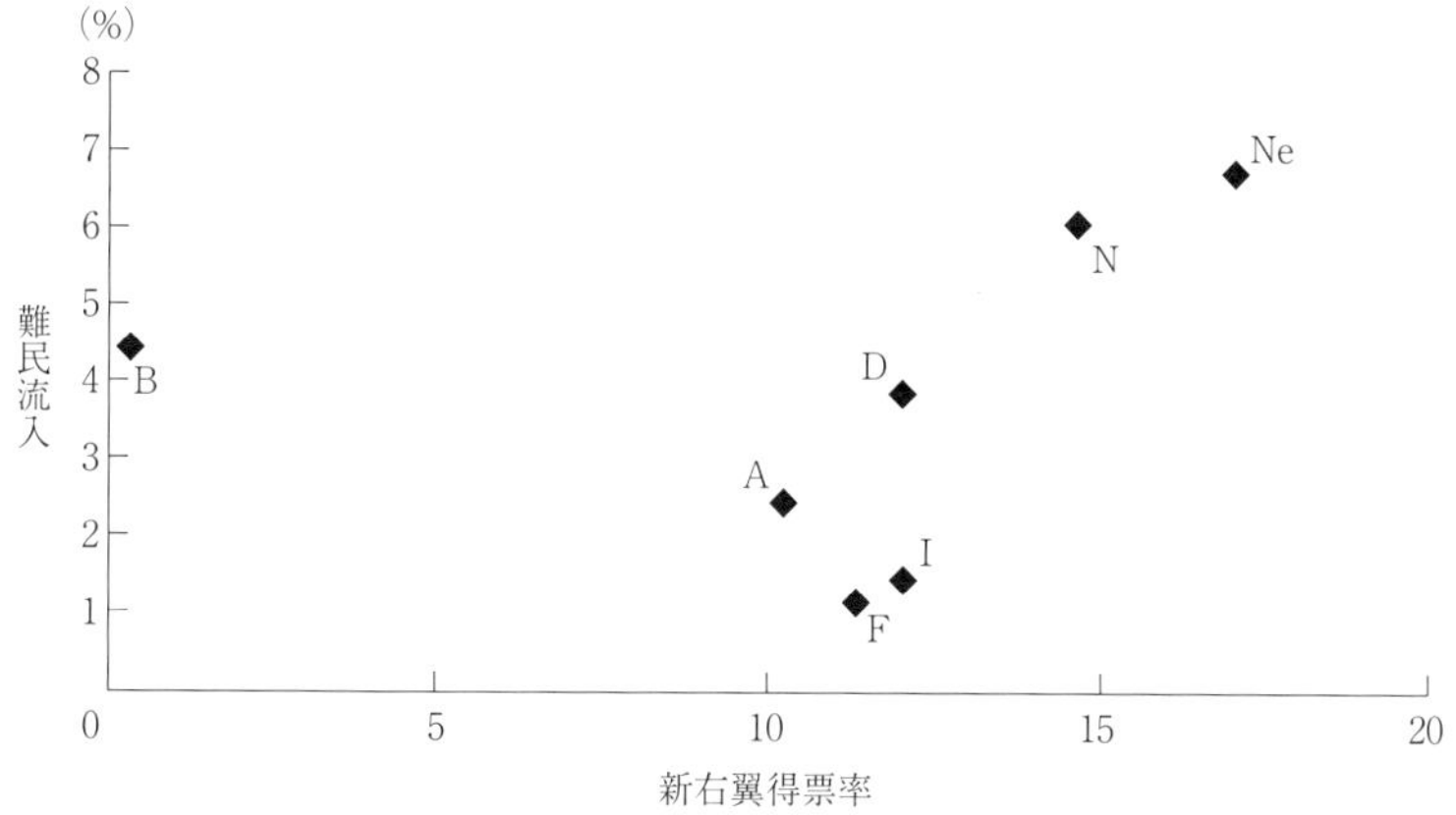

図6－2　新右翼得票率と政治難民流入

（注）Ne オランダ，N ノルウェー，D ドイツ，I イタリア，F フランス，A オーストリア，B イギリス。2000年前後の総選挙における新右翼政党の得票率と2000年の各国移民人口に占める政治難民の割合（OECD, *Trends in International Migration*, 2001）。

（出所）筆者作成。

は相関していることが図6-2から窺える。政治難民は、ある場合は多大な保護コスト負担を要請し業績原理を浸食する存在として、また他の場合は（過剰な）競争を惹起するグローバル化の象徴として現れ、さらには犯罪等、社会秩序の揺らぎを引き起こしたり、時には啓蒙的文化を否定する存在として認知される。ここには、権威主義的な業績原理の維持あるいは回復という新しい右翼の路線において、反移民が一つの軸となっていく機制がある。だが逆に言えば、反移民はこうした新しい右翼の基盤や構想との関連で立ち現れるイッシューの一つなのであり、新しい右翼が反移民という単一イッシューに還元される運動であるわけではないことになる（島田 2011）。

ここで、新しい右翼の支持基盤としてブルーカラー労働者が増大している事実については、若干の補足が必要であろう。かつてリプセットは、教育水準や、戦略的あるいは複眼的な思考の弱さを理由として、労働者階級には権威主義的傾向が潜在的にあると強調した（リプセット 1963）。こうした見方は、キッチェルトなどの新しい右翼研究にも継承されている。キッチェルトは、ハーバーマスの戦略的相互行為とコミュニケーション的相互行為の対比をふまえて、ブルーカラー労働者が文化的多様性や政治的決定のあり方について非寛容な考え方を採りやすいのに対して、脱工業化のなかで拡大する医療、教育、福祉セクターの労働者は、コミュニケーション能力を基礎とした職業経験からしてより相互的で寛容な態度を採ると考え、ここに、「権威主義」と「リバタリアン」という新しい政治的対抗軸が芽生えていく一つの背景を見ている。

しかし、だからと言って権威主義的な態度が直接に階層や階級への帰属とむすびついているわけではない。そのような政治的態度は、具体的な政治対抗や社会関係のなかで初めて形成されていくものであるからである。それでは市場主義と権威主義の融合を促す政治対抗と社会関係とはどのようなものか。

2　政党戦略と新しい右翼の類型

政党戦略と新しい右翼

見てきたように、新しい右翼の出現は福祉国家の社会的基盤の変容と密接に関わっていると考えられるが、そこから自動的に帰結するものではない。新しい右翼政党が具体的にどのようなかたちで政治の場面に登場するかは、諸政党の戦略や相互の政策距離のなかで決まっていく。とくに、中道左派勢力すなわち社会民主党や労働党の戦略転換と新しい右翼の台頭が、なんらかの形で関係していることは、しばしば指摘されてきた。

この点について最も徹底した考察を加えたのはキッチェルトであろう。彼は、新しい右翼を脱工業化の進展の中での政党政治の対抗軸の変化との関連で比較論的に分析した。各国の社会民主主義政党は一九八〇年代の半ばから、ジェンダー平等、環境保護、反原発、文化的多元化、政治参加などに関わってより脱物質主義的で多元的な価値を

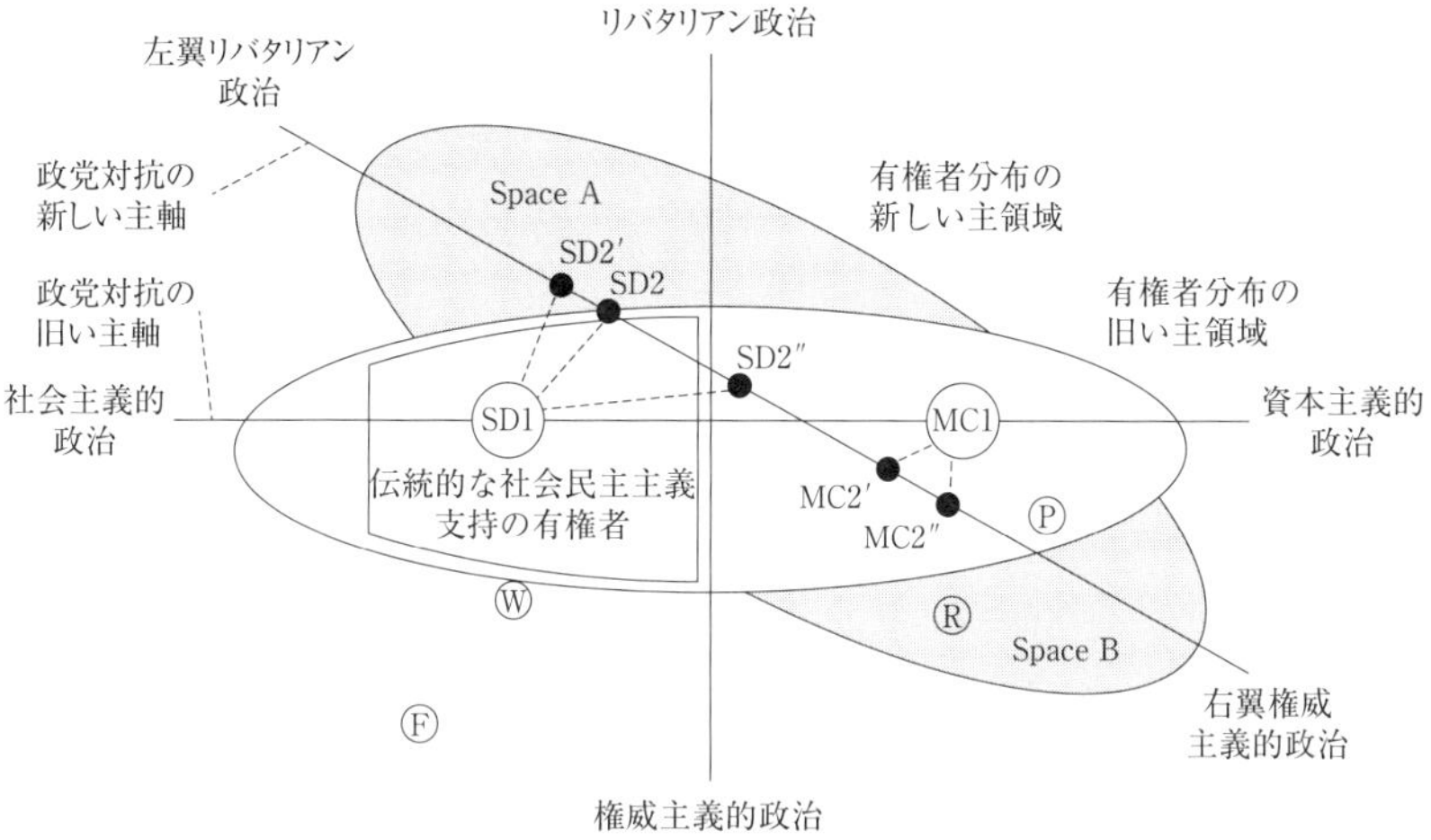

図６-３　1980年代の西欧における諸政党の対抗空間
（出所）Kitschelt, 1997, p. 15.

志向する政策転換をすすめてきた。左翼がこうしたイッシューを焦点とすることを、キッチェルトは左翼リバタリアン政治と呼ぶ。つまり、政党対抗の軸心は、再分配をめぐる社会主義政治と資本主義政治の対立という軸から旋回し、リバタリアン政治と権威主義政治の対抗という軸に大きく接近することになる。

図６-３はその構図を示すものであるが、ここで既成の穏健な保守政党（ＭＣ１）が、社会民主主義政党の旋回に対抗して、先に挙げた一連のアジェンダに関してより権威主義的な政策を志向する場合、すなわち図で言えばＭＣ２′あるいはさらに権威的なＭＣ２″の政策空間を満たそうとするならば、新しい右翼と競合し、その台頭を抑えることになろう。しかし穏健保守が、政権の安定を図って政治選好の中央値に近づく場合、先の政策空間は参入が容易となり、新しい右翼の進出条件が開かれることになる。

また同様のジレンマは社会民主主義政党にもつきまとう。社会民主主義政党（ＳＤ１）は、一方ではよりリバタリアン的な政策展開で新しい潜在的支持層を獲得することも考えられる。あるいはＳＤ２″のように、中央値周辺の投票者を獲得するため、より市場主義的な政策展開をおこなうことも考えられる。いずれにせよこうした政策展開は、伝統的に社会民主主義政党を支持していた民間ブルーカラー労働者や下層ホワイトカラー労働者の選好からは離反することを意味し、疎となった第三象限には新しい右翼政党が接近し、彼らを支持基盤として獲得していくかもしれない。

キッチェルトのモデルは、新しい右翼の動向が、既成政党の政治戦略の帰趨によって大きな影響を被ること、とくに、穏健保守政党と社会民主主義政党の政策距離が縮小するならば、新しい右翼政党がその活動のチャンスを広げていくことを示している点で興味深い。だが、他方においてこのモデルには、経験的事実に照らして説得力を欠く点も見られる。

第一に、社会民主主義政党の政策転換を、再分配をめぐる資本主義原理への接近、新しいアジェンダ群における「リバタリアン」化としてとらえるのは、どこまで正確であろうか。欧州の社会民主主義の展開を振り返った時、一九八〇年代においては環境政策や女性政策などの社会文化的な領域で「リバタリアン」的展開を見出すことは可能であろう。しかし、九〇年代半ば以降の社会民主主義政党の政策転換の柱は、むしろ社会経済の領域における社会的包摂志向の政策の展開である。

第一章、第二章で検討したように、この社会的包摂志向の政策展開にはいくつかのアプローチがある。社会民主主義政党の政策展開と新しい右翼の台頭の関係を考えるならば、後の北欧における新しい右翼の動向などを見る限り、社会文化領域での「リバタリアン」化よりも、社会的包摂におけるワークフェア原理の台頭が重要な意味をもっていたと考えられる。ワークフェア化は、もともと北欧の社会保障に内在していた業績原理を強め、業績原理からしてフリーライダーというレッテルを貼られやすい外国人労働者や移民層への反発を強めることになったのである。

第二に、このモデルでは新しい右翼は社会民主主義政党をはじめとする「リバタリアン」的なシフトに対する対抗や反発、つまり伝統的価値への志向をその政治的バネとすることになる。しかし、第一の点とも関わるが、新しい右翼を主に伝統的価値に立脚するものと頭から決めてしまうことにも問題がある。実際のところ、オランダのフォルタイン党が「ポスト・モダン・ポピュリズム」と呼ばれたように、あるいは「差異論的人種主義」に見られる反普遍主義からも窺えるように、新しい右翼には価値的に多様な要素があり、それが新しい右翼への支持の広がりを支えている。新しい右翼を「リバタリアン」化への対抗として位置づけるのは、少なくとも一部の新しい右翼の運動の重要な要素を切り捨てることになる可能性があるのである（香山 2002）。

新しい右翼の類型

キッチェルトの議論のもう一つの特徴は、新しい右翼の類型論である。キッチェルトによれば、新しい右翼のあり方は、いずれの選好空間を基盤として立ち上がってくるかによって大きく異なる。すなわち、まず挙げられるのは、権威主義志向を強く持ちつつも、資本主義的な市場原理を前面に掲げ、「小さいけれど権威的な政府」を目指すもので、「権威主義的右翼」と呼ばれる。これは新しい右翼のいわば「マスターケース」となる。旧中間層とブルーカラー労働者が主要な支持基盤になるというのがキッチェルトの仮説であり、図6-3でいえば、Ⓡがそのおよその位置となる。

これに対して、権威主義―リバタリアンの軸ではよりニュートラルで、再分配に関してはより資本主義的市場原理に近い位置（すなわち図6-3でいえばⓅの位置）にあるとされるのが、「反国家ポピュリスト」とよばれるタイプである。このタイプは、既成政党がより恩顧主義的な利益配分に深く関わっており、「リバタリアン」政治への対抗よりも、「大きな政府」や「政治的階級」への反発が前面に出る場合に現れる。この場合、権威主義な旧中間層やブルーカラー労働者に加えて、新中間層もその政治的基盤として重要になる。そして市場原理主義のような明確

表6-3　新旧右翼の類型と選挙基盤

政党類型	選挙における支持層		
	小生産者・農民	ブルーカラー労働者	ホワイトカラー・専門技術者
ファシズム	比重大	比重小	比重大
福祉ショービニズム	比重大あるいは比例的	比重大	比重小
権威主義的右翼	比重大	比重大	比重小
ポピュリスト・反国家主義	比例的	比例的	比例的

（出所）Kitschelt, 1997, p.35.

な政策原理ではなく、既成政党の主導する利益誘導政治の撤廃や、政府影響力の縮小がまず追求されることになる。

そして最後の類型は、図6-3のⓌの位置を占める「福祉ショービニズム」である。これは、「権威主義的右翼」あるいは「反国家ポピュリスト」とは異なり、基本的には福祉国家的な再分配政策を堅持することを主張する。同時に、移民や外国人労働者など、福祉国家に貢献しないままその恩恵を受ける層を批判し、再分配政策の対象を民族主義的に制限していくことを主張するのである。ただしファシズム（図6-3のⒻ）の反資本主義的な言説とは異なり、ここでは資本主義的な業績原理そのものが否定されるわけではない。政治的な基盤としては、福祉国家へのインタレストを有するブルーカラー労働者の比重が高いのが特徴とされる。ただしキッチェルト自身は、図が前提とする政治的な対抗軸の旋回方向からして、この「福祉ショービニズム」が立ち上がる選好空間は縮小していくと判断し、この類型についてはその持続性に関してネガティブな評価を与えている。

さて、以上のような新しい右翼の類型論は表6-3のようにまとめられている。ここでは、むしろマスターケースと位置づけられる「権威主義的右翼」以外の二つの類型が、比較論的分析に有益な視点を提供している。まず、「反国家ポピュリスト政党」は、利益誘導政治や既成政党への反発をテコとするポピュリズムが根強いわが国の政治状況とも重なり合い、対抗軸が不鮮明なポピュリズム的政治状況を説明する手がかりを与える。たとえば、二〇一二年の総選挙で躍進した

「日本維新の会」はこの「反国家ポピュリスト」とも重なる潮流に、石原前都知事が象徴する

「権威主義的右翼」の要素を加味したものと言えよう。

そして、以下で本章が採り上げようとする北欧のケースからして、また、社会的包摂志向の福祉改革が各国で広がっている現実との関係で、とくに重要なのは「福祉ショービニズム」である。前述のように、キッチェルト自身は「福祉ショービニズム」について、ファシズムの伝統が根を下ろすなど、「権威主義的右翼」型の市場主義が定着しにくい特定の事情がなければ持続しえないと考えているが、実際には「福祉ショービニズム」は北欧を中心に広く影響力を拡大している。

「福祉ショービニズム」の台頭は、各国ですすめられる社会的包摂志向の、そのなかでもとくにワークフェア的な福祉改革のあり方と関連している。ワークフェアとは、ここでの文脈に沿って言うならば、福祉国家と業績原理の結合であり、社会的包摂というかたちをとった業績原理の徹底である。したがってワークフェア的な原理を強める国では、権威主義的に業績原理を強めることが、福祉国家の堅持と両立する。

したがって、キッチェルトが（前項で指摘したように）社会民主主義の変容に関してワークフェアへの志向を見ていないことと、（本項で指摘しているように）「福祉ショービニズム」を過小評価していると思われることは対応関係にある。以下では、北欧のケースを具体的に辿ることで、この関係について検討を加えていくことにする。

3　北欧の福祉ショービニズム

デンマークにおける展開

デンマーク、ノルウェー、そしてスウェーデンにおける近年の新しい右翼政党の伸張は図6-4に示された総選

挙での得票率の増大から明らかである。ここではまず各党の出自を辿ることから始めたい。デンマーク国民党の「前身」であるデンマーク進歩党の誕生は、一九七一年一月に、弁護士モーゲンス・グリストラップがテレビ番組のインタビューで脱税の手法を紹介しつつ、脱税をナチス支配下のレジスタンスに喩える反福祉国家的で挑発的なアジテーションをおこなったことに端を発している。その反響の広がりのなかで、グリストラップはいったん保守党からの出馬を試みるが失敗し、自らの政党として進歩党を結成する（Kitchelt 1997 : Andersen and Bjøklund 1990 : 196）。

驚くべきことに、グリストラップの新党は一九七三年の総選挙で一五・九％の得票を得て一挙に第二党に躍進し、大きな衝撃を呼んだ。結党当初、党綱領は所得税減税、反官僚制、反規制政策についてのごく簡単なメモにすぎなかった。ナショナリズムは他党に比べても希薄で、グリストラップ個人について言えば、有事の際に（旧）ソ連に対して「我々は降参する」と応答する自動録音を残して軍事予算を全廃することを唱えたり、グリーンランドとフェローの売却を主張したりするなど、ある種のリバタリアン的な人物でもあった（Andersen and Bjøklund 2000 : 203）。七三年の選挙での躍進は、社会主義ブロックおよび保守主義ブロックから、それぞれ一五％ずつの得票を奪う形であった。

だが、一挙に第二党の地位を獲得した進歩党は、それ以降の選挙で、若干の振幅を伴いながらも長期的な停滞傾向を露わにしていく。その背後にあるのは、進歩党の支持基盤の構成および政治的選好の変化であった。七〇年代においては、反税・反福祉国家は、他の非社会主義政党の支持層と比較しても、進歩党の支持層が示す政治的選好のはっきりした特徴であった。ところが八〇年代に入るとこの傾向が大きく変わる。この年の選挙における進歩党への投票者で、税制を重要問題として挙げたのは一七％にすぎず、他の非社会主義政党と大差ない。そして、「財政カットはいきすぎである」という考え方に賛成するものの割合は、左翼党および社民党についで、進歩党が多い

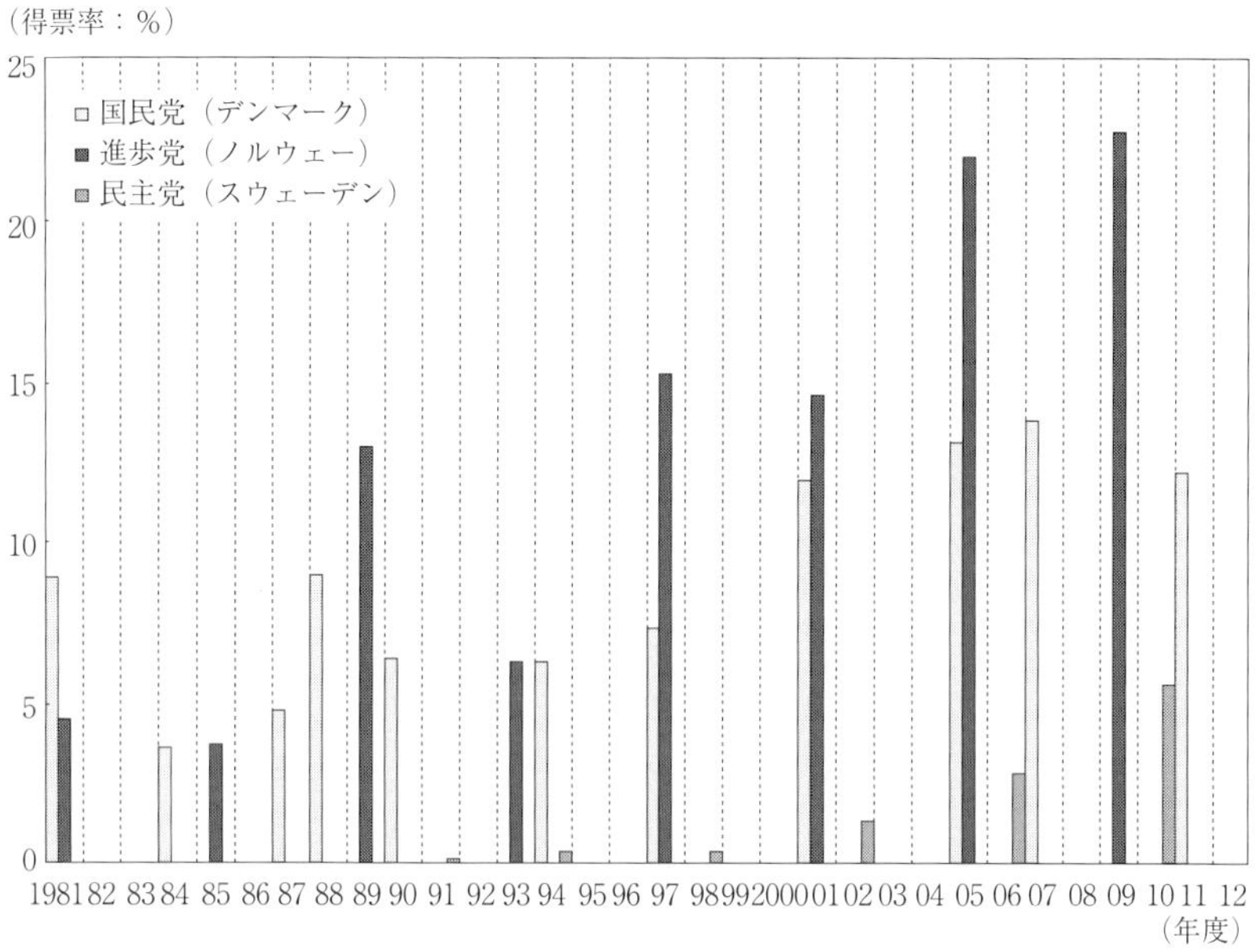

図6-4　北欧における新右翼政党の得票率推移

（出所）筆者作成。

のである。さらに、福祉国家を維持するべきであるとする支持者の割合は、他の非社会主義政党の支持者の平均よりも多い。他方で八〇年代以降、進歩党の支持者が示す選好として最もはっきりしているのは、移民に対する態度である。すなわち、移民の受容については他の政党の支持層は見解が分かれるのに対して、進歩党の支持者ははっきりと移民の同化を唱えるのである（Kitchelt 1997）。

進歩党のなかには、早い時期から、グリストラップが代表する新自由主義的あるいはリバタリアン的な潮流に対して、より権威主義的な主張を展開する潮流が存在していた。そして、こうした基盤の変化は、進歩党のリーダーシップの変化につながっていった。一九八三年についにグリストラップが脱税の罪で収監されると、元看護婦のケアスゴーが代わって党首の座に就き、実質的にも党の主導権を手中にしていく。これに伴い、進歩党の政策も、移民政策および法と秩序問題への傾斜を強めていく。

こうしたなかで釈放されたグリストラップは、一九九〇年に他の三人の国会議員共々、進歩党を去って小さな民族主義的労働者政党と共に新党を結成する。しかし、新党は二％条項をクリアすることができず、国会への進出はならなかった。これに対して進歩党は、前回選挙の九％から六・四％へとやや得票率を減らしたものの、この分裂から決定的なダメージを受けなかった。ケアスゴーの影響力が強まるなか、党内の議員グループではリバタリアンあるいは新自由主義派が影響力を強め、今度はケアスゴーが三人の国会議員を引き連れて進歩党を離党、新たにデンマーク国民党を結成する。進歩党はクリステン・ヤコブセンが党首となり、新自由主義的な党としての性格をはっきりさせることになった。しかし、一九九八年の選挙では、国民党が七・四％の得票率で一三議席を確保したのに対して、進歩党は二・四％と議席配分の要件となる二％の壁は越えたものの、これまでの進歩党の勢力が新しい国民党に継承されたことが明らかとなった。

このような流れのなかで確認するべきは、国民党の政策の、典型的な新自由主義的政策との差異である。国民党は、福祉国家の全般的な削減を唱えてはいない。文化、移民政策のための支出については削減を要求しつつも、福祉政策については決して消極的とは言えない。国民党は、医療、年金、介護などについては積極的な支出を支持し、税制については、低所得者の基礎控除を拡大することを主張している。

「高齢者および障害者の看護と介護は公的責任である。我々は、こうした人々が国中どこでも同じ条件で、威厳のある安全な生活を送ることができるように保障しなければならない。医療および公共の病院は、最上の質を有し、原則として、税金によって公的財源を有しなければならない。予防的な医療に重点が置かれるべきである。」（デンマーク国民党綱領）

一見、社会民主主義政党と見紛うこうした主張は、他方において同じ綱領を貫く排外主義的な主張と併せて見る必要がある。デンマーク進歩党はケアスゴーが党首となった段階から、移民に対してはきわめて抑制的な政策を掲げるようになった。移民は原則としてこれを認めず、例外的に受け入れる場合でも、デンマーク語およびデンマーク文化についての知識が要求された。それでもケアスゴーが進歩党を割って出るまでは、この党には創立以来の新自由主義的な主張が残っていたが、ケアスゴーの国民党はナショナリズムを前面に掲げることになる。より具体的には、在住三年で得られる地方参政権を剝奪し、さらには可能なかぎりの本国送還を実現することすら主張する。その後、デンマーク国民党は、二〇〇五年、二〇〇七年そして二〇一一年という三回の総選挙でいずれも一二％から一三％台の得票を得て、その影響力を維持している。

ノルウェー進歩党の進出

福祉ショービジネスは、ノルウェーでもかなり似通ったかたちで展開している。ノルウェー進歩党は、保守党員でケンネルの経営者であったアンデレス・ランゲが、デンマークの動向もふまえて一九七三年の選挙直前に創立した。デンマークの党同様に、その理念はリバタリアン的な特質をもった新自由主義で、税率の引き下げや酒やたばこに対する規制緩和を唱えたのに対して、その最初の綱領には移民問題への言及はなかった（Bjøklund and Andersen 2002：113）。同党は、一九七三年の選挙で五％の得票を獲得する。

その後一九七四年にランゲが急死し、党は混乱に陥る。議会でもいったんはすべての議席を失うなど、党勢はめまぐるしく変化した。一九七七年に党を去っていたハーゲンが復帰し、この強力なリーダーのもとで同党はしだいに安定をしていく。ハーゲンは、ランゲとは異なり権威主義的な政策志向の強い政治家であったものの、それでも八〇年代の初めは、同時に自由主義的な経済観の持ち主と見なされていた。ところが、しだいに低所得労働者を意識した政策へと移行し、党内のリバタリアン的あるいは新自由主義的な反対派グループとの間に路線紛争が生じたが、一九九四年の大会においてデンマークとは逆に反対派の四人の議員が離党することで論争には決着がつく。ハーゲンは、党組織と議会グループを共に制するかたちで、新しい党路線を確定させていく（Svasand 1998：81)。

デンマーク同様、このように形成されてきた路線は「福祉ショービニズム」と呼ぶべきものである。一方においてノルウェー進歩党は、とくに近年、かつての反国家主義とは対照的に、高齢者政策などを中心に福祉政策に積極的な態度を強調している。たとえば一九九七年の選挙で、同党は「オイルマネーをもっと福祉に」というスローガンを掲げ、北海油田の収入を医療サービスの向上と高齢者福祉の充実に向けることを訴えた。この選挙では、同党は一五・三%の得票を得て第二党に躍進する。さらには低所得者向けの税控除を主張した二〇〇一年の選挙では、問われた有権者の二六%が進歩党こそ最善の高齢者政策をもっていると答えている。労働党を含めて、高齢者政策に関してこれだけ高い支持を得た政党は他にない。

他方において、ノルウェー進歩党にとって、こうした福祉政策の展開は厳格な移民政策がその前提となっている。移民政策については同党は、まだ新自由主義的な政策が残っていた一九八〇年代半ばの段階から、排外主義的な基調を強めている。その具体的な政策は一貫しないが、一九八五年の綱領ではスイス的な「ゲストワーカー」政策を提起した。また九三年の綱領では、民族的に純粋な社会こそが理想であると公言し、非西欧からの移民については年間千人に限定するという、クォータ制度を打ち出した。さらに近年では、市民権取得にあたって言語テストを課すことを要求している（Bjøklund and Andersen 2002：113-114)。

ノルウェー進歩党に関しても、こうした政策転換は、その支持基盤において労働者階級が増大していくことと対応している。ノルウェー進歩党の支持層における労働者の比率は不安定でデンマーク国民党に比べると自営層の比重も高い（Svasand 1998：86)。男性および若年層の比重が高い点はデンマークと同様である。しかしながら、労働党から労働者階級の支持が離れるのを吸収するかたちでその基盤を形成してきたことは先に表6-2に示したとおりである。

その後、ノルウェー進歩党は二〇〇六年にハーゲンに代えて女性党首のシーヴ・イェンセンを選出し、二〇〇九年の総選挙では二二・九％の得票で四一議席を得て、ノルウェーの第二党に進出した。

スウェーデンにおける新右翼台頭の遅れ

以上のように、デンマークとノルウェーにおける新しい右翼は、中間層の反税運動、あるいは新自由主義的な運動として出発し、その後、支持基盤の変容を伴いながら、権威主義的な性格を有した排外主義と福祉国家の枠組みを結合させた福祉ショービニズムへと接近してきた。この二国に対してスウェーデンでは、ナショナルな議会政治のレベルでは、これにはっきりと対応する政党勢力は長い間存在しなかった。

スウェーデンでも、一九六八年に進歩党の結党があったが、一部の地方議会に進出するに留まった。また、スコーネ地方の分離独立を掲げるスコーネ党が八〇年代に活動したが、これも大きな流れとはならなかった。こうしたなかで、一九九一年、メディア等で名の知られた二人の人物、ビジネスマンで貴族の家系であるイアン・ワクトマイスターと遊園地などを経営するベルト・カールソンによって、新民主主義（Ny demokrati）が結成された。同党の主張は、移民の規制、福祉国家と公的セクターの縮小、スウェーデンのEC加盟、法と秩序の確立などであったが、基軸となったメッセージは既成政党が民衆を代表していないという批判であり、「政治は楽しくなければならない」というものであった。二人の党首は全国を行脚し、既成政党の二大ブロックに見たてたビヤ樽の二つの山の前で既成政治の批判を展開した（Taggart 1996：7-8）。同党は、九一年の選挙で、六・七％の得票率で二五議席を獲得して国会に進出した。

表6－4　スウェーデン91年総選挙における階層別投票動向　(%)

階級・階層	左翼党	社民党	中央党	自由党	穏健党	キリスト教民主党	環境党	新民主主義	その他
産業労働者	3	61	6	2	10	6	1	10	1
その他の労働者	4	48	11	6	14	6	4	6	1
下層ホワイトカラー	3	36	10	9	22	9	3	7	1
中間ホワイトカラー	5	36	5	11	22	10	5	5	1
上層ホワイトカラー	3	19	7	15	39	4	5	8	0
自営業者	3	18	8	14	37	7	1	12	0
農　民	0	4	45	1	23	17	4	6	0
学　生	7	29	4	17	19	7	11	6	0

（出所）Gilljam and Holmberg, 1994, p. 200.

しかし、その後の三年間で、新民主主義は内紛に見舞われ、自壊を遂げていく。地方の極右的なグループを抑えるため、集権的なリーダーシップを発揮しようとしたワクトマイスターに対して内部から反発が起きる。思うような党運営ができないワクトマイスターは、一九九四年の春には党の代表を降りることを表明し、その結果、新民主主義は混乱状態に陥る。支持率は、すでに九二年ごろから下降傾向であったが、内紛の結果同党への支持は大きく揺らぎ、九四年の選挙では一・八％の得票に留まって議席を失う。

九一年の選挙について、新民主主義の支持層を階級、階層別に見てみると表6－4のようになる。明らかなことは、新民主主義の支持には階層的な偏りがない、ということである（Gilljam and Holmberg 1994）。デンマーク国民党やノルウェー進歩党の場合のように、労働者階級へのシフトも見られない。キッチェルトの類型から言えば、新民主主義は新しい右翼としては反国家ポピュリスト型のタイプであったということができよう。このような支持基盤の特徴とも関連すると思われるが、新民主主義の政策プログラムには、福祉ショービニズムと呼べる特徴はない。新自由主義的な主張と反移民が併存しているが、むしろ議論の軸は、既成政治批判であった。

新民主主義が議会から消えてから、スウェーデンにおいて新しい右翼として台頭したのはスウェーデン民主党である。同党は、前述のスウェーデン進歩党と人種主義政党「スウェーデンをスウェーデンに（Bevara Sverige Svenskt）」が合同したスウェーデン党を前身として一九八八年に結成された（Rydgren 2002：34）。同党の創立者には、「北欧国家党（Nordiska Rikspartiet）」など、明らかなネオ・ナチ組織と深く関わっている人間が多く含まれ、なおかつ初期にはナチズムのシンボルを掲げての示威行為もしばしばおこなわれた。同時に同党は、かつて社会民主党が掲げた「国民の家」の理念を継承しつつ、しかしその構成員たる資格を民族主義的に限定しようとする点で、福祉ショービニズム的な性格を有していた（Lodenius and Wikström 1997：188-189）。

しかしながら同党は、南部のスコーネ地方などで一定の基盤をもっていたものの、二〇〇二年度の総選挙までは得票率は一％に満たない状態であった。先に新しい右翼の台頭の構造的背景として挙げた福祉国家をめぐる社会的基礎の変容、とくに競争セクターと公共セクターあるいは非競争セクター間のあつれきは、スウェーデンでも進行していた。また、政治難民を含めたスウェーデンの移民数は二〇〇〇年代初頭から一二％を超えており、その割合ではデンマークやノルウェーを超えていた。さらに、一九九〇年代をとおして、「スウェーデンに迎えられる政治難民の数は削減するほうがよい」と答えるスウェーデン人は、ほぼ一貫して五〇％を超えていた（Rydgren 2002）。加えて、九〇年代初めからスウェーデンは経済危機に見舞われ、失業率がかつてない水準に達した。

にもかかわらず、いくつかの要因がスウェーデンにおける新しい右翼の進出を抑制していた。第一に、最も単純には選挙制度の相違であり、三カ国とも比例代表制を採っているが、議席配分に必要な得票率はデンマークが二％、ノルウェーの場合は一部の議席を除いて制限がないのに対して、スウェーデンでは四％と比較的にハードルが高い。

第二に、デンマーク、ノルウェーではすでに六〇年代の半ばに保守政党が政権入りをして、福祉国家の解体に失敗していた。その結果、体制への不満票は行き場を失っていた。これに対してスウェーデンでは、一九七六年まで保守政党が政権を取ることができなかったために、逆に体制への不満票が保守政党に期待をつなぐことができた。

第三に、デンマークとノルウェーで進歩党の創立が相次いだ時期は、両国でEC加盟の国民投票がおこなわれた後で、反EC意識が広がる条件があった。これに対して、スウェーデンでEU加盟についての国民投票がおこなわれたのは一九九四年であり、さらにこの時には反EU票を吸収する政党が既に存在していた（Svasand 1998：88-89；Rydgren 2002：40-41）。

第四に、社会民主主義勢力から労働者階級の票を獲得しながら伸びているという福祉ショービニズム政党の特質を考えたとき、最も重要であるのは、社会民主主義政党の戦略と選挙でのパフォーマンスという問題であろう。スウェーデンにおいても、階級的基盤に基づく投票行動はかつてに比べれば減少している。しかし、ダーゲンスニーヘーテル紙の調査によれば、スウェーデン社会民主党は、二〇〇二年の総選挙においてもLO（スウェーデン労働総同盟）組合員の過半数の得票を確保している。この選挙では、元来リベラルであった自由党が選挙の直前に移民に対する言語テストの実施などを政策として掲げ、急速に支持を広げるという事態があった。このことは、スウェーデンでも潜在的に反移民的な意識が一定の広がりを見せていることと関連していよう。しかし、この自由党の伸張に関しても、同じくダーゲンスニーヘーテル紙調査では、社民党から流れた票は四・四％にすぎない。

階級投票の枠組みが維持されていたのは、労働組合が高い組織率を確保していることに加えて、スウェーデンにおける包摂型の政策展開のあり方も関係していたと考えられる。先に新しい右翼が台頭する背景として、各国の社会保障改革において、社会保障給付をある種の業績原理とむすびつけていくワークフェア的な改革が進行していることを挙げた。ワークフェア的な政策が、業績原理あるいは就労の義務を強く打ち出すならば、人々の関心は、特定の理由からこの原理に沿った義務を果たしていない（と見える）社会集団、たとえば政治難民に対して向けられ、人種主義を刺激していくことが考えられる。この点は、オランダにおけるフォルタイン党や自由党の台頭の背景としても指摘されている（水島 2012）。

これに対して、スウェーデンにおける社会的包摂は、社民党政権の下ではアクティベーション型の政策を軸にすすめられていた。つまり、基本的には就労支援に重点をおいた懲罰的な要素の少ないものであり、業績原理を撤底して周辺層を構造的に切り離すものとはなっていなかった。

第五に、スウェーデン民主党の台頭を遅らせることになったさらに決定的な要因は、やはりスウェーデン民主党の創立期におけるネオナチ極右主義との関係である。反福祉国家のリバタリアン的出自から変遷を遂げ、あるいは分裂して生まれたデンマーク国民党やノルウェー進歩党などに比べて、スウェーデン民主党の支持基盤に対する不信は当然のことながらスウェーデン社会のなかで強かった。

だが、スウェーデン民主党の台頭を阻んできた一連の要因のうち、少なくとも第四と第五の非制度的な要因については近年明らかな変化が生じた。

まずスウェーデンにおける二〇〇六年の政権交代と保守・中道連立政権の成立によって、第一章でも紹介したように、スウェーデンにおける包摂政策はワークフェア型政策の比重を高めた。業績原理と就労義務の契機がより前面に出たことから、ただちに就労することができずに様々な支援が不可欠な政治難民などについては、ワークフェアの原理からして逸脱した存在であるという見方も広がった。

スウェーデン民主党の台頭

そしてもう一つの変化は、スウェーデン民主党自身の戦略転換である。スウェーデン民主党は、一九九〇年代の半ばから、しだいにデンマーク国民党やフランス国民戦線の影響を受けながら、示威活動を抑制し、スウェーデン福祉国家の達成を継承するという言説を前面に出すようになった。両性間の平等やフェミニズムに対してもこれを擁護するという議論を開始し、イスラム文化を女性の権利を奪うものとして糾弾した。そして、これもまた政治的に成功した新しい右翼政党に倣い、移民への蔑視を前面に出すのではなく、スウェーデン人が逆差別されているという論理を用いるようになった。さらには、しだいに広がる政治エリートへの不信を逆手にとりながら、通常の市民の移民増大への不安を無視する点で、既成政治こそが偏った立場なのであるという主張を強めた。

このようななかで、スウェーデン民主党は二〇〇六年の総選挙で得票数を二・九％とし、さらには二〇一〇年の選挙ではついに五・七％の得票を得て議会で二〇議席を占めるに至った（図6-4）。スウェーデン政治を構成してきた各党は、スウェーデン民主党と連携することは拒否しているが、二〇一二年の世論調査ではその支持が社民党、保守党に続いて三番目の水準に達するようになっている。遅ればせながらではあるが、スウェーデンでも新しい右翼政党が政治に現実の影響力を及ぼし始めているのである。

日本を含めて各国で新しい右翼の台頭がおきているが、その動向は各国の制度と政治、具体的には福祉国家のあり方と社会的包摂の戦略に強く方向づけられている。したがってその現れ方にはいくつかのパターンあるいは類型がある。

本章はそのなかでも、北欧を中心とした福祉ショービニズムに注目して検討を加えた。グローバル化の波が福祉国家を簡単に流し去ってしまうといったような議論に対しては、近年、福祉国家の持続性が様々なかたちで強調されてきた。福祉国家の新たな持続可能性を開くものとして、各国の福祉改革において重視されているのが、社会的包摂を強める政策展開であった。しかし他方において、福祉ショービニズムの動向は、社会的包摂の政策が過度にワークフェア的に傾き就労義務が強化されていく時に、福祉国家が内部から変質していくかもしれない一つの可能性を示すものである。

第7章　包摂型改革と言説政治

1　福祉政治の変遷

今日の福祉政治をめぐっていくつかの分析枠組みが競合している。一九八〇年代の終わりから主流の位置を占めていたのは「福祉国家形成の政治」モデルともいうべき権力資源動員論であった。だが、九〇年代の半ばからは新制度論的な「福祉国家削減の政治」モデルがこれに代わって影響力を広げた。ピアソンによれば、福祉国家の拡大よりも削減が焦点となった八〇年代以降の福祉政治においては、権力資源動員論が重視した労働運動と社会民主主義勢力に代わって、福祉制度をめぐる受益者団体が重要性を増し、その抵抗を配慮した新たな政治手法が政策過程を方向づけている（Pierson 1994）。つまり、諸集団の権力が制度を形成する局面から、むしろ福祉国家の制度が諸集団の資源動員の効果や政治戦略を決める局面に入ったのであり、ゆえに分析枠組みも、権力資源動員論に代えて新制度論的な視点が重要になったとされた。

しかしながら、とくに九〇年代末以降の各国の福祉政治をめぐって、この「福祉国家削減の政治」モデルに対してもその限界を指摘する議論が現れている。九〇年代末からの福祉政治は、単に既存の制度の削減と呼ぶことができない、より抜本的な再編過程に入りつつある。雇用と家族の揺らぎが既存の制度の対応力を超えた新しい社会的リスクを生みだす一方で、既存の制度が予め想定したリスクに対する対応力そのものも、限界に達しつつある。ここでは、一般に制度論が不得手とする制度自体の改革と転換が争点として浮上する。この改革政治の中心となっているのが社会的包摂のあり方をめぐる対抗なのである。これを受けて、制度改革をめぐる様々なアイデアと言説の分析が課題となる。こうした福祉政治の再転換を重視する立場は、新制度論に代わって、社会的学習論、アイデアの政治論、言説政治論などがより重要になると主張し、「福祉国家再編の政治」モデルとも呼べる流れを形成しつつある。

本章はまず第二節において、新制度論に基づく「福祉国家削減の政治」モデルの議論をまとめると同時に、このいわば「現行勢力」に対する「旧勢力」としての権力資源動員論からの反論を検討する。さらに第三節では、「新勢力」となりつつある言説政治論の系譜と理論を整理する。こうした整理をとおして、この三つの分析枠組みは、問題とする次元をそれぞれ異にしているのであり、必ずしも相互に背反的ではないことを明らかにする。

ただし、言説政治論が有力な分析モデルとして浮上する背景には、今日の福祉国家をめぐる政治過程の固有の特質がある。本章は第四節で、福祉国家形成の政治とも削減の政治とも異なる、福祉国家再編の政治過程のいくつかの特徴について検討し、併せて言説政治論の可能性を考える。

2　三つの分析枠組み

福祉国家削減の政治

福祉国家削減の政治をモデル化し、これをエスピン－アンデルセンやコルピらが分析した福祉国家形成の政治と対比したのはピアソンであった。ピアソンは、一九八〇年代のサッチャー政権およびレーガン政権における福祉政治を比較分析し、社会保障支出のGDP比でみる限り、一九七八年を一〇〇としたときの一九九二年のその大きさは、アメリカで一五六・八、イギリスで一四二・二と、福祉の削減は大きくは進行していないことを強調する。福祉削減もたしかに見られるが、その内容は両国で、また政策プログラムごとに異なっている。イギリスでは、年金政策の領域で削減がすすんだのに対して、アメリカでは目立った削減はない。その他の所得保障の分野では、イギリスの失業手当やアメリカのひとり親家庭扶助の分野で若干の削減が進行したが、全体としてはすすんでいない（Pierson 1994：144）。

権力資源動員論が重視した労働運動は、アメリカでは一貫して強力な組織を欠いているし、またイギリスでももはやかつてのような政治的影響力を有していない。それにもかかわらず、顕著な削減がすすまなかったのは、いったん確立した福祉国家の政策と制度が、利益政治のあり方や政策転換のコストを決めてしまう現象、すなわち政策フィードバックが作用したからである。

まず、福祉国家が生み出す受益者集団の政治的影響力が指摘される。ピアソンの計算によれば、年金、障害、失業、公的扶助、公的雇用プログラムすべてをあわせた福祉受給者を延べ人数でみてその有権者総数比を計算すると、自由主義レジームのアメリカで三二・九二％、保守主義レジームのドイツで五〇・七六％、社会民主主義レジームのスウェーデンになると五七・二四％に上る（Pierson 2001：413）。こうした人々は組織された労働運動とは別個の勢力であり、労働運動が後退しても、独自の利益と影響力を保持し続ける。

さらに、福祉国家の制度が確立してしまえば、そこにはピアソンのいう「制度的膠着（institutional stickness）」が現れる。制度的膠着とは、まず政治の制度のなかに設けられた様々な拒否点、具体的には連邦制、強力な司法、二院制などであり、これが受益者集団の既得権と連動して福祉国家の削減を困難にする。また、制度自体の経路依存性も制度的膠着の大きな要素である。つまり、制度はいったん成立すると、いわゆるロックイン効果を発揮して、その改革のコストを高める。たとえば、制度を設計し導入するコスト、その運用について学習するコスト、他のアクターと利害調整をするコストなどは、既存の制度を持続させることで少なくとも短期的には抑制できるのである(Pierson 2001：414–415)。

他方では福祉国家形成の政治の時期に比べて、福祉政策を支える財政的リソースは減少しており、少子高齢化などの環境変化も支出の削減を促す。こうしたなか、受益者集団の抵抗が政権に対する打撃にならないようなかたちで福祉国家の削減をいかにすすめることができるか、これが福祉政治の当面の焦点となる。ここで採られる政治のスタイルが、ピアソンのいう「削減戦略」、ウィーバーのいう「非難回避の政治」である（Pierson 1994：19–26：Weaver 1986：新川 2004)。典型的なものは、削減政策の効果や決定主体を見えにくくする曖昧化戦略、抵抗側の分断をつくりだしあるいは利用する分断戦略、そして受給権を失う側に何らかの代償を提供する代償戦略である。イギリスの年金削減が進行したのは、アメリカに比べて制度が分節化され受益者が分断されていて抵抗が小さかったからである。低所得層の所得保障の削減がすすまなかったのは、その削減の効果を隠すことが困難で、かつその代償を準備することも容易ではなかったからである。

福祉国家形成の権力とその持続性

それでは、福祉国家形成の政治を推進した労働運動などの権力資源動員は役割を終えたのであろうか。この点について、権力資源動員論の基礎を築いたコルピらによって福祉国家削減の政治モデルに対する反論がなされている。コルピはパルメとの共著において、まず福祉国家の削減がすすんでいないというピアソンらの判断そのものに疑義を唱える。ピアソンは、上述のように社会保障支出の規模が大枠で維持されていることを福祉国家の削減がすすんではいないという判断の根拠とした。これに対してコルピとパルメは、見かけ上社会保障支出の規模が維持されても内実は失業保険給付の増大などで、実質的には福祉が後退していることも考えられるとして、福祉国家の削減についての別個の指標を提出する。それは、社会保険のうち、医療保険、労災保険、失業保険という三つの主要領域において、給付水準の所得置換率の変化に注目するもので、市場原理に対抗する社会的市民権の水準をとらえようとした指標である（Korpi and Palme 2003：433）。

このような三つの領域での置換率削減を操作化した指標で見ていくならば、七〇年代の半ば以降、全体として福祉国家の削減はすすんでいる。しかし、削減の度合いについては各国で相違がある。三つの社会保険における所得置換率の引き下げがすすんでいるのは、これまで所得置換率が低かった小さな福祉国家である。たとえばピアソンが福祉国家が「堅持されている」と判断したイギリスでは、この削減率で見る限り、福祉国家は明らかに後退しているのである（Korpi and Palme 2003：434）。コルピとパルメは、こうした福祉国家削減の実態をふまえて、削減の程度を決める独立変数は何なのか、労働運動やその政治的な代表の影響力はほんとうに衰退したのかについて考察をすすめる。

コルピとパルメが考察の対象とする独立変数は、権力資源動員論が重視してきた各国の政府の政治的構成に関わる政党変数を初めとして、政治制度における拒否権設定の度合い、財政赤字など多岐にわたるが、ピアソンの受益者集団の抵抗についての仮説を検証するべく設定される変数は、福祉国家の制度構造変数である。制度構造変数とは、社会保障が受給者をどのように限定しているかについて、四つのパターンを区別したもので、所得調査などで受給者を低所得層に限定するオーストラリアのような「選別型」、最低限の一律保障をおこなうイギリス、アメリカなどの「基礎保障型」、職域ごとに所得比例型の保障をおこなうドイツ、フランスなどの「国家コーポラティズム型」、そして職域を越えて所得比例型の保障をおこなう北欧の「包括保障型」が区分される。「選別型」や「基礎保障型」では、中間層の多くが私的保険制度に依拠するようになるために、受益者集団は組織化されにくい。これに対して、ピアソンのいう意味での抵抗が最も強くなるのは、「国家コーポラティズム型」で、「包括保障型」が両者の中間ということになる。

こうした検証の上で、コルピとパルメが福祉国家削減の政治モデルに向ける根本的な反論は、労働運動やその政治代表の影響力が依然として福祉削減の動向と強く相関している、という点である。削減のリスクが最も小さいのは、七五年以降の福祉国家削減の政治の時期でも、左派政権のもとにおいてであり、一番大きいのは非宗派的な中道右派政権のもとにおいてである。宗派政党を軸にした政権のもとでの削減リスクは両者の中間になっている。先に挙げた制度構造との関連を見ると、いずれの制度構造の場合も、左派政党の政権下にあるときが削減リスクが最も小さい。他方でいずれの政党政権のもとでも、「国家コーポラティズム型」の制度構造において削減リスクが最も小さい（Korpi and Palme 2003：436, 442）。

このようにコルピとパルメは、政策のフィードバック効果が制度構造によって異なることを明らかにした。この制度構造には、福祉国家形成期の政治的イニシアティブが刻印されている。また、現在の政権の党派的な構成も、福祉削減の動向と強く相関することが確認された。このように権力資源動員論は、制度構造が政策過程を規定するというピアソンのテーゼを部分的に承認しつつも、権力資源動員の効果も依然持続していると主張するのである。

福祉国家再編とアイデア・言説

福祉国家形成の政治と福祉国家削減の政治の連続性を強調する議論がある一方で、福祉国家削減の政治もまた次の段階に入ったと指摘する議論がある。ヘメリクとケーシュベルゲンは、ピアソンらの研究は九〇年代までのデータに依拠したものとなっているのに対して、福祉国家の中核的なプログラムをめぐる制度改革が九〇年代の終わりから本格化していると指摘する（Hemerijck and Kersbergen 1999：172）。イエンソンとセントマーチンによれば、新たな変化の特徴は、各国の福祉政策にある種の収斂現象が現れているということである。レジームの如何を問わず各国では、女性の就労を促進し少子化に対処する保育サービスや、若年層あるいは長期失業者を労働市場へつなげていく再訓練などが強化されつつある。とくにアングロサクソン諸国では、こうした変化は福祉の部分的な拡大と見ることもできる（Jenson and Saint-Martin 2002）。

そして論者たちが共通して指摘するのは、こうした制度変容をとらえる上での新制度論アプローチの限界についてである。もちろん、新制度論においても制度変容を説明するための理論展開はなされており、制度論がそのキャパシティをいっさい欠くというのではない。

しかし、少なくとも福祉政治分析の枠組みとしての新制度論は、各国の政治経済制度という内的な要因による経路依存的発展に焦点を当ててきた。これに対して今日の福祉政治は、グローバル化がもたらしたいわば外的な要因を背景に、制度改革のための多様なアイデアと言説が行き交うなかで、脱経路依存的発展の可能性も含めて展開されている。したがって、こうした福祉政治の新しい局面を分析する枠組みとしては、制度を独立変数とする新制度論ではなく、環境の変化に応じた政策学習、政策と制度再編のアイデア、新しい合意形成のための言説に焦点を当てた理論が好適であると説かれるのである。

たしかに、九〇年代後半からの福祉国家の政治過程においては、欧州における中道左派政権の台頭も一つのきっかけとして、それまでの新保守主義的な福祉削減路線の軌道修正を図る動きが広がった。レジームの如何を問わず、各国で共通する社会構造の変化がすすみ、福祉国家の制度再編が課題として浮上しているのである。この再編の政治の特徴は、特定の政治アクター間のみならず、有権者と利益集団を巻き込むかたちで、改革の方向をめぐる新しいアイデアや言説をめぐって広範な合意形成が図られるということである。新しい理念の軸として社会的包摂の考え方が浮上し、その具体的アプローチとして「ワークフェア」「アクティベーション」「ベーシックインカム」などが提起されてきた。クリントンが一九九二年の大統領選挙で掲げた「お馴染みの福祉はもう終わり（Ending the welfare as we know it）」のコピーのように、メディア向けにアレンジされたレトリックも登場した。

一連の福祉改革の理念は、背景や含意は多様であっても、福祉のあり方を所得保障それ自体から社会的に排除された人々の自立を支援することに転換していく、という方向で共通していた。こうした方向での福祉改革のなかには、ワークフェアのように、積極的な支援をおこなうよりは福祉受給にあたっての就労義務を強調するという点で、新自由主義と連続した流れも見られる。このような言説は、福祉国家削減の政治モデルがいう削減戦略、とくにその曖昧化戦略や代償戦略などと共通する面があるとも言えよう。また、後にもみるように、福祉国家再編をめぐってどのようなアイデアや言説が浮上するかは、制度的条件との関わりが大きいことも指摘されている。福祉国家形成の政治と削減の政治が連続するように、削減の政治と再編の政治も断絶しているわけではない。

にもかかわらず、福祉国家再編の政治においては、変容がすすむ社会構造と既存の制度・政策のギャップが問われ、そのズレを埋める学習、アイデア、言説が浮上して、制度改革をめぐる政治過程が展開する。その際、部分的な福祉拡大もオプションとなる。こうした局面の福祉政治分析には、制度を独立変数とみなす福祉国家削減の政治モデルとは異なった分析枠組みが求められている。学習、アイデア、言説をめぐる政治理論をとりあえず言説政治の理論として括るならば、それでは言説政治の理論にはいかなる蓄積があり、それはこれまでの福祉政治分析の枠組みとどのように接続しうるのであろうか。

3　言説政治論の系譜

言説政治のミクロ理論

言説政治の理論というと、一般的にはむしろムッフェらに代表される、ポスト構造主義あるいはポスト・マルクス主義的なイデオロギー分析の理論が想起されるかもしれない（Torfing 2005）。ここでいう言説政治の理論は、主体とインタレストとの関係を可塑的にみるという点でこうした流れと無関係ではないが、系譜としては比較政治経済学の流れに属するもので、政治過程における知識や言説の役割を強調する諸理論を指す。

こうした系譜の起点は、ヘクロが一九七二年に発表した準古典的な研究に求められる。イギリスとスウェーデンにおける失業保険と年金制度の展開を比較分析したこの本において、ヘクロは政治過程における学習の役割を強調した。ヘクロによれば「政治は、その源泉を権力のみならず、不確実性のうちに有する」。したがって、「実行可能な道筋を見つけるということは、政治的圧力が求める方向を確定するということを含むが、しかしそれ以上の事柄」なのである。政治は、どの要求を満たすかという決断だけではなく、誰が何を要求しうるか、あるいは達成された合意をいかに実行に移していくかを学習するという側面を含む。つまり政治は権力であると同時にパズルであり、政策の一貫性を維持しつつ、一連の問題に解を与えていく過程なのである（Heclo 1974 : 305）。

こうした学習型の政治過程において重要な第一の要素は、「媒介者（middleman）」と呼ばれるキーアクターの役割である。媒介者とは、労組や政党など特定の組織的ホストとの関係をもちつつも、同時にホストのインタレストから相対的に自立して、問題解決と合意形成のために、新しいアプローチとアイデアを提供してきた人々である。イギリスでいえばブース（C. Booth）やベヴァリッジ（W. H. Beveridge）、ティトマス（R. Titmuss）、スウェーデンでは、レーン（G. Rehn）、ヴィグフォシュ（E. Wigforss）ら、立場も専門も異なった多様な人々が媒介者の役割を果たしてきた。ヘクロによれば、スウェーデンの福祉政策が、早期の拠出型年金制度への移行についてであれ、あるいは戦後の積極的労働市場政策の展開についてであれ、先駆的な政策革新を実現してきた背景には、こうした媒介者の活動とそのアイデアを受け入れた党、労組の学習能力がある（Heclo 1974 : 311-312）。

この媒介者に加えて、社会的学習において重要な第二の要素は政治制度である。政治制度は、媒介者がいかに効果的な役割を果たしうるか、新しいアイデアがどれだけ実現可能性を得るかを決定する要因である。スウェーデンの福祉政策において政策革新が顕著であったのは、媒介者の活動の舞台となったコーポラティズム的な委員会制度（utredning）が、政策情報の収集、比較、分析をおこなっていく上で有効なかたちで設計されていたからである（宮本 1999）。これに対してイギリスでは、ベヴァリッジ委員会などの例外を除けばこのような制度的条件はなく、政策過程ではむしろ党派的対立が演出されることが多かった（Heclo 1974 : 313-314）。

そして第三の要素として挙げられるのは、当該国家において先行する政策体系（政策遺制）である。政策学習は、先行する政策に対して環境の変化をふまえて働きかけるなかで進行する。一方の極には、既存の政策体系が想定した枠組みのなかでの主体の反応（古典的条件づけ）があり、他方の極には、学習によって反応のパターンそれ自体が変化するケース（オペラント条件づけ）がある。社会的学習は、政策転換を惹起する後者の過程で最も効果を発揮することになる（Heclo 1974 : 315-316）。

他方でヘクロは、福祉政策をめぐる政治過程を権力過程として見る意義を否定するものではない。選挙の結果や政権交代、利益集団の動員などは、社会的学習を促すトリガーとなる。あるいは政策をめぐる合意形成が失敗したときは、権力の動員が帰趨を決する（Heclo 1974 : 7-8, 306）。この点でヘクロの社会的学習論は、権力資源動員論とも接点を有するし、また、制度や先行する政策体系を重視する点で、歴史的制度論とも強く連関している。

すなわち社会的学習論は、もともとはよりマクロな政治過程論を補完する性格をもっていたのである。しかしながら、国家制度の自律性を強調するステイティストたちによって援用され（Weir and Skocpol 1985）、またステイティストの議論に属する議論としてレビューされたために（Sacks 1980）、社会的学習論のこのような議論の広がりはほとんど顧みられることはなかった。

言説政治のマクロ理論

ヘクロの社会的学習論をふまえつつ、これを制度論や政治過程論に結合したのは、ホールのアイデアの政治論であった。

ホールは、社会的学習が政策にむすびつくパターンを三つに区分する。第一には、政策目標も政策技術も変わらないままで微調整がおこなわれる場合で、これはヘクロの言う古典的条件づけの反応パターンに近い。このパターンはインクリメンタリズムが描き出す政治過程にほぼ相当する。第二に、政策目標は大きく変わらないままに、新しい政策手段やアプローチが、政策エキスパートが主導性を発揮するなかで発展するかたちである。これはヘクロの社会的学習論が主に取り扱ってきたパターンである。そして第三は、政策目標そのものの転換がおきるパラダイムシフトのパターンである。この第三のパターンにおいては、既存のパラダイムの内部で解決できない事例が増大するなかで、制度内部での権威関係が何らかのかたちで変化をきたし、さらには選挙などの外部の政治的な圧力やメディアの影響力が強まる。そして、政策エキスパートのみならず政治家の役割が大きくなってくる（Hall 1993：281-287）。

ホールがこの第三の次元の例として挙げているのは、イギリスにおいて一九七九年の選挙を頂点として進行した経済政策のパラダイム転換である。すなわち、長らく戦後の経済政策パラダイムであったケインズ主義に代わってマネタリズムが台頭したケースである。イギリスでは一九七〇年代の終わりから、ケインズ主義のパラダイムがスタグフレーションの進展に対して有効な手だてを打つことができず、またコーポラティズム的な労使交渉をとおしての所得政策も効果を発揮しなかった。したがって、すでに労働党政権の段階で、財務省の権威はしだいに低下し、イングランド銀行の政策判断が優先されるようになっていた。制度内部の権威関係の変化と平行して、金融界のなかでケインズ主義への代替パラダイムを求める議論が高まっていった。

このようななかで浮上したマネタリズムのパラダイムは、メディアや経済ジャーナリストによってしだいに取り上げられるようになり、サッチャーは七九年の総選挙においてこの新パラダイムを前面に押し出して勝利をする。政権に就いたサッチャーは、制度面でもマネタリズムの遂行を容易にするべく、内閣の経済委員会委員をマネタリスト中心に構成し、また財務省の主任経済顧問にも外部のマネタリストを指名した。ホールの分析では、一九八二年までには、サッチャー内閣の経済政策は政策運営のルーティンのレベルでマネタリズムへの移行を完了したのである（Hall 1993：287）。

既述のように、ヘクロは権力としての政治と問題解決および学習としての政治を区分した。しかしホールによれば、このような政策パラダイム転換に関わる社会的学習は、権力政治と一体化してすすみ、国家と社会の相互浸透のなかで展開されるのである。

また、ホールと同様に社会的学習や政策アイデアをマクロな政治過程のなかで問題にしつつ、福祉国家レジーム論や比較政治学の成果と連携させたより体系的な分析枠組みを提出しているのは、シュミットである。シュミットは、福祉政策や経済政策をめぐる政治過程における理念やアイデアの役割を重視し、ここから言説に焦点を当てた政治分析を試みる。ここで言説とは、公共政策に関わるアイデアと、こうしたアイデアをめぐる政治的アクター間および政治的アクターと一般公衆との相互交渉プロセスの双方を指す（Schmidt 2002）。

シュミットの関心は、福祉国家のレジーム類型や選挙制度の相違をふまえて、各国の言説政治の比較分析をおこなおうというものである。シュミットによれば、いずれの福祉国家レジームにおいても市場主義的な言説に基づいた改革が進行しているが、その進捗の度合いは各レジームごとに異なっているばかりか、同じレジームのなかでも選挙制度などとの関連で一様ではない。このように言説政治は、一面において制度に拘束されている。だが他方においては、人々が自らのインタレストと考えるものを変化させ、その帰結によっては福祉国家レジームの制度転換にもつながっていくのである（Schmidt 2000：230）。

シュミットは言説のあり方を、政治家、専門家などの政治的アクターが政策ネットワークのなかで相互に取り交わす「調整的言説（coordinative discourse）」と、こうしたアクターが一般公衆を対象に、スピンドクターなどの介在も経て展開する「コミュニケーション的言説（communicative discourse）」に区分する（Schmidt 2002）。いずれの言説も規範的要素と認知的な要素を含むが、調整的言説はヘクロのいう社会的学習の性格を併せもつのに対して、コミュニケーション的言説は、社会に対して政策の正当化を目指すものであり、その意味では、ホールが政策パラダイム転換期に見出したメディア政治にもつながる。もちろん両者は連関しているが、シュミットの議論のポイントは、この調整的言説とコミュニケーション的言説の比重やあり方は、各国の福祉国家レジームおよび選挙政治の制度によって違ったものになる、ということである。

言説の素材となる価値規範の構造は、福祉レジームごとに大きく異なる。また、選挙制度を軸とした政治制度のあり方が、言説の政治のかたちを決める。権力が政権与党リーダーに集中する小選挙区制のもとでは、コミュニケーション的言説が前面に出る傾向がある。これに対して、政治エリート間で権力が分散される比例代表制のもとでは、調整的言説の役割が相対的に大きく、コミュニケーション的言説は、エリート間の調整が失敗して選挙によって新しい調整枠組みを組み直す、といったケースで役割を増す（Schmidt 2000：232-233；Schmidt 2002）。

シュミットは、このように福祉レジーム論、政治制度論および言説政治論を組み合わせることで、同じレジームの内部であっても福祉改革の帰結が異なる場合を説明していこうとする。自由主義的なレジームには、もともと規範構造において市場主義的言説が優位であるが、そのなかでもイギリスでは、ウェストミンスター型の政治制度のもとで上からのリーダーシップが貫徹し、サッチャー政権においてもニュー・レーバーのもとでも、公衆に対するコミュニケーション的言説が浸透した。これに対して、たとえばニュージーランドもまた労働党が市場主義的改革を主導したが、選挙時を除けばコミュニケーション的言説や調整的言説は欠落したまま改革が推しすすめられた。したがってイギリスと異なり、やがて労働党内部や支持層からの反発は小選挙区制度そのものの改革につながり、市場主義的改革は頓挫していく（Schmidt 2000：238-250）。

また、同じ保守主義レジームに分類され、比例代表制をとるという点で共通するオランダとドイツも、改革政治の成果は大きく分かれた。オランダでは、労災保険を利用した早期退職の横行や高失業率で福祉国家の持続可能性に関わる危機を迎えていたが、八〇年代の半ばからは、労使コーポラティズムなどを舞台にした調整的言説が拡大し、制度転換への見通しが開かれた。コミュニケーション的言説は、キリスト教民主アピールのルベルス政権のもとでは国民の支持獲得には成功しなかったが、九四年にそれを継いだ労働党コック政権が、社会的平等を維持するための改革を打ち出し、国民からの支持獲得にも成功していった。オランダモデルと呼ばれることになる制度転換はこのように準備されたのである。これに対して同時期のドイツでは、エリート間の調整的言説は選挙の度にもの別れし、社民党政権におけるコミュニケーション的言説も、「第三の道」を打ち出すシュレーダー首相の議論と、オスカー・ラフォンテーヌら左派の議論が分裂したままで、制度改革の提案は労組の頑強な抵抗に遭うことになる（Schmidt 2002）。

表7-1　福祉国家をめぐる3つの政治

	福祉国家形成の政治	福祉国家削減の政治	福祉国家再編の政治
時　期	1940～70	1970～90	1990～
内　容	政治的動員と制度形成	受益者団体の圧力のなかでのプログラム削減	制度改革と政治基盤再編
手　法	業績獲得	非難回避，削減戦略	調整的言説，コミュニケーション的言説
理論枠組み	権力資源動員論	新制度論	社会的学習論，アイデアの政治論，言説政治論

（出所）筆者作成。

4　社会的包摂をめぐる政治過程と言説政治

三つの枠組みの継起的連関

福祉政治分析の三つの理論は表7-1のようにまとめることができよう。各理論は、たとえば主体とインタレストとの関係などをめぐって異なった方法論的立場に立つが、それぞれの視点はむしろ相補的なものである。権力資源動員論においても、制度戦略の重要性が強調されていたし、またアイデアや言説の固有の役割も指摘されてきた。他方で、アイデアの政治、言説の政治の理論においても、制度は媒介変数として重視されている。ブライスのように、アイデアの政治と制度論の断絶を強調する論者もいるが（Blyth 1997：246）、ホールもシュミットもむしろ制度論との連続性を強調している。とくにシュミットは、自らの議論を「言説的制度論」とも呼んでいる（Schmidt 2003）。その限りでは、表7-1の三つの分析枠組みは、それぞれが先行する理論を所与として積み重なっていると見ることもできる。

しかし、これだけであれば、結局のところ政治現象にはすべての要素が関連するというあまり意味のない議論に逢着する。ここで重要なのは、この三つの理論が福祉国家体制の形成、削減、再編のそれぞれの分析を主な課題としながら継起的に登場してきた意味である。権力資源動員のあり方が、福祉国家の形成期に決定的な役割を果たしたことは明らかである。また、福祉国家の制度が定着して受益集団のインタレストを生み出した局面で、新制度論の枠組みが有効性を増したことも理解できる。ここで説明を付け加える必要があるのは、福祉国家の再編の時期に言説の政治が重要性を増すことの意味である。

制度のドラスティックな再編が課題となり、その方向を示すアイデアや言説が焦点となったというのは福祉国家の形成期も同様であった。今日すすむ福祉国家の再編に関しても、その形成期同様に、多様な権力対抗が展開しているはずである。しかし、今日の再編過程が、政治的アクターによる権力資源動員としてよりも、当面、アイデアの政治、言説の政治として浮かび上がり、しかも一見類似したアイデアが流通する要因は何であろうか。

社会的包摂という言説

言説の政治が浮上する背景は、グローバル化と脱工業化の結果として、各国に共通する社会構造変容がすすんでいることである。これまでの社会保障体制は、多かれ少なかれ安定した雇用と家族に依拠して組み立てられていた。ところがレジームの如何を問わず、各国では雇用と家族の揺らぎがすすんでいる。その結果、就労と育児のジレンマ、雇用外部での再訓練の必要、青年の自立困難など、これまでの社会保障が想定していなかった「新しい社会的リスク」が噴出する。

こうしたなかで社会的包摂という言説が浮上していることは、本書で繰り返し述べてきたとおりである。その含意は一様ではなく、ワークフェア、アクティベーションなど包摂のあり方をめぐってアプローチは分岐するが、福祉政策の目標を、所得保障それ自体から人々の就労自立あるいはより広い意味での生活自立を促進することに置き換える、という点で共通する。ここでの問題は、新しい言説はなぜ政治勢力ごとに明確に分岐せず、一見「収斂化」にも思える傾向を示すのか、という点である。社会構造の変容と「新しい社会的リスク」の噴出のなかで、このようなアイデア、言説が拡大する理由については序章でも触れたが、改めてまとめると以下のようになる（宮本

2006)。

第一に、これまで雇用や家族への依存度がとくに高かった保守主義レジームをはじめとして、各レジームにおいて雇用と家族の社会的統合機能が減退しつつあるなか、こうしたアイデア、言説は、それを補う政策展開として現れた。

第二に、政治的には最も決定的な点として、新しい社会的リスクが噴出し中間層もまた多くのリスクに直面するなかで、これまでの自由主義レジームのように選別主義的な所得保障で周辺層のみの保護を続けることには、そのコスト負担を負う中間層から大きな反発が生まれる。これに対して、周辺層の所得保障ではなく自立支援を旨とする福祉政策は、中間層の合意を調達することが相対的に容易になる。ビル・クリントンやトニー・ブレアが、党の支持基盤を拡大し新保守主義から政権を奪還するために、就労規範を強める包摂型改革をすすめたのはそのためである。

第三に、グローバルな市場競争がすすみ、他方で福祉政策の財源が逼迫するなかで、福祉政策と経済競争力の接点を求めるならば、失業者や困窮層の能力活用につながる社会的包摂が選択肢として浮上する。

以上が浮上するアイデア、言説の内容に関わる諸条件であるとすれば、政治過程においてアイデア、言説の比重が高まるそのこと自体の背景として、政策トランスファーの拡大とメディア政治の台頭の二つを挙げることができる。

まず、政策コミュニティの国際的連携やEUなどの国際統合が進展するなかで、政策の国境を越えた移転、すなわち政策トランスファーが拡大した（Dolowitz and Marsh 1996）。第一章で詳述したように、サッチャー政権はニクソン政権以降のアメリカで形成されてきたワークフェアを移入し、ブレア政権はそれに対する対抗策を練り上げるにあたってアメリカ民主党改革派（民主党指導者協議会）から影響を受けた。福祉政策をめぐる政策トランスファーは、EUでは二〇〇〇年のリスボンサミットを機に、「調整のためのオープンメソッド」と呼ばれる手続きをとおして制度化されている。詳しくは第九章で論じるが、各国は「社会的包摂のためのナショナルプラン」を策定し、これについて欧州委員会および社会的保護委員会がコメントをするなど、政策アイデアの交流が強められた。

また、小選挙区制と集権的なリーダーシップのもと、シュミットの言うコミュニケーション的言説が主流であった自由主義レジームでは、メディア政治の比重がもともと高かった。しかし近年では、コーポラティズム的な制度条件のもとで調整的言説の比重が高かった社会民主主義レジームにおいても、脱コーポラティズム化がすすみ政治過程におけるメディアの役割がはるかに大きくなっている。福祉再編をめぐってはレジームの如何を問わず、分かりやすいメディア向け言説が重視されるようになる。

アクター・言説関係の流動化

シュミットの言説政治論は福祉国家再編の政治をあくまで福祉国家の市場主義的調整の過程としてみていたが、実際の再編政治は、新しい社会民主主義的言説を含めて、ベクトルを異にする諸言説がせめぎ合う場となっている。しかし、このせめぎ合いは、かつての福祉国家形成の政治のように明瞭な対抗図式のもとにはない。

福祉国家形成の政治においては、大きな政府支出をとおしての所得保障の徹底を求める労働運動および社会民主主義政党と、それに抵抗する自由主義勢力、さらには職域、家族秩序の擁護を目指す保守主義政党といったように、それぞれの政治的アクターが重視するセクターが異なり、かつこうした関係を表現する言説も比較的はっきり分化していた。したがって、イニシアティブをとった政治勢力ごとに福祉レジームが分立した。これに対して福祉国家再編の政治においては、様々な自立支援志向の福祉理念が出現し、言説政治は主にはその支援の内容をめぐって展開している。前項ではその背景について検討をしたが、加えて、ここで党派間の権力資源動員が前面に出にくいもう一つの理由として、政治的アクターの側の問題も指摘する必要がある。

福祉国家再編の政治においては、これもまた社会構造の変容を背景に、政治的アクターと言説の関係のみならず、政治的アクターの組織的輪郭そのものも一貫しなくなっている。保守主義政党は、これまで依拠してきた伝統的価値やコミュニティの揺らぎに直面する。社会民主主義政党の場合も、相対的に同質的な製造業労働者が減少し、あるいは公共セクターと民間セクターでの利害対立が現れるなど、その支持基盤の流動化がすすむ。女性、外国人、地域など個別のインタレストも認知されるようになり、支持基盤の変化に拍車がかかる。社会民主主義政党であれ、保守主義政党であれ、新たな支持層をいかに取り入れるかが問われてくる。

前項で見たように、社会的包摂をめぐる言説は、政治的にはこのような条件下で選び出されたものであった。そしてその結果として、社会民主主義政党の基盤の流動化はさらにすすむ。たとえばブレアの「第三の道」路線は、イギリス労働党の内部で、労組を初めとした伝統的支持基盤との強い緊張関係を生み出した。労働党のなかで社会的包摂というアイデアが共有されたように見えても、第二章で論じたようにその解釈をめぐって対立は続いている。

人々の政党や政策に対する態度は、各自のインタレストから自動的に決定されるわけではなく、有権者が自らのインタレストや当該政策の内容についていかなる認知形成をするかによって大きな影響を受ける。とくに福祉国家再編の政治においては、制度の転換と従来の集団的アイデンティティの揺らぎが共にすすむ。それゆえ、政策トランスファーやメディア政治によって押し出された新しいアイデアや言説が、有権者、市民にとって政治的態度を決定するうえでの判断基準としての役割を高める。インタレストの「客観的」配置から言説政治が決まるというより、言説政治の具体的な展開のなかで政治的連合関係が形成されていくのである。

5　言説政治論の可能性

今日有力な福祉政治の三つの分析枠組み、すなわち権力資源動員論、新制度論、言説政治論は、福祉国家の形成、削減、再編のそれぞれの政治過程の特質と強い対応関係がある。一九九〇年代以降の福祉国家再編の政治においては、言説政治論の枠組みがとくに有用性を発揮する条件が確認された。そこでは、政治的アクターの権力資源動員は、所与の制度的条件やメディア環境のもとで、福祉再編の方向をめぐる言説の展開、解釈、適用をめぐって展開される。政治的アクターの支持基盤は流動化し、言説政治の帰結が政治的連合を決める。さらに、言説政治の空間は、多国間の政策トランスファーやEUの政策調整手続きなど、一国の枠組みを超えて広がりつつあるのである。

第Ⅲ部　包摂型社会のデザイン

第8章　福祉ガバナンス――社会的包摂の統治と参加――

福祉や雇用をめぐる統治のシステムに大きな転換がすすんでいる。グローバルな市場競争の激化のなかでコスト高の福祉国家が衰退したという、ありがちな議論が理論的にも実証的にも根拠に乏しいことは多くの研究から明らかになっている（Garret 1998：新川 2002）。しかしその一方で、福祉国家の政策と制度には、これまでと連続的にとらえるにはあまりに大きな変化が生じている。この転換の向かう方向性は、福祉国家というよりも、福祉ガバナンスとも呼ぶべき新しい福祉体制への移行である。

この統治システムの転換は、先進工業国における「新しい社会的リスク」に対応した政策理念と政策課題の変容に起因している。それは、本書がこれまで社会的包摂の浮上という切り口でとらえてきた変容に他ならない。

この転換のなかで、社会福祉の供給主体は多元化し、さらに福祉国家がこれまで占めてきた制度空間を大きく越え出て、一面ではよりローカルあるいはサブナショナルな空間に、他面ではよりグローバルな空間に広がりつつある。福祉国家は依然として重要な主体であるが、この多中心化した制度空間を総合的にとらえるアプローチが必要になっている。福祉ガバナンスとは、そのようなアプローチとして提起される枠組みである。

以下では、ガバナンスという概念について整理をした後に、社会的包摂の浮上に伴う福祉国家から福祉ガバナンスへの転換を、社会政策の機能転換、多元化、重層化という相互に密接に連関した三つの視点から検討していく。

1　ガバナンスとは何か

ガバナンスの概念——構造と技法

ガバナンスの概念について、これまでの議論を整理することから始めたい。ガバナンスをめぐる一連の研究をもとにして、ガバナンス概念それ自体について検討を加えたり、その用法を整理したり、あるいは共通の含意をとりだそうとする作業も続けられてきた（今村 1994：戸政 2000）。

よく引かれるものにローズによるガバナンス論の整理がある。ローズは、ガバナンス概念の重要な用例として、次の六つを挙げている。すなわち、一九八〇年代以降の公共支出削減を積極的にとらえる「最小限国家」、行政組織原理としての適用可能性も射程に入れた「コーポレート・ガバナンス」、市場セクターの管理技法の導入としての「新公共管理」、世界銀行が途上国政府の改革指針とした「良き統治」、統治システムの多中心化としての「社会的サイバネティックス」、そしてローズ自身が重視する、政府および民間組織間の「自己組織的ネットワーク」という用例である（Rhodes 1997：47-52）。

一見、ガバナンスというのは、あまりに多義的で一貫性に乏しい概念にも見える。しかし、こうした多様な用例から共通項をとりだすことは不可能ではない。まず背景から言えば、ガバナンスとは、これまで政治的資源配分の中心にあった中央政府の統治能力が低下し、政府と他のアクターとの関係再編がすすみ、政府組織と他の民間組織とのネットワークが生まれるなかで用いられるようになった概念である（中邨 1999）。ローズ自身は、それを「自己組織的かつ間組織的なネットワーク」と表現する。ローズの挙げる六つの使用例から拾えば、「最小限国家」や

の新しい構造が問題とされている。

同時にガバナンスという概念には、統治に関わる多様な構造や原理をまとめあげていく能動的な働きかけ、それらの新しい連携を調整し統御する技法という意味が含まれる。その延長上で、こうした能動的な働きかけの結果、統治が成立し、資源が持続的に配分されている状態をも指す。ローズの挙げているなかでは、「自己組織的ネットワーク」あるいは「良き統治」についてガバナンスが論じられる場合、こうした意味が強く出ている。

マクロ次元での多元的、重層的構造

構造と技法というガバナンスの二つの側面のうち、以下では主に構造次元での転換について考える。ガバナンスの構造は、マクロ次元における多元的・重層的構造とミクロ次元の組織的構造を区別することができる。

マクロ次元の多元的構造とは、ガバナンスがハイラーキー、市場、ネットワーク、コミュニティなどの異なった原理とセクターから構成されていることを指す（Rhodes 1997：47）。セクターとしては、市場セクター、コミュニティセクターと並べて、ハイラーキー原理を代表する政府セクター、ネットワーク原理を担うＮＰＯなどの市民社会セクターを考えることができよう。こうした諸セクターが連動して個別の政治経済体制が形成される。

先にも述べたように、今日ガバナンスが問題とされるのは、まずはこのようなマクロな政治経済体制のなかで、各セクターの関係が変化し、再編が進行しているからである。政府あるいはハイラーキー中心であったこれまでのガバメントが、市場セクターや市民社会セクターへの事業委託を拡大し、あるいはコミュニティセクターの互助的な関係を取り入れようとする。

こうした、いわば水平軸での多元的構造の形成と平行して、垂直軸でガバナンスの重層的構造の形成がすすんで

いる。すなわち、国民国家の中央政府は、一方においてその機能や権限のいくつかを、より「上方」に、つまりグローバルあるいはトランスナショナルな国際機関やレジームに委譲しなければならなくなっている。ここで国際機関とはＥＵ、ＷＴＯなどを指し、またレジームとは、イッシューごとに複数の政府、国際機関、多国籍企業等がつくりだす政策協定やネットワークを指す。同時に中央政府は、やはりその機能と権限のいくつかを、より「下方」に、つまり、地方自治体やあるいは広域連合などの、サブナショナルな次元に分権化する必要に迫られる。

ガバナンスの多元的構造と重層的構造は相互に重なり合っている。つまり、政府、市場、市民社会、コミュニティという多元的構造は、ナショナルな次元のみならず、グローバルあるいはサブナショナル、ローカルな次元においても現れる（Gough 2000：進藤 1998）。グローバルな次元では、たとえば、各国政府、国際機関と多国籍企業、ＮＧＯなどが政策分野ごとに形成する国際レジームが、グローバルなガバナンスの基軸となる（木下 1996）。また、サブナショナル、ローカルな次元でも、地方政府、企業、非営利組織、コミュニティの連携が自治体、都市のガバナンスを支える（真山 2002：曽我 1998-2000）。

この、多元的で重層的なガバナンスの構造は、たとえばＥＵの統治機構にはっきりと窺える。重層的構造に関してＥＵでは、マルチレベル・ガバナンスの名で呼ばれるように、欧州委員会、閣僚理事会などが国民国家を超えて権限を拡大することと平行して、他方では国境を越えたリージョンの分権的統治が強化された。そして、このリージョンを代表する組織が、中央政府の頭越しに、ＥＵの諸機関と直接に交渉し、またそこに代表を送り込んでいることが注目されている（Hooghe and Marks 2001）。また多元的構造では、サブナショナルな次元に本拠をもつ欧州の非営利組織が、たとえばＥＵ構造基金の配分をめぐって、これも国民国家の中央政府の頭越しにＥＵの担当部局と直接交渉するような政策過程が現れる。ここでは、アクターの多元性と統治の重層性が複雑に絡み合った、新しい相互交渉のダイナミクスが生みだされているのである。

ミクロ次元での組織構造

政府、市場、市民社会、コミュニティの各セクターには、それぞれのセクターの原理を代表する組織が存在する。政府セクターにおける行政組織、市場セクターにおける企業組織、市民社会セクターにおける非営利組織（NPOや協同組合など）である。マクロ次元で進展するガバナンスの再編、とくにその多元的、重層的構造の展開は、ミクロ次元における組織ガバナンスのあり方に大きな影響を及ぼす。

マクロ次元で市場原理の政府セクターへの浸透がすすむということは、ミクロ次元において、行政組織のあり方に市場の論理が挿入されることを意味する。新公共管理の台頭はこうした展開を象徴するものである。併せてこうした展開は、企業組織や非営利組織のガバナンスそのものにも変化をもたらす。政府の金融規制の緩和などに対応して、企業のコーポレート・ガバナンスの変化がおきるし、非営利組織は、事業委託をめぐって民間企業と競合することになれば、公共的価値へのコミットメントを弱めてでも事業性を高めるような組織改革を余儀なくされよう。こうして、たとえば非営利の福祉サービス供給主体の企業化がすすむとすれば、それは今度はマクロ次元の構造にフィードバックし、福祉の多元化の意味が大きく異なってくることを意味する。このように、ガバナンス転換のマクロ次元とミクロ次元は、相互に密接に連関しているのである。

マクロ次元であれミクロ次元であれ、新しいガバナンスにおいていかなるシナリオが優位に立つかは、多様なアクターが異なった戦略をもって交渉しあう、その具体的な過程のなかで決まっていく。冒頭でも述べたように、ガバナンスとは、多元的、重層的、組織的構造であると同時に、マクロ・ミクロの制度に働きかけ各次元をむすびつけながら新たな構造を形成していく能動的な営為でもあるからである。

2　社会的包摂への福祉ガバナンス

福祉国家の危機とは何か

さて、ガバナンスの多元的、重層的、組織的構造というフレームをふまえて、以下では、福祉ガバナンスについて検討をすすめる。福祉ガバナンスは、これまで福祉や雇用の領域において基軸的な役割を果たしてきた福祉国家体制が揺らぐなかで浮上してきた、新しい統治のシステムである。この言葉に近いものに「ソーシャルガバナンス」という言い方があり、これまでも市場原理主義的なガバナンス像へのオルタナティブとして用いられてきた（Hirst 1994：167：Deacon, et al. 2003：15：神野 2004：4）。本章では、福祉ガバナンスについて、そのようなオルタナティブとなる可能性も睨みながら、基本的にはいまだゆくえの定まらぬ、生成途上のシステムと位置づけたい。福祉ガバナンスが求められるのは、社会的包摂が課題として浮上するからであるが、どのような包摂をいかなるガバナンスで実現するか、シナリオは一つではないからである。

転換の出発点となったのは、グローバル化と脱工業化に端を発する福祉国家の危機である。ただし、グローバルな市場競争の拡大が高コストの福祉国家を過去のものとしたという過度に単純化された議論は根拠がない。むしろグローバル化は、脱工業化の進展ともあいまって、雇用を流動化し、労働市場の分極化をおしすすめ、さらには家族やコミュニティの紐帯を弱めてきた。その結果、急速な技術発展やグローバルな産業再配置による不安定雇用、女性の就労と出産・育児の両立困難、家族的紐帯の揺らぎのなかの急速な高齢化、青年層の自立困難などの問題群が次々に立ち現れている。つまりは、人々が個人では対応できない「新しい社会的リスク」が生みだされ、むしろ社会保障政策および雇用政策の重要性が高まっているのである（Taylor-Gooby 2004：Garret 1998：Iversen 2001）。

これに対して、二〇世紀型の福祉国家は、各章で繰り返し述べてきたように、多かれ少なかれ安定した雇用関係と家族関係が様々な社会的リスクを吸収することを見込んで、それを補完するかたちで構築されてきた（Rosanvallon 2000）。こうした構造をもった二〇世紀型福祉国家は、新しい社会的リスクに十分対処できない。このことが、福祉国家再編を迫る最も大きな要因となっている。グローバルな市場競争の拡大や、高齢化社会の到来に伴う福祉財政の逼迫という問題はたしかにあるが、経済競争力や財政赤字は、福祉国家の財政規模そのものに由来するものではない。むしろ、新しい社会的リスクに適切に対応できるか否かが、経済活力や安定した課税ベースの創出につながるのである。

二〇世紀型福祉国家群のなかでは、北欧の社会民主主義レジームが、積極的労働市場政策や女性の就労を支援する介護・育児サービスを展開し、相対的に新しい社会的リスクへの対応がすすんでいたが、それでも移民問題などについてはその対応に苦慮している。これに対して、ここで問題となるのは日本のポジションである。日本の福祉国家は、職域ないし企業と家族への依存という点で際立っていた（宮本 2009）。しかしながら、雇用と家族の揺らぎこそ新しい社会的リスクの背景である。その意味では、日本の福祉国家は新しい社会的リスクへの対応において最も脆弱で、それゆえに新しいガバナンスへの転換は日本において最も切実な課題となるのである。

社会的包摂をめぐる分岐

さて、家族と職域への依存度が高かった日本のレジームやヨーロッパの保守主義レジームはもちろんのこと、相対的に新しい社会的リスクへの対応がすすんでいた社会民主主義レジームを含めて、二〇世紀型福祉国家は、ドラスティックな転換を迫られている。その転換の方向が、本章でいう福祉ガバナンスである。

グローバル化と脱工業化に起因する多様な変化が福祉ガバナンスの形成を促しているが、制度形成の直接の契機となるのは、新しい社会的リスクへの対応である。新しい社会的リスクとは、先に見たように雇用と家族の揺らぎに関連する多様な問題群を指す。これまで経済的自立が可能であった人々の自立が困難になり、インフォーマルなセーフティネットを恃《たの》むことができた人々がそれを期待できなくなる。さらには、引き籠もりや家庭内暴力など、これまでの制度が想定していなかった新しい困難にさらされる人々が現れる。

新しい社会的リスクが行き渡ると、すべての人々をカヴァーする社会的保護の仕組みをつくるのは財政的に困難となる。だからといって、一部の人々だけを庇護することは、中間層を含めて広範な人々がリスクに直面している現実から政治的に難しい。こうしたなかで、事態に対処する新しい政治的妥協の枠組みとして浮上するのは、社会的包摂を実現するための政策群である。自立の支援ということであれば、中間層も公的扶助のコストが肥大し続けることを懸念しなくてすむし、また、自らもまたその受益者になる可能性があるからである。

具体的には、これまで雇用のなかでおこなわれていた能力開発支援をいかに個別企業を越えた水準で提供し、あるいは女性の就労支援を実現するか、また、高齢者の雇用や生活自立、外国人労働者の労働市場参入などの新しいニーズにどのように応えていくかが問われてくる。そして、このような支援が効果を発揮して、人々の自立が実現するならば、それは福祉と経済の好循環にもつながることになる。ただし、自立支援や社会的包摂という場合のその意味は、決して一義的ではない。第Ⅰ部で詳しく述べたように、どれだけのコストをかけて、どのような社会的包摂を目指すかは国ごとにまた政治勢力ごとに異なっている（宮本 2004a）。

こうしたアプローチの相違を孕んだ社会的包摂の実現に大きく影響するのが福祉ガバナンスである。逆に言えば、福祉ガバナンスのあり方が、いかなる社会的包摂となるかを決定する。以下ではそのような振幅を伴って形成されていく福祉ガバナンスの大まかな見取り図を描いていきたい。

まず第一に、福祉国家を中心とした構造から、非営利セクター、市場セクターを含めた福祉ミックスの多元的構造への移行を示す。第二に、この多元的構造が、サブナショナル、ローカルなレベルにおける福祉ミックスとして形成される一方で、第三に、グローバルなレベルにおいても、国際機関やNGOなど多元的アクターが構成する超国家的な政策レジームへとつながることを見る。そして第四に、このようなマクロな多元化と重層化に対応して福祉、雇用政策を担う民間組織、とくに非営利組織の構造転換について考える。

3　福祉ガバナンスの構造

多元化としての福祉ガバナンス

まず、新しい社会的リスクへの対応を軸とした福祉ガバナンスにおいては、とくに社会サービスの供給体制を中心に、営利、非営利の供給主体への事業委託が拡大していく。

これまで、福祉国家体制のなかでの非営利セクターの役割は、レジームの性格によって異なっていた。福祉国家の保守主義レジームにおいては、カトリック的な補完性原理の影響もあり、あるいは宗教、文化的な多元性に合わせたサービス供給の必要もあり、もともと非営利セクターの組み込みがすすんでいた。ここでは、非営利セクターは公的な補助金を主な財源としていた。アメリカのような自由主義レジームの国では、小さな福祉国家をカヴァーするために非営利セクターが拡大した。ただし、公的な補助金は保守主義モデルに比べると制約されており、非営利セクターは、利用者の料金やチャリティの基金を主な財源としていた。これに対して社会民主主義レジームでは、公共セクターが拡大して非営利セクターの役割を吸収してきた（Ascoli and Ranci 2002 : Anheier and Seibel 2001）。

ところが、新しい社会的リスクの広がりのなかで、いずれのレジームにおいても非営利セクターの役割が高まっている。新しい社会的リスクは、これまでの行政が想定してこなかったものであり、その対応能力を超えたところがある。とくに、社会的包摂が焦点となる場合、自立のためのニーズは、個別的かつ多様で、画一的な対応は困難である。その充足のためには当事者からの何らかの発信が必要な場合が多い。ここで民間の供給主体の参入は、まず人々に複数の供給主体からサービスを選択する権利を与え、現在の供給主体からの退出（exit）というオプションを可能にすることで、そのニーズ発信の手段を拡張する。また、とくに非営利セクターの場合は、新しいニーズに対応していく機動性と柔軟性を持ち合わせている場合が多く、いわゆる自助グループのように、当事者自身の参加によってその経験を問題解決に活かしていく条件も提供する。

こうして、いずれの福祉レジームにおいても、非営利セクターと行政の連携を強める方向にすすむことになる。これまでも民間団体の役割が大きかった保守主義、あるいは自由主義のレジームを含めて、非営利セクターと行政の関係が再編されていく。

たとえばテイラーは、「第三の道」として社会的包摂を掲げたニュー・レーバーが、非営利セクター（欧州でいう第三セクター）を、行政の重要なパートナーとして活用しようとしてきたことを明らかにしている。テイラーが注目するのは、このようなマクロレベルでのガバナンス再編の帰結として、非営利セクターの自立性やその組織ガバナンスにいかなる転換が生じるか、という問題である。自由主義レジームに近いイギリスでは、これまで非営利セクターの収入はチャリティや料金収入の比重が高かった。ところが、近年の福祉多元化の進展のなかで、その公的財源への依存度が高まっている。多元化が、非営利セクターの組織ガバナンスにおよぼす影響は、後述するように、福祉ガバナンスのゆくえを決める一つのポイントである（テイラー 2005）。

テイラーは、他方においてこうした多元化の具体的なあり方によって、その政治的社会的な意味が大きく異なることも強調している。テイラーによれば、多元的なガバナンスは、財源、供給、統制の三つの次元で政府と非営利組織、営利企業がどのような分担関係を形成するかによって、具体的帰結が決まってくる（Taylor 1992）。

第一のパターンとして、政府がより大きな財政責任を引き受け、供給主体としては非営利組織が役割を拡大し、統制については政府、非営利組織などの協議が重視される場合、社会的平等を重視したアクティベーション志向の多元化と見なすことができる。これに対して第二のパターンとして、財源としては利用者の自己負担の比重が高まり、また供給主体として営利企業が前面に出て、統制については市場の決定にゆだねる部分が増せば、それはよりワークフェア型の多元化ということができる。もちろん、財源の構成や供給主体の組み合わせははるかに複雑であり、その具体的な組み合わせによって最終的な多元化の内容が決まることとなろう。

分権化としての福祉ガバナンス

かつての福祉国家は、標準化されたライフサイクルを念頭に、いわば上から人々のニーズを設定したうえで、これに所得保障政策を軸として対応していくことを旨としていた。このようなかたちの社会保障政策の担い手には、大きな財源を確保し保険数理などに通じた専門的行政官を抱えた中央政府が最も適当な存在であった。

これに対して、新しいガバナンスのもとでは、自立への多様なニーズを満たすために社会保障のなかではサービス給付の比重が高まり、またその社会サービスの供給に際しては、人々の身近なところでそのニーズを模索していく必要が生まれる。これは前項で見たように、社会保障政策の多元化がすすむ背景であるが、それはそのままその分権化がすすむ条件でもある。また、一人ひとり異なる社会的包摂のニーズに柔軟に対応できるように、諸プログラム間での、あるいは他の政策領域（雇用政策や医療政策）との連携を強め、また、窓口対応も一本化していくことが求められる。従来、国や各級の自治体で責任主体が分散していた各種の政策を可能な限り基礎自治体で引き受け、連携させていく必要が高まる。

たとえばスウェーデンの社会保障では、社会サービスの多くはすでに一九八〇年代には分権化がすすんでいたが、医療政策は県の所管であり、そして高齢者福祉のプログラムは市町村（コミューン）の管轄であった。こうしたなか九〇年代初めにスウェーデンですすんだのは、高齢者医療政策の分権化による福祉政策と医療政策の統合であった。エーデル改革と呼ばれたこの分権改革は、社会的入院を減らすために、医療と福祉を市町村において連携させて高齢者のニーズをとらえようとしたのである。

さらに九〇年代の後半からすすんだのは、雇用政策の分権化であった。この場合は若年層失業者、長期失業者の多様なニーズに応えるために、市町村の社会サービスとこれまで国の所管であった雇用政策を機能的に連携させて、きめの細かいサービスを提供しようとしたものである。同様の雇用政策の分権化は、長期失業層の固定化という共通の背景のもと、スウェーデンのみならず、ＯＥＣＤ各国ですすめられることになった。各国は、たとえば失業保険と職業紹介サービスを連携させて窓口を一本化する「ワンストップ・ポリシー」で、受動的な失業給付から積極的な就労支援への転換を図ろうとしているのである（OECD 1999a：OECD 1999b）。

グローバルな福祉ガバナンス

ナショナルおよびサブナショナルあるいはローカルな次元で、社会保障政策や雇用政策をめぐる政府、非営利組織、営利企業の密接な連携が始まっていることを見た。今日までのところ、社会保障政策、雇用政策の主要な担い手は、こうした国民国家の中央・地方政府である。しかし、次に注目するべきは、多元的なアクターの連携はグローバルな次元にも現れており、現実にナショナル、ローカルな政府の政策展開に影響しはじめている、ということである。この方向での福祉ガバナンスの形成は、研究主題としてはもはや新奇なものではなくなっている。たとえばボブ・ディーコンらは、こうした領域でのガバナンス形成を、「グローバル福祉ガバナンス」と名づけている（Deacon, Koivusalo and Stubbs 2003）。

グローバル福祉ガバナンスの主要なアクターは、政府および国際機関、国際非営利組織、多国籍企業などである。そして、これらの多元的なアクターが、政策領域ごとに多様なかたちに連携して、グローバルな社会政策を生みだしつつある（宮本 2002c）。

第一に、世界銀行、ＩＭＦ、ＷＴＯ、ＯＥＣＤなどの国際機関、ＷＨＯ、ユニセフなどの国連機関、ＥＵなどの地域連合がそれぞれ相互に時として対立しながらも、固有の政策指針をもち、各国政府の社会政策に影響を及ぼしている。

第二に、ナショナルな政府のいわば横の連携が、それぞれの国の政策を規制しながら展開する。それはＧ７のような先進国側の論理を集約するフォーラムから、Ｇ77のような途上国側の対抗フォーラムまでを含む。

第三に、国境を越えた規模で、政策アドヴォカシーやサービス供給に関わる多様な国際非営利組織がその影響力を増している。

第四に、多国籍企業のようなグローバルな市場アクターは、単に市場規制への反対勢力としてだけではなく、国境を越えた介護、教育、保健ビジネスの担い手として、つまりそれ自体がサービス供給主体として、ガバナンス形成に関与する。

ガフは、こうした多元的なアクターが国際次元で連携していくことを、ナショナルな福祉ミックスのグローバルな次元への延長としてとらえて、「拡張された福祉ミックス」と呼んでいる（Gough 2000）。

一連のアクターのうち、当面は国際機関が各国の社会政策の展開にもたらす影響力が注目できる。ナショナル、ローカルな次元に関して見た社会政策の新しい動向、すなわち社会的包摂志向の政策は、こうした国際機関の政策指針にも現れ、各国の中央政府および地方政府による展開と連動するようになっている（Deacon, Hulse and Stubbs 1997）。

ＥＵは、一九九七年のアムステルダム条約で、「社会的排除との闘い」を同盟の課題として明確に掲げた。ＯＥＣＤも、一九九四年のレポート「社会政策の新しい方向性」では、「単に個人に責任転嫁をおこなおうとするのでなく、人間の潜在的可能性と諸個人にとっての選択可能性を広げる」ような政府の役割を打ち出した（OECD 1994: 12）。世界銀行は、かつて新自由主義的な色彩が濃く、旧共産圏やラテンアメリカ諸国の年金民営化を主張してＩＬＯなどと対立したが、一九九五年に総裁に就任したジェームス・ウォルフェンソンが各国で「包摂という挑戦」をすすめることを提起するなど、その論調の変化が注目された（Wolfensohn 1997）。

ただし、各国の政策との連動の仕方は国際機関によって異なっている。世界銀行やＩＭＦは、しばしば融資条件として援助対象国の構造調整（コンディショナリティ）を求めることをとおして、各国の社会政策に影響を及ぼす。これに対してＥＵやＯＥＣＤは、とくに先進国の政策展開について経験を蓄積し、これを各国間のピアレビューやフィードバックにより、「政策学習（Policy Learning）」の回路を提供しつつ各国の社会政策に関与する。

次章でも詳しく見るように、ＥＵが二〇〇〇年のリスボンサミットから導入した「開かれた調整手法（Open Method of Coordination）」は、後者のアプローチの典型である。ここでは、加盟各国に「社会的包摂のためのナショナルプラン」の作成を求め、その進捗を社会的保護委員会をとおして点検、評価するかたちで各国の社会的包摂をすすめていこうとしている。

もちろん、グローバル福祉ガバナンスの主体は国際機関だけではなく、多元的なアクターが相互に交渉しながら、ガバナンスの実体を形成し始めている。イェーツは、イッシューごとの国際アクターの多元的連携として、国際金融・為替レジーム、多角的通商レジーム、国際労働権・人権レジーム、開発援助レジームの四つを挙げている（Yeates 2001：97-116）。

国際金融・為替レジームは、Ｇ７や国際決済銀行などの国際協調を軸に発展し、国民国家の経済政策を拘束しつつつある。ＷＴＯやＴＰＰ（環太平洋経済連携協定）などの地域貿易協定に支えられた多角的通商レジームは、各国の通商政策を方向づけるが、そこでサービス貿易や医療保険制度の基準がどのように設定されるかは、各国の社会保障政策のあり方に大きな影響をおよぼす。また、ＷＴＯ、ＩＬＯなどがアドヴォカシー志向の国際非営利組織などとも連携して形成する国際労働権・人権レジームは、国際労働基準や女性労働保護などのゆくえに強く関わっている。さらに開発援助レジームにおいて、ＩＭＦや世界銀行が援助対象国の政治経済に対してイニシアティブを発揮していることは既述のとおりである。こうした四つのレジームは、現実には重なり合って福祉国家の活動を掣肘し、またグローバルな社会政策を方向づけていると言える。

組織変容としての福祉ガバナンス

これまで見たマクロな福祉ガバナンスが具体的にどのようなかたちで形成され、いかなる社会的包摂を志向するかは、その内部で活動するミクロなアクターの組織構造へ大きな影響をもたらす。

たとえば、企業のコーポレート・ガバナンスのあり方が焦点となる背景には、政治経済のマクロな変容があった。今日の日本でなじみ深い議論のパターンは次のようなものであろう。すなわち、これまでの日本では、株式の相互持ち合いを前提にメインバンクが企業の経営効率を監視し、さらに政府の金融行政がこうした枠組みを守ってきた。しかし、市場化を軸とした政治経済の転換が始まり、日本型政府介入の仕組みが維持できなくなるなかで、株式会社にもモラルハザードを避ける新しい仕組みが必要になっている。そこで、株主の支配力を高め、社外取締役などをとおして経営効率を監視するアメリカ的なコーポレート・ガバナンスが求められている、という議論である。

しかし、ガバナンス形成のマクロ・ミクロ連携は、このような市場主義的なシナリオだけではない。そもそも株主支配がモラルハザードを防ぐものではないことは、ストックオプションの弊害が露見したアメリカの企業スキャンダルなどが示している。これに対してガバナンスのマクロ・ミクロ連携の代替案を示すものとして、たとえば新たな「経済社会ガバナンス」を展望したポール・ハーストの議論を想起できる。

ハーストの議論もまた、国家中心のガバナンスを転換し、営利、非営利の社会集団の役割を高めていこうとするものである。ただしそこで目指されるのは、国家か市場かの二者択一を超えた「アソシエーティブ・デモクラシー」である。それは多様な社会集団を基盤として「政府を多元化しつつ、市民社会を公共化する」試みであり、つまりは自由なアソシエーションとしての社会集団に高い公共機能を担わせることである（Hirst 1994：74）。

ハーストは、まず企業内部で多様なステークホルダーの協調をすすめることを提唱する。モデルとされるのは、アメリカ流のコーポレート・ガバナンスではなく、ドイツの従業員代表制や日本的経営である。具体的には、株主代表、従業員代表、地域代表が三分の一ずつを占める監査役会と、監査役会に責任をもつ執行役会の二層制を導入することを求める。さらに、共同決定を担う労働者協議会を置き、二年以上在職の従業員に終身雇用保障をおこなう等の提案が加わる（Hirst 1994：146–155）。そしてこのようなマルチステークホルダー型の企業が、地域において、行政や住民との間で開放的で分権的なローカル・コーポラティズムとでもいうべき関係を築いていくことを展望する。

このハーストの構想は、アソシエーションとしての企業を強調する点で、従業員参加型の日本的経営を新しい環境のもとで再生させようとするわが国の経営学者の構想とも重なり合う（伊丹 2000）。またハーストは、労働組合のあり方の転換も重視する。企業における従業員参加が脱組合化するなかで、労働組合は一企業を超えて多様なベネフィットを供給する「市民社会のアソシエーション」として発展していくべきなのである（Hirst 1994：155–157）。

他方でハーストの構想に従えば、福祉国家の多様な社会サービスについては、公的な財源をもとに、基本的には民間非営利組織がこれを引き受けることになる。実際のところ、この種の業務委託が拡大していることは先にガバナンスの多元化に関して見たところである。ここで重要なのは、業務委託の拡大に伴って、株式会社と同じく、非営利組織にもその組織ガバナンスの変化が現れている点である。

従来、広義の非営利組織には、公益を志向し利益分配をおこなわない狭義の非営利組織に加えて、共益を志向しつつ組合員に対してのみの利益配分をおこなう協同組合や共済組合が含まれ、とくに欧州では後者の役割が大きかった。ところが、多様なかたちで社会サービスの民間委託がすすむなかで、狭義の非営利組織にも協同組合にも変化が生じている。

非営利組織は、その事業性を重んじ、規模を拡大して効率的なサービス提供を追求することを迫られるようになった。他方で協同組合は、共益の枠を脱して第三者へのサービス提供を志向することになった。協同組合の変容を象徴するのは、一九九一年にイタリアで社会的協同組合が制度化されたこと、また一九九五年、国際協同組合連盟（ＩＣＡ）が協同組合原則を改定し、「コミュニティへの貢献」を加えたことである。

つまり、非営利組織も協同組合も事業規模を拡大し、また競争入札などに備えて組織としての競争力を追求するようになったのである。このような新しい非営利組織のガバナンスを表すために、カルロ・ボルザガ、ジャック・ドフルニらは「社会的企業」という概念を提唱した（Defourny 2001）。社会的企業とは、非営利組織、協同組合に加えて一部の営利企業も含み、財・サービスの継続的生産に携わり、公的な資金に依拠するとしても、その活動や組織の管理について高度な自律性をもつ。活動の目的としては、コミュニティのために活動することを重視し、多様なステークホルダーが管理に関わり民主主義が貫かれる。利益配分はおこなわれるとしても組織の主要な目的ではない。ここでは、狭義の営利企業とも、またかつての非営利組織や協同組合の典型とも異なる、新しい組織ガバナンスが抽出されている。

社会的企業とは、基本的にはナショナル、ローカルなレベルでの民間非営利組織の新しいかたちであるが、スタッブスは、同様の展開がグローバルなレベルでも見られることを明らかにしている。一九九〇年代には各国のODAの非効率が指摘されその減額が起こり、またボスニア、ルワンダ、コソボなど国際緊急援助を求めるケースが増大するなかで、新しい支援の回路として国際非営利組織に供給される資金が急増した。それだけに国際非営利組織は、これまで以上にそのアカウンタビリティや効率性を問われるようになった。各組織は、専門のコンサルティング会社などのアドヴァイスも受けて組織改革をすすめた。スタッブスは、その結果としてこれまで社会運動の性格が強かった国際非営利組織が、事業組織という性格を強めていったと見る。それは、いわば市場と運動の中間にあって両者を媒介する性格の組織である（Stubbs 2003）。

4　福祉ガバナンスのゆくえ

さて、ポスト福祉国家体制として社会的包摂を担う福祉ガバナンスについて、その多元的、重層的、組織的構造を概観してきた。

こうした転換のなかで、福祉国家はその役割をどのように変え、市場原理の浸透はどこまですすむのか。ガイ・ピーターズとピーレは、ガバナンスの将来について、三つのシナリオを書いている。第一に、国民国家が部分的には権限を手放しながらも最終的には影響力を保持するというシナリオ、第二に、国家が影響力をしだいに後退させ、グローバルな市場の拡大に沿ってリージョンや国際機関などの役割も重要になるというシナリオ、そして第三に、統治構造の再編のなかで市民の影響力が拡大するというシナリオである（Pierre and Guy Peters 2000：94-159）。

福祉ガバナンスの将来に関しても、同様のシナリオが分岐するであろう。第一のシナリオは、新しいガバナンスの形成が進行せず、集権的な体制のもと社会的包摂の展開にも支障が生じていくかたちである。

他方、福祉ガバナンスの形成がすすんだとしても、多元化、重層化（分権化、国際化）、組織転換というその中身そのものがきわめて両義的である。第二のシナリオに沿えば、市場優位の多元化と重層化が、非営利組織を含めた民間組織に事業志向・営利志向の強い組織改革を強いるであろう。その場合、社会的包摂はワークフェア的性格を強めるであろう。これに対して第三のシナリオは、各レベルの政府と非営利組織の連携によって、非営利組織がその柔軟な組織運営の強みを発揮し、人々を包摂するアクティベーション型の社会保障・雇用政策が実現するというものである。

三つのシナリオのうち、いずれかのベクトルが優位に立つかを決める変数は多く、見通しを得ることは容易ではない。本章冒頭でも述べたように、ガバナンスは一面では新しい構造であると同時に、他面では能動的な統治そのものである。グローバルなガバナンス形成においてさえ、社会的責任投資や株主運動などの倫理的ファイナンス、フェアトレード、社会的ラベリングなど市民運動のコミットメントが大きな影響をもたらす（Yeates 2001）。福祉ガバナンスの将来を決めるのは、新しい構造に即した新しい統治戦略なのである。

第9章　社会的包摂とＥＵのガバナンス

1　焦点化する社会的包摂

社会的包摂という考え方は、ヨーロッパに由来し、そしてヨーロッパ統合と一体となって発展してきた。社会的排除との闘い、あるいは社会的包摂は、一九九九年に発効したアムステルダム条約によってＥＵの基本目標とされ、翌年のリスボン戦略で加盟諸国間の政策調整が開始された。二〇〇五年にはこのリスボン戦略の見直しがおこなわれ、その「再スタート」が謳われた。そして二〇一〇年は「貧困と社会的排除と闘うヨーロッパ・イヤー」とされ、社会的包摂の新しい展開が図られている。

社会的排除という概念が現在のような意味で用いられるようになったのは、シラク内閣の社会相のルネ・レノアールが、一九七四年に公刊した著書のなかでこの言葉を用いてからであると言われる。レノアールが強調したのは、精神や身体に障害のある人々、長期失業者、ひとり親家庭など、社会的に排除された人々の存在で、その数はフランスの人口の十分の一に及ぶとされた。ところが、こうした人々の状況に既存の福祉国家が対応していないのである。

フランスにおいてこの言葉が登場したその翌年、一九七五年に、当時のＥＥＣの閣僚理事会は「社会的行動計画に関する決定」を採択した。この決定は各国で貧困問題を調査する様々なプログラムに財源をつけたものである。社会的排除の概念は、八九年に決定されたその第三次プログラムにおいて、欧州統合の流れのなかに初めて登場した。すなわちこの年、フランスが議長国を務める閣僚理事会が採択した「社会的排除と闘う」という文書のなかで、「社会的排除とは、単に経済資源が足りないという問題を意味するのではない。排除と闘うということは、個人と家族が、人々を社会と労働市場に統合していく手段によって、人間らしい生活条件を得ることができる、ということを含む」と述べられた。

さらに同年に、拘束力のない政治宣言としてであるが、ストラスブールの欧州理事会で発表された「欧州社会憲章」では、「連帯の精神から、社会的排除と闘うことが重要である」と書き込まれた。このころから、社会的排除との闘いという言葉がしだいにヨーロッパの統合過程で聞かれるようになる。たとえば、一九九二年の閣僚理事会勧告「社会保護システムにおける十分な資源と社会的扶助についての共通の基準」では、社会的排除との闘いのために各国の政策調整をすすめるという課題が論じられている。

しかし、なんといってもこの言葉がＥＵの中心的なテーマとして浮上するのは、一九九七年一〇月に調印されたアムステルダム条約が、社会的排除との闘いをＥＵの目標の一つとして掲げたことによる。ニース条約による改訂を経て、条約第一三六条は「高い雇用率を持続し社会的排除と闘う」ことを「共同体および加盟国の目標」として掲げ、第一三七条においては、この目標を達成するために「共同体は加盟国の活動を支援し補完する」と書き込まれた。

ＥＵにおいて社会的包摂が基軸的な課題とされるようになった背景としては、これに先立つ九七年五月のイギリス総選挙で、トニー・ブレア率いるイギリス労働党が一二年ぶりに政権に返り咲いたことも大きい。保守党政権下のイギリスは、長い間、欧州社会政策の推進には足かせであった。イギリスは、先に触れた「欧州社会憲章」にも反対した。マーストリヒト条約においても、労働条件、情報提供および協議、男女平等などの領域での多数決原理の導入はイギリスの反対で果たせず、イギリスを除く一一カ国は附属議定書をとりむすんで条約の外で多数決原理を導入した。

そのイギリスで、アンソニー・ギデンズらをブレーンとして、社会的包摂を掲げる労働党が政権に就いたのである。ブレアの最初の仕事は、アムステルダム条約の交渉に決着をつけることであった。さらにブレアは、これも同年のうちに、首相直属（二〇〇二年以後は副首相直属）の省庁横断的な機関として「社会的排除ユニット（Social Exclusion Unit）」を設置した。社会的排除との闘いは、貧困の要因を多元的にとらえるところに特徴があり、この機関も、住宅問題、失業問題、健康問題、犯罪などが複合した問題群に総合的に対処することを目指した。第三章で詳述したように、その後のブレア政権は社会的包摂という理念の推進役となっていく。

こうして社会的排除との闘い、社会的包摂は、ＥＵの重要な課題として位置づけられたのである。

2　新しいガバナンスの必然性

社会的排除との闘い、社会的包摂という概念がＥＵのなかで広がっていったのは、それまでのヨーロッパの社会経済的基盤であった二〇世紀型福祉国家の揺らぎが深刻化したからである。

これまでの福祉国家は、多かれ少なかれ、男性稼ぎ主の安定した雇用や家族の凝集力を前提に組み立てられてきた。この前提が根本から崩れている。雇用や家族が技能形成や社会化の場として機能しなくなり、人々の自立促進（あるいは社会統合）をすすめることが難しくなっている。機能不全に陥ったこうした機能を代替し、人々が社会と労働市場に参入していくことを支援する社会的包摂が重要になる。

このことに関連して、人々が社会と労働市場から排除されるに至る要因が、ますます多元的になっている。階級的な格差のみならず、ジェンダーやエスニシティなどに関わる要因が複雑に絡み合う。貧困や失業をもたらす「多元的要因」と、その多元的要因が複合して問題を引き起こす「関係的プロセス」のダイナミクスをとらえようとすることこそが、社会的排除という考え方の特徴であり、有用性である。

さらに、資本の自由な国際移動が増大すると政府の有効需要創出策は従来のような効力をもたなくなってくる。これに対して、労働力の供給側に力点をおき、再訓練などをとおして人々の就労可能性を高めていく政策は、人的資本への投資という性格を有しており、長期的にみて競争力拡大にむすびつく可能性がある。

以上のような意味で、社会的包摂という考え方には福祉国家の機能不全に対処していくという役割が期待される。他方で、こうした考え方が前面に出ることに対しての批判もある。とくに強いのは、排除か包摂かという議論の単純さ、曖昧さについてである。

社会的排除と包摂の境界線は自明ではない。したがって、この境界線の引き方しだいでは、包摂されたなかでの、資源配分の不平等なり、階層性なりが不問に付される場合がありうるのである。たとえば、就労それ自体が社会的排除の解消とされるならば、労働市場の変容が生みだす不安定就労やワーキング・プアの問題は射程の外に置かれる。また、労働市場の外部での無償労働分担をめぐる不平等なども問題とされにくくなる。

だが、一方でこの曖昧さは、社会的排除との闘いという理念の強みでもあった。排除や包摂という概念の曖昧さゆえに、本来はかなり考え方の異なった加盟国や諸勢力が、この言葉に賛同できたのである。たとえば、フランスとイギリスの両国が共に社会的排除との闘いを重視したからこそ、この概念がＥＵの政策形成の中心に躍り出た。しかし、この二国に限定しても、実は社会的排除と包摂についての考え方はずいぶん異なっており、社会的包摂の理念に通じる積極的労働市場政策などにおいて先行していた北欧を加えれば、この考え方には多くのバリエーションがあることは序章でも論じたとおりである。

つまり、加盟国のレジームごとに異なった理念と方法があるのである。もちろん、各国のレジームそのものが大きな転換を迫られているという事実が出発点である。フランス型であれ、イギリス型であれ、あるいは北欧型であれ、それぞれの二〇世紀型福祉国家は、多かれ少なかれ安定した雇用と家族を前提に、勤労所得が中断した場合の所得代替を目指した。ところが先に述べたように、こうした前提が崩れた。だからこそ各レジームが、社会的包摂を軸にした政策再編を追求せざるをえなくなっている。にもかかわらず各国は、それまでのレジームの遺制をひきずっており、社会的包摂を追求するにあたってもアプローチの違いが生まれる。したがってEUにとっては、社会的包摂をめぐる各国の多様なアプローチを認めつつも、社会的包摂をEUとしての共通の目標としその実現に向けたガバナンスを構築していくことが重要になる。

3　「開かれた調整手法」と新しいガバナンス

実はアムステルダム条約が調印された前後には、このような新しいガバナンスに向けたいくつかの仕組みもまたスタートしていた。その一つは、アムステルダム条約において条約上の根拠（一二八条）をもって導入された「ヨーロッパ雇用戦略（ＥＥＳ）」の枠組みである。この枠組みは、雇用政策について、加盟国がそれぞれの政策・制度上の独自性を維持しつつ、なおかつ共通の政策目標の実現を図るためのものである。具体的には、欧州理事会が共通の政策ガイドラインを設定し、それに対して各国がその共通目標を実現するための「ナショナル・プラン（Naps/employment）」を発表、欧州委員会と欧州理事会は共同レポートでそれを評価し、さらに加盟国同士のピア・レビュー（相互評価）もすすめる、というものである。「ヨーロッパ雇用戦略」は、後にＥＵ社会的包摂政策の新しいガバナンスの柱となる「開かれた調整手法（Open Method of Coordination）」の原型を提供するものであった。

このガバナンスの新しいかたちと並んで、社会的包摂政策の内容に関しては、アムステルダム条約に先立って一九九七年に欧州委員会がまとめたコミュニケーション「ＥＵにおける社会的保護の現代化と改革」が重要であった。この文書は、社会政策は経済の重荷であるどころか「生産的要素」であり、経済と相乗的に発展できるものであるという視点を打ち出した。なおＥＵにおける社会的保護（Social Protection）というのは広義の概念で、公的扶助のみならず年金や医療なども含む。日本の表現で言えば、社会保障に近いものである。

さらに一九九九年七月には欧州委員会は、「社会的保護の協調的戦略」と題したコミュニケーションを発表し、働くことが報われる条件をつくり、年金を持続可能なものとし、質の高い高度な医療を実現するなどの多面的な目標を掲げた。この時に欧州委員会は、加盟国の関係各省庁からの委員によって構成される「ハイレベル・グループ」の設置を提案、これを歓迎した欧州理事会によって「社会的保護委員会」がスタートした。

このようにＥＵでは、アムステルダム条約の前後に社会保障の理念転換、新しいガバナンス手法の開発や制度の整備がすすんだ。こうした諸要素を総合しつつ、ＥＵの社会的包摂政策の画期となったのが、二〇〇〇年三月のリスボン欧州理事会で開始されたリスボン戦略であった。この理事会で採択された戦略目標は、ヨーロッパが次の一〇年で「世界で最も競争力がある、ダイナミックな知識経済となり、持続的な経済成長とよりよい雇用、そして優れた社会的な結束（Cohesion）を同時に実現していく」ということであった。そのための政策理念として打ち出されたのが社会的包摂の考え方であり、その実現のためのガバナンス手法が、先にも触れた「開かれた調整手法」であった。これは、雇用政策の領域ですでに導入されていた形式を他の政策領域にまで拡張したものであり、社会的包摂の領域では以下のようなかたちで進行した。

まず、社会的保護委員会がＥＵにおける社会的包摂の共通目標を設定した。その後に閣僚理事会と二〇〇〇年一二月のニース欧州理事会で承認された共通目標は、大きく四つの目標から成っていた。第一に、「雇用参加を促進し、すべての人々が資源、権利、財、サービスにアクセスできるようにする」ということである。ここで雇用参加は、就労の実現と権利の具体化という二つの側面で問題とされている。第二に、「排除へのリスクを防止する」ということで、知識社会において情報と教育へのアクセスを保障することや家族の紐帯を維持することが挙げられている。第三に、「最も弱い立場の人々を支援する」ということで、貧困、障害、ジェンダー、地域的事情などで排除されやすい人々や子供の支援を重視することが挙げられる。そして第四に、「関係する人々すべての動員」であり、排除されている当事者の声を汲み上げ、関係団体の対話を強め、関連する諸政策を社会的包摂という観点から連携させていくことである。

こうした共通目標をふまえつつ、当時の一五の加盟国は、社会的包摂を各国ですすめるため、二〇〇一年から二〇〇三年までの「ナショナル・プラン（Naps/incl）」を策定し、これを二〇〇一年夏に欧州委員会に提出した。各国間のピア・レビューを経て、この各国計画についての「包摂に関する統合レポート」が欧州委員会および閣僚理事会によって承認され、二〇〇一年一二月のラーケンでの欧州理事会において採択、翌二〇〇二年に公表された。また、このラーケンの理事会では、各国の計画達成の度合いを評価するための政策指標についても承認された。

さらに二〇〇三年には、社会的包摂のための「開かれた調整手法」は第二ラウンドに入った。各国が再びナショナル・プランを提出、二〇〇四年にはこれも前回同様に「包摂に関する統合レポート」が出された。そしてこの時期、同じ手法による政策形成が、社会的保護の他の領域、すなわち年金や医療・介護についても開始された。年金については二〇〇二年に各国の「戦略レポート」が提出され、これに対して、二〇〇五年に「適切で持続可能な年金に関する統合レポート」がまとめられた。医療・介護については、二五になった加盟国が二〇〇五年に簡潔な

「予備的政策ステートメント」を提出、二〇〇六年には社会的包摂、年金とも併せた「社会的保護と社会的包摂に関する統合レポート」が準備された。

さて、このように展開した「開かれた調整手法」は、各国の社会的排除との闘い、社会的包摂に多様なアプローチがあることを前提にしたものであった。同時に、この「開かれた調整手法」の目標設定やプロセス自体のなかに、社会的包摂についての異なった考え方の緊張関係が存在していたことが指摘されている。

たとえば二〇〇〇年に設定された共通目標にも、人々をまず就労に導くという視点と、包摂の前提となる権利を保障するという視点が混在していた。こうした違いは「開かれた調整手法」のサイクルごとにも現われた。「包摂に関する統合レポート」を分析したケネス・アームストロングは、二〇〇二年と二〇〇四年のレポートでは、総括の視点が異なっているとしている（Armstrong 2010）。すなわち、前者においては労働市場へのすべての人々の包摂が権利として打ち出され、社会的支援もより普遍主義的であるのに対して、後者では労働市場政策の対象は就労に「きわめて大きな困難」を抱えた人々とされ、支援についても「最も弱い立場の人々」に対象を絞り込む視点が前面に出ているのである。

さらには、「開かれた調整手法」が各国の政策をどこまで立ち入って評価するか、その度合いについても対立があると言われる。リスボンの欧州理事会では、欧州委員会は二〇一〇年までに児童貧困率を半減させるなど、数値目標を掲げることを提案していた。しかし、ニース欧州理事会で決められた共通目標はこうした数値目標を外したものであった。また最初の「包摂に関する統合レポート」に先だって、欧州委員会は加盟国の取り組みをランクづけしてグループ化したコミュニケーションを採択していたが、これも各国の批判を受けて統合レポートにはつながらなかった。

「開かれた調整手法」は、加盟国の多様性をふまえた新しいガバナンスを目指したものであったが、実はそれ自体のうちに、社会的包摂についてのアクティベーション的アプローチとワークフェア的アプローチの対抗が孕まれていたのである。

4　リスボン戦略の再スタート

ＥＵの社会的包摂戦略は二〇〇〇年代半ばから、大きな転機を迎える。まず政策の中身から言えば、リスボン戦略の中間レビューがおこなわれ、その見直しをめぐる議論が広がったことである。二〇〇四年一一月にはオランダ元首相を座長とするコック委員会が、社会的包摂の実現は経済成長と雇用拡大がもたらすものであるとするレポートを発表した。これを受けて二〇〇五年、バローゾ新委員長のもとで、欧州委員会はリスボン戦略の再スタートを宣言し、リスボン戦略が掲げた経済成長、雇用、社会的結束の三本の柱のうち、経済成長と雇用を優先する態度を打ち出した。背景には、ＥＵ拡大が社会的包摂政策のコストを高めるという懸念もあったとされる。

これに対して、社会的包摂に関わってきたヨーロッパのＮＧＯから強い反発があった。たとえば欧州反貧困ネットワーク（ＥＡＰＮ）は、欧州委員会が大企業の声だけに耳を傾けていると批判した。また社会的保護委員会も、こうした流れが成長や雇用を押し上げる投資としての社会政策固有の役割を軽視しているとコメントした。

一連の批判に加えて、さらに二〇〇五年春には、欧州憲法条約の批准がフランスとオランダで否決されるという事態も生じ、加盟国の市民が統合の進展に対する不安を強めていることも示された。こうしたなかで、ルクセンブルクでの欧州理事会は、改めて社会的包摂政策と社会的結束がリスボン戦略の要であることを強調した。

こうした動きに加えて、「開かれた調整手法」をめぐるガバナンスそのものについても転換があった。前述のように、「開かれた調整手法」は、経済政策、雇用政策、社会的包摂、年金、医療・介護についてのそれぞれ別の調整サイクルが平行して展開する複雑な仕組みとなっていた。これに対して二〇〇二年にバルセロナの欧州理事会は、多元的な調整プロセスを合理化し、相互に連携させるべきという考え方を打ち出した。これは「開かれた調整手法」の「効率的一体化（Streamlining）」と呼ばれる。その結果、まず経済政策と雇用政策について、二〇〇五年から各国が両者を一体化したレポートを提出し、二〇〇八年までの三年サイクルでの調整を開始することが決められた。

つづいて二〇〇三年五月に欧州委員会は、社会的包摂、年金、医療・介護という社会的保護の三領域でも、「開かれた調整手法」の効率的一体化をすすめるべきとし、二〇〇八年からは三年サイクルに入ることが決められた。これは、経済政策および雇用政策についてのサイクルと同調させるためであり、ＥＵの「開かれた調整手法」においては、もともとリスボン戦略で挙げられていた経済、雇用、社会的保護という三つの柱をより緊密につないでいくことになった。

加盟各国は、社会的保護領域について「戦略レポート」の提出を求められ、二〇〇六年にはその最初のレポートが各国から提出された。これに対して欧州委員会と理事会は、これも三つの領域を包括する「社会的保護と社会的包摂に関する統合レポート」をまとめることになる。

このように経済、雇用、社会的保護（社会的包摂）の効率的一体化がすすめられたことは、再スタートしたリスボン戦略にきわめて両義的な意味をもつことになった。一方では、経済および雇用と社会的包摂とのより緊密な連携が求められるなかで、先に述べたように、社会的包摂を経済や雇用の結果に依存する従属変数に格下げしていく圧力が働き続けることになった。

だが、リスボン戦略の再スタートをめぐる変化は必ずしも後ろ向きなものばかりではない。二〇〇六年三月の欧州理事会では、新しいプロセスに対応して、社会的保護の諸領域を架橋する三つの共通目標が設定された。要約すれば、①適切な社会的保護体制と社会的包摂政策によって社会的結束、男女平等、すべての人々に対する機会の平等を実現すること、②成長、雇用、社会的結束に加えて持続可能な発展戦略が相互に連携すること、③政策の執行と点検を透明化しすべての関係者が関与すること、である。

こうした目標に沿いつつ、各国のレポートと「ナショナル・プラン」の達成状況を評価する基準となる政策指標も、ラーケン指標からの発展が図られた。まず、高齢世代の中位所得や所得代替率、健康ニーズの充足度など、三つの領域に跨る総合的な指標がつくられた。経済成長が可処分所得の増大に与えた影響や、就労者の貧困率など、経済成長や雇用の拡大が社会的排除との闘いに実際にどれだけ貢献しているのかを示そうとする指標も盛り込まれた。「社会的保護と社会的包摂に関する統合レポート」も、たとえば二〇〇八年には子どもの貧困率改善のための各国の取り組みをランキング化するなど、これまで避けてきた方法に踏み込むような展開が見られた。

5　包摂型の成長戦略へ

様々な国や立場が「相乗り」して具体的内容については振幅を見せてきたEUの社会的包摂政策は、リスボン戦略の総括とリーマン・ショックが重なるなかで、さらに新しい展開を迎えた。

「開かれた調整手法」のなかで「統合レポート」が示してきたところによれば、二〇〇一年から二〇〇七年までのEU二七カ国の平均成長率は二・一％であったにもかかわらず、EU人口の約一六％に相当する八千万人が中位所得の六割に満たない相対的貧困にある。さらにリスボン戦略の再スタートにあたって新たに政策指標に組み込まれた就労者の貧困率（ワーキング・プアの割合）も上昇しており、雇用の質にも問題があることが示されていた。ここにリーマン・ショックが引き起こした深刻な経済状況が加わり、危機感が強まった。

こうした現実への関心が高まるなかで、欧州委員会および欧州議会は、既述のように二〇一〇年を「貧困と社会的排除と闘うヨーロッパ・イヤー」とすることを決めた。社会的排除の現実や基本的人権についての認識を高め、すべての関係団体の連携を強め、各国の取り組みを促す様々な活動がおこなわれた。ヨーロッパの市民社会では、欧州環境ビューロー（EEB）、欧州労連などの諸団体がスプリング・アライアンスというネットワークを起ち上げ、社会的包摂政策が経済競争力の重視に一面化することへの批判を強めた。

こうしたなかで、二〇一〇年三月、欧州委員会はリスボン戦略以後の次の一〇年を展望する新しい成長戦略である「ヨーロッパ二〇二〇」を公表した。「ヨーロッパ二〇二〇」は、「知的（smart）で、持続可能（sustainable）で、包摂型（inclusive）の成長」という目標を掲げた。知的であるとは、知識とイノベーションに依拠した経済であること、持続可能ということは資源効率が高く、環境保護的でかつ競争的であること、そして包摂的とは就業率が高く、経済的・社会的・地域的結束をもたらす経済であること、と定義される。ここには、成長や雇用と社会的包摂を連携させるという、リスボン戦略以来の理念が改めて示されたが、二つの点で新たに重要な展開があった。

一つは、リスボン戦略と「持続可能な発展戦略」との連携が模索されつつある、ということである。実は、リスボン戦略が採択された翌年のイエテボリにおける欧州理事会において、リスボン戦略が掲げた成長、雇用、社会的結束にさらに環境を加えて、四つの柱で持続可能なEUを構想するという視点が打ち出されていた。成長、雇用、社会的包摂に、さらに環境を加えるというのは、一見過剰な目標にも見える。しかし今日、再生可能エネルギーへの転換が、新しい雇用の創出につながっていることを考えると、この第四の目標は、他の三つの目標を連携させる触媒となる可能性もある。

もう一点は、この「ヨーロッパ二〇二〇」が、初めて社会的包摂と貧困削減についての具体的な数値目標を掲げたことである。すなわち、この戦略はCO_2排出量の二割削減などと並んで、二〇二〇年までに二〇〇〇万人を相対的貧困から脱却させ、二〇歳から六四歳までの就業率を七五％にすること、さらには義務教育の中途退学者を一〇％以内として、若い世代の四割以上に高等教育を修了させることなどを目標として掲げた。とくに八〇〇〇万人の相対的貧困層の四分の一を削減しようという数値目標を掲げたことは大きな意義がある。

ＥＵにおける社会的包摂の具体的な中身については、労働市場への形式的包摂を重視するワークフェア型か、あるいは生活の実質的保障に力点を置くアクティベーション型かという緊張関係を孕み、リスボン戦略からその再スタートへ、さらには「ヨーロッパ二〇二〇」戦略へと、複雑に揺れている。加えて、社会的包摂のための具体的なアプローチについては、各国レジームの経路依存的発展を尊重しつついかにＥＵ全体の目標追求をおこなうかという、新しいガバナンスへの挑戦が続けられている。

一五歳から六四歳までの生産年齢人口の割合が減少し、さらに就業率も低迷している日本が、高齢化に対処し経済停滞を乗り越えるためには、老若男女を問わず、一人でも多くの人々が社会参加を果たし生活形成できる条件が求められる。だからこそ今日の日本が、社会的包摂をめぐるＥＵの二〇年の苦闘から汲み取るべきことは多い。

第10章　グリーンな社会的包摂は可能か——脱生産主義的福祉をめぐって——

福祉政策が課題としてきた社会的再生産、経済政策が追求した経済財政の安定と成長、そして環境政策が目指す自然環境の持続可能性が、いずれも困難に陥っている。経済財政の危機が、福祉政策の展開を難しくする一方で、環境負荷の高い産業構造の転換を遅らせるなど、それぞれの問題が絡み合い、相互に制約要因となるかたちで困難が深まっている。

本章は、二〇世紀型福祉国家の転換と社会的包摂の浮上という大きな文脈のなかで、福祉、経済、環境のこれからの関係を展望しようとしている。とくに、福祉政策と環境政策の新しい連結を目指す脱生産主義的福祉と社会的包摂の考え方が、経済の持続的成長の見通しともむすびつくことに注目し、ここに福祉、経済、環境が連結する新しい可能性を見出そうとしている。

以下、本章ではまず二〇世紀型福祉国家における福祉、経済、環境の関係を振り返った上で（第一節）、福祉、経済、環境のそれぞれ二項間では相互の両立を目指す新しい戦略が現れていることを指摘する（第二節）。その上で、脱生産主義福祉と社会的包摂の考え方と出自と展開を追い（第三節、第四節）、その実現のためにいかなるガバナンスが求められるかを検討する（第五節）。

1　二〇世紀型福祉国家と生産主義

福祉の実現、経済成長、自然環境の保全は、これまで同時実現が困難とされることが多かった。その背景には、二〇世紀において先進国の人々の生活を支えた福祉国家のかたちがあった。

二〇世紀型福祉国家

二〇世紀型福祉国家は、不断の経済成長の余剰を累進的税制と現金給付を軸とした社会保障によって事後的に再分配する仕組みであった。この仕組みは、まず資源大量消費型の重化学工業の成長に依存をしていた。資源大量消費型の重化学工業を支えたのは、先進国と資源国の非対称的関係をとおして調達される廉価な一次産品やセブンメジャーズが支配する低価格の原油であった。GATT（関税および貿易に関する一般協定）は、自由貿易の名のもとにこの非対象的関係を制度化した。GATTの締結に向けた交渉過程において、ケインズらイギリス国務省グループの案には途上国一次産品の価格保障制度の構想なども見られたが、結局それは受け容れられなかった（奥 2001）。

廉価な資源に依拠した先進国の重化学工業は、大量生産・大量消費のいわゆるフォード主義的な経済システムを実現していった。この大量生産・大量消費の経済システムによる成長の上に成り立ったのが二〇世紀型福祉国家の社会保障の仕組みであった。その制度は、重化学工業・製造業の男性労働者に典型的なライフサイクルを想定し、成長経済のなかで彼の雇用が安定し家族を扶養できることを前提に設計されていた。したがって社会保障の主要な機能は、男性稼ぎ主の勤労所得が、労災、疾病、失業、退職などによって中断された際に、それを社会保険によって代替することであった。

この仕組みが円滑に機能するためにも、政府は、大量生産・大量消費の経済システムに伴う景気循環に対してケインズ主義的な経済政策で対応し、男性稼ぎ主の雇用が持続する条件を確保した。たとえば、不況期に大規模な公共事業で景気を浮揚させ雇用を安定させることは、経済政策の重要な役割であった。また、社会保障の制度そのものも、好況期には累進的税制が経済余剰を吸収し、不況期には各種の給付として所得を補強するという意味で、景気循環を調整する経済的機能を担っていた。

二〇世紀型福祉国家における社会保障は、経済成長の余剰によって賄われるものでありながら、社会保障が勤労者の所得を安定させることは、大量生産・大量消費の経済システムが持続するための条件でもあったのである。

生産主義という共通項

二〇世紀型福祉国家については、労働運動や宗教勢力など、多様なアクターが社会的平等の達成や家族の紐帯維持など様々な目標を掲げて社会保障制度の導入を図ってきた。その結果、二〇世紀型福祉国家のあり方にも、バリエーションが生まれた。

エスピン－アンデルセンのよく知られた類型論をふまえて言えば、労働運動の影響力が強くて社会的平等のすすんだ北欧型（社会民主主義レジーム）、キリスト教民主主義の影響が強かった大陸ヨーロッパ型（保守主義レジーム）、労働運動が弱体であったか、あるいはしだいに影響力を減じて、市場原理が前面に出たアングロサクソン型（自由主義レジーム）といった分岐である（Esping-Andersen 1990）。

だがいずれのタイプであろうと、二〇世紀型福祉国家は、前述のように経済成長依存の生産主義的な性格を共有していたのである。自由主義レジームを代表するアメリカの社会保障が、先にも触れたフォード主義的な生産体制や市場主義経済と深くむすびついて形成されてきたことは様々に指摘されている（Aglietta 1979）。

他方で、北欧の社会民主主義レジームは、アメリカの社会保障とは対照的に、市民の社会権を強化し労働力商品の市場依存性を弱める「脱商品化」をすすめた。だがその一方で社会民主主義レジームは、労働市場を流動化しながら生産性の高い部門に労働力を送り込むことを重視した。脱商品化の条件のもとでの積極的労働市場政策は、共同決定法など生産の現場における労働者参加を促進した。脱商品化と生産主義的福祉は矛盾するものではなかったのである。それゆえにエスピン－アンデルセンは、北欧の社会民主主義レジームを「生産主義」と呼んだ（Esping-Andersen 1999：80）。

福祉国家として後発的であった東アジア諸国にも、より顕著な生産主義的性格が指摘されている。第四章で詳しく見たとおり、そこではまず近代化と経済成長が優先される必要があり、福祉政策あるいは社会政策は、「開発補完型社会政策」（Deyo. 1992：304）とならざるをえなかった。したがって、欧米諸国との対照で東アジアの福祉レジームを固有のタイプとして抽出しようとしたハリデイは、その特質を社会政策が成長のための経済政策に従属しているという事実に求めた。この点で、東アジアの福祉レジームは、エスピン－アンデルセンの言う三つの世界に続く第四の世界、すなわち「生産主義的福祉」の世界であるとされるのである（Holliday 2000）。

たしかに日本を見ると、公共事業などの経済政策が所得保障の機能を引き受けてきた（宮本 2008a）。日本的経営が男性稼ぎ主の生活保障をおこないその家族を支えたことを含めて、社会保障や社会政策よりも、市場における一次的所得を安定させることを優先させてきた。ここには生産と雇用の確保を先行させる仕組みがあった。ただし、二〇世紀型福祉国家に関する限り、他の「三つの世界」にも生産主義が見られたこともまた事実で、その点でハリディの第四類型のネーミングには、ミスリーディングな面がある。

生産主義的福祉の危機

生産主義的な性格をもった二〇世紀型福祉国家は、大きな困難に直面している。環境への負荷増大という問題を除いて、経済成長を支えた仕組みに限定しても、三点を挙げることができよう。

第一に、重化学工業を基礎とした持続的成長の条件が解体してしまった。一九七三年に勃発した第四次中東戦争を契機に原油価格が四倍化するなど、資源ナショナリズムに火がつき、先進国と資源国の力関係が変わりはじめる。資源国の多くは新興市場諸国として台頭し、もはや先進国は廉価な資源に依拠した成長を期待できなくなってしまう。

このことと平行して、国境を越えた資本移動が活発化し、資本移動を統制してケインズ主義的な経済政策を可能にしていたブレトンウッズ体制もまた崩壊していく。アメリカを中心とした先進国は、一方ではこのことを逆手にとって、金融部門に重点を移し、規制緩和をとおしてその収益を向上させる戦略をすすめる。ワシントンコンセンサスと呼ばれることになるこの金融資本主義化の戦略は、いわゆる新自由主義の政治経済路線の基盤となっていく。

第二に、持続的成長を与件としていた男性稼ぎ主の安定雇用と彼が扶養する家族の凝集性が解体していく。二〇世紀型福祉国家は、その類型の如何を問わず、多かれ少なかれ雇用と家族というユニットに依拠してきた。重化学工業を基礎とした経済成長の果実は、男性稼ぎ主の安定雇用と彼が扶養する家族という回路を通って社会に均霑《きんてん》していったのである。ところが、先進国経済が金融とサービスにシフトしていくなかで、男性稼ぎ主の安定雇用は揺らぎ、労働市場は流動化していく。また、サービス経済化に対応しつつ男性稼ぎ主の勤労所得を補完する女性の雇用が増大するなかで、家族の変容もすすむ。もはや社会保障の制度は、安定した雇用と家族を当然の与件として組み込むことはできなくなったのである。

第三に、以上の帰結として、労働市場からの斥力が増していく。労働生産性の向上に伴い、現行の生活水準を維持するのに必要な労働時間は一貫して減少してきた。少子高齢化が進行するにもかかわらず、先進国の就業率は全体として減少傾向にある（Rifkin 1995）。労働市場からの斥力が増すことは、福祉国家にとっては課税ベースの縮小を意味する。さらに、労働市場の外部にある人々への失業給付や公的扶助が増大することで、福祉国家の財政が圧迫されることになる。各国の成長が鈍化していくこととあいまって、福祉国家の財政危機は深化し、生産主義的福祉の基盤は揺らいでいくのである。

2　福祉・経済・環境の二項間連結

福祉・経済・環境のトリアーデ

二〇世紀型福祉国家は、以上のように経済、福祉、環境が相互に緊張関係に立ちながら、危うい均衡を維持していく仕組みであった。すなわち自然環境への負荷が高い重化学工業によって経済成長を実現しつつ、その成果に基づいて社会保障への財源を確保するという仕組みである。ところが、グローバルな市場経済の変容が先進国のサービス経済化をすすめるなかで、このような均衡を可能にしていた条件そのものが失われてしまった。

それゆえに、先進国のなかでは高止まりする失業率、広がる格差や貧困、出生率の低下や社会的孤立化など、経済や社会保障の機能不全を示す現象が次々に惹起し、他方で地球環境の持続可能性についても深刻な見通しが示されるようになった。経済、福祉、環境は、均衡どころかそのいずれもが危機に陥ってしまったのである。

こうした危機のなかで、経済、福祉、環境の諸政策を相互に支え合うかたちで新たなかたちに組み直すことは可能なのか。経済や雇用と社会保障の関係をいかに組み替え、また自然環境との関係をどのように再設計していくのか。一見きわめて困難に見える課題であるが、実はこの三つの領域のなかで、いずれか二つの領域間の連携を強め、相互の機能を回復していこうとする戦略は、いくつかのかたちで提示されてきた。議論の配置は、たとえば図10-1のように示すことができよう。

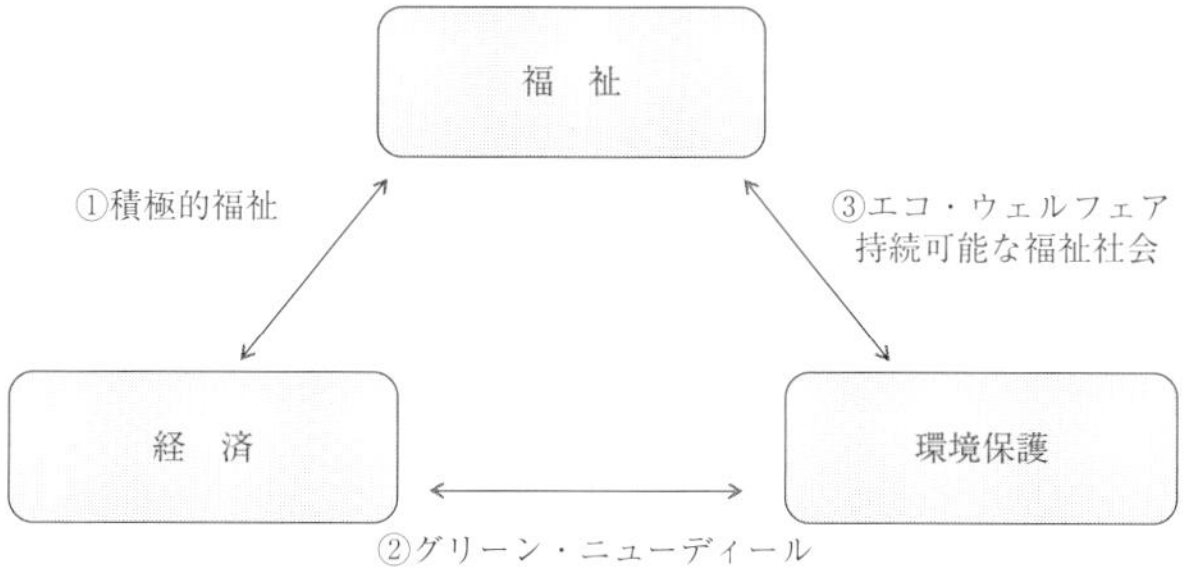

図10－1　福祉・経済・環境の２項間連結

（出所）筆者作成。

ここでは多様な諸制度を括り直して、世代の再生産を図る福祉領域（社会保障、教育）、社会経済の再生産を目指す経済領域（雇用、経済）、自然環境の再生産に関わる環境保護領域に区分して議論を続けよう。

福祉と経済

まず、二〇世紀型福祉国家の危機が進行するなかで、社会保障と経済、雇用をいかにむすびなおすか、つまり図10‐1の①の連携が議論の焦点となった。二〇世紀型福祉国家のなかでも、社会保障を困窮層に対する公的扶助や高齢層に対する年金給付に限定してきた国は、社会保障と経済が背反することが多かった。これに対して、先にも触れたように北欧諸国は、大きな社会保障と経済成長を両立させてきた。

北欧がこの連携に成功したのは、公的職業訓練、生涯教育、保育や介護のサービスなど、人々の能力を高め、社会参加を広げる社会的包摂志向の社会保障によって経済成長を支えてきたからである。折りしも、これまでの雇用と家族のまとまりが揺らぎ、人々の就労を支援したり、子育てや介護を支える必要は大きく高まっている。またこうしたサービスが新たな雇用の場として期待されるようになっている。

北欧の経験もふまえながら、アングロサクソン諸国においても、社会保障の基軸を就労支援に置き経済効率を高めようとする社会的包摂戦略が追求された。ブレア政権によって掲げられた「第三の道」路線は、社会保障を「積極的福祉」として位置づけ、その経済効果を高めようとするものであった（Giddens 1998）。

日本でも、菅政権が日本型の「第三の道」を掲げ、あるいは強い経済と強い財政につながる「強い社会保障」を唱えるなどの動きがあった。急速に解体の道を辿る日本型の政治経済には、男性稼ぎ主の雇用を安定させながら経済を拡大し、勤労所得で家族を扶養させることで、そこに社会保障の機能も代替させる仕組みがあった。この仕組みが機能停止するなかで、新たに社会保障の機能強化をすすめつつ、社会保障と雇用、経済を相乗的に発展させるアプローチが模索されているのである。

社会保障と経済の好循環を実現するのは三つの回路である。第一に、社会保障が人々の能力を伸ばすことで脱工業化した経済の競争力を高める。保育サービスが良質な就学前教育を供給すれば、いかなる家計状況のもとに生まれても、将来の職業生活に対応できる基本的認知力が育つ。積極的労働市場政策による公共職業訓練や学校教育の外部での生涯教育などの役割も大きい。

第二に、社会保障が参加と就労を広げることで家計所得が増大し、公的扶助のコストなどを削減する。さらに第三に、社会保障の提供する安心は、高齢者などの消費支出を拡大することにつながる。経済成長が自動的に社会に均霑していく「トリクルダウン」の回路が解体したなかでは、こうした条件づくりで、成長を押し上げていくことこそが肝要なのである。

経済と環境

次に、経済・雇用の拡大と温暖化防止などの環境課題の間においても、両者を背反的な関係と決めつけるのではなく相乗的な関係へと転換していく、図10-1の②の連携が論じられている。二〇世紀の経済は、廉価な一次産品と石油に依拠した重化学工業の成長に牽引されたものであった。しかしながら、先進国と資源国の力関係の変化を背景にした資源価格の高まりが中間投入物のコストを押し上げ、とくに競争部門において限界利益を減少させ、結果的に人件費の削減を強いている。

水野和夫によれば、日本の製造業は一九九八年から二〇〇七年で四八・八兆円の売り上げ増があったが、五二・四兆円の中間投入物費用増（資源高）で利益は三・六兆円減じた。これが日本の成長率を下げる結果になったが、鉱物性燃料を一〇％節約して自然エネルギーに代替できれば、実質ＧＤＩ（国内総所得）成長率は一・二％増大することが予想される。化石燃料エネルギーへの依存を減らし、あるいはエネルギー効率を高めることが、企業の利益確保となり、直接に間接に雇用を拡大することにつながるのである（水野 2011）。

アメリカでオバマ大統領が掲げて注目を集めることになったグリーン・ニューディールという考え方も、経済成長と環境課題の新たな連携を示すものであった。再生可能エネルギーの生産を倍増させ、併せて新しい配電網（スマート・グリッド）の整備をすすめる。ソーラーパネルや風力タービンを取り付ける仕事、あるいは燃費のよい自動車を製造し省エネビルを建設する仕事を大量につくりだすことで、温暖化ガスの排出を抑制する事業を雇用と経済の拡大にむすびつける。こうしてつくりだされる「グリーン・ジョブ」は、中短期の職業訓練によって習得可能で、また地域の生活施設に密着する点で海外移転が困難な仕事である（Jones 2008）。再生可能エネルギーの固定価格買取制度や環境税によって、こうした投資へのインセンティブを強めることが、政府の重要な役割になる。

先に社会保障と経済成長との①の連携を強めるために、公的職業訓練などの支援型の公共サービスの役割が高まっていることを述べた。こうした連携がグリーン・ジョブの拡大と定着に連動すれば、ここには①の連携がこの②の連携とつながっていく道筋が見出される。

社会保障と環境

さらに、社会保障・教育と環境の間の図10-1の③の連携についても新しい模索が始まっている。「脱生産主義的福祉」（Goodin 2001）、「エコ・ソーシャルウェルフェア」（Fitzpatrick 2003）、「持続可能な福祉社会」（広井 2006a）といった新しいビジョンは、自然環境の持続可能性と両立する社会保障のあり方を目指したものである。

二〇世紀型福祉国家は、その類型の如何を問わず生産主義的な性格を帯びていたが、物質的成長とその果実を福利（well-being）と受け止める条件そのものが変化していく。これまで人々の豊かさの象徴であった耐久消費財市場はしだいに飽和し、情報通信革命を支えた情報端末も行き渡るようになると、これに代わって有意義な「時間の消費」や社会関係の形成に対する人々の関心が高まる。

二〇世紀型福祉国家のもとでの人々の生活は、家族的紐帯や地域の共同体的つながりなど、多様なコミュニティの存在に支えられてきた。人々はこうした社会関係に支えられていたからこそ、所得やモノの消費に関心を集中することができた。ところが、まず家族をはじめとしたコミュニティの解体がすすみ、他方で労働市場が流動化するなかで、人々はいわば剥き出しの個人となって安定した居場所を失う。それゆえに、労働時間の短縮やワークライフバランスの追求などをとおして、人々が多様なコミュニティに参加し有意義な時間を過ごす条件を形成する社会的包摂が、社会保障と福祉の重要な課題となっていくのである。

近年の幸福研究の視点による社会意識分析が示す変化も、「脱生産主義的福祉」の可能性を高めている。最近ではフレイの研究が示しているように、所得水準が一定を超えた時から、人々の幸福感を決定する重要な要因として、雇用や家族あるいは地域におけるつながりの重要性が増す。人々の幸福感を大きく損なうものは失業であり、そのダメージは失業手当の給付によって回復されるものではない。失業が人々を社会的な相互承認の関係から切り離してしまうという事実こそ、失業が引き起こすダメージの源なのである（Frey 2010）。

脱生産主義的福祉の可能性は，このように所得フローよりもストックに重点を置き，人々の生活基盤を提供していくことが社会保障の課題となるなかで芽生えているのである。また社会保障の財源についても，雇用への課税から地球温暖化ガス排出など資源消費への課税へのシフトをすすめることが求められるようになっている（広井 2006b）。

3　脱生産主義的福祉のビジョン

脱生産主義的福祉

福祉，経済，環境のそれぞれ二項間を連結しようとする三つの戦略を見たが，以上の検討はたとえば福祉と環境を連結する脱生産主義的福祉の戦略が，安定した経済との連結を実現するならば，福祉，経済，環境のトリアーデを完成させていく見通しが強まることを示している。

こうしたビジョンを掘り下げるために，まず脱生産主義的福祉をめぐるこれまでの議論を振り返っておきたい。近年の比較福祉国家研究において，これまでの生産主義的福祉そのものと区別して，脱生産主義的福祉の可能性を追求する議論が，グッディンやヴァン・デル・フィーンとグロートらによって展開されている（Goodin 2001 : Van der Veen and Groot 2005）。

グッディンによれば，二〇世紀型福祉国家はいずれのタイプであれ，生産主義的福祉の性格が濃厚であった。たしかに，アングロサクソン型は「福祉よりも就労（Work, not Welfare）」を，大陸ヨーロッパ型は「就労を通しての福祉（Work through Welfare）」を，さらに北欧型は「福祉と就労（Welfare and Work）」の連携を強調するという相違はあった。しかしながら，いずれも福祉国家の受給者となるにあたって就労を強く求めるという点では共通していた。雇用によって社会保障を代替した日本など東アジアの事例では，生産主義的福祉の傾向はよりいっそう明確であった。

これに対してグッディンが注目するのは，オランダ福祉国家の動向である。パート労働の賃金や社会保障の受給権をフルタイム労働と同権化してワークシェアリングを実現してきたオランダでは，就業率が低く総労働時間が少ないにもかかわらず，貧困率が抑制されている（水島 2008）。いたずらに労働市場への動員をかけることなく，一定水準の福祉を実現している。これは「就労を要件としない福祉（Welfare without Work）」とも言うべきかたちである。ここにグッディンは，脱生産主義的福祉の可能性を見出すのである（Goodin 2001）。

「エコロジー的近代化」と「全面活動社会」

脱生産主義的福祉が，自然環境の持続可能性と社会経済の持続可能性とのバランスをとることができるとすれば，それはどのようにしてであろうか。いくつかの水準での議論がありえよう。

人々が労働市場の外にある時間を延ばしていくことができれば，それはモノの消費ではなく「時間の消費」を拡大することになる。ここには環境負荷の少ない対人サービス産業が伸張する条件が生まれる。また，その時間が人々の知識や技能を伸ばしていくことにつながるならば，知識産業へのシフトが促進されよう。化石燃料などの消費に課税する環境税の導入は，省エネルギー志向の技術投資を促しつつ，産業構造の転換を加速することになる。つまり，産業社会の抜本転換よりも高度化によってその持続可能性を高めようとする戦略であって，ドイツなどを中心に展開されてきた「エコロジー的近代化」論はこうした考え方を集約したものと言えよう（Jänicke 2008：長岡 1996）。

これに対して，産業社会のあり方，とくに人々の働き方をもっと根本的に改革しようとするビジョンもある。

ローマクラブに一九九六年に提出されたジアリーニとリートケによるレポート「雇用のディレンマと労働の未来」は、雇用労働時間の短縮が可能にする、新しい社会的活動の重層構造を論じている（Giarini and Liedtke 1996）。

このレポートでは、対価を伴う有償の仕事（remunerated work）に比べて、対価を伴わない仕事（unremunerated work）の比重が増すことがまず強調される。対価を伴わない仕事はさらに、他者の問題解決などに向けられる無償の仕事（non-monetised work）と自分自身のための問題解決、学習、癒しなどにあてられる活動（non-monetarised work）に区分される。

対価を伴わない仕事のうち、前者の無償の仕事は、ヴォランティア活動や様々なアソシエーション、非営利組織などをとおして提供され、他の人々の問題解決に資するものである。貨幣によって媒介される度合いは少ないが、有償の仕事と同様に、人々の間の相互性が前提となっている。これに対して、自分のための活動は、かつての農業社会で自分と家族のための自給自足の活動としておこなわれていたものに相当する。農業社会から工業社会を経てサービス社会が到来するなかで、サービスの利用者が部分的に自らサービスの生産に関わる消費活動、たとえば学習、癒し、スポーツなどが復権している。

このローマクラブレポートは、有償の仕事については、自治体が週二〇時間の就労を人々に保障し、そのことを通して最低生活保障が実現するように制度設計することを提案する。自治体が公共部門などでいわば「ベーシックワーク」ともいうべき就労条件を提供するのである。このベーシックワークを利用せず、通常の労働市場でより長い時間働く人々も当然たくさんいる。だがいずれの場合も、無償の仕事や自分のための活動に割く時間が拡大していくであろうというのがこのレポートの見通しである。これからは、三つのタイプの仕事が、多様なかたちでむすびつきながら日々の問題を解決していくことを可能にするのである。

第二章でも触れたウイリアムズとウィンデバンクの言い方を再度借りれば、これまでの「完全雇用社会」が実現困難度を増すなかで、多くの人々が雇用労働以外の多様な回路をとおして社会のニーズに対処していく「全面活動社会」への転換をすすめることが課題として浮上しているのである（Williams and Windebank 2003：90：福士 2008）。

4　脱生産主義的福祉と社会的包摂

二〇世紀型福祉国家の危機に対処するビジョンとして、生産主義的福祉を再構築する方向に加えて、脱生産主義的福祉の方向が選択肢となる可能性を述べた。次に、もう一段具体的な政策の次元で、こうした分岐がとるかたちを見たい。

社会的包摂の場と手段

二〇世紀型福祉国家の生産主義が機能不全に陥ったのは、労働市場からの斥力が増したことに端を発する。その結果として社会から排除される人々を社会に組み込んでいこうとするのが社会的包摂という考え方である。ただし、社会的包摂を唱えていても、その具体的な政策のあり方は立場により異なってくることは本書で述べてきたとおりである。それでは、脱生産主義的福祉という方向に沿った社会的包摂はどのようなものか。序章と第二章での議論をふまえて、整理のために以下のような枠組みを設定したい。

まず社会的包摂と言う時に、そこで議論されているのがいかなる場への包摂なのか、という問題がある。包摂の場として、一般に想定されるのは労働市場への包摂すなわち就労である。しかし、包摂の場を労働市場に限定して考えていくことは、生産主義的福祉が今日直面している困難を考えると限界もある。また就労が困難な人々も多数存在する。さらには、労働市場の外部で教育を受けたり、育児や介護に携わったり、あるいは様々な地域活動に参加することが保障されていなければ、そもそも労働市場に主体的に参加していくことも難しくなろう。したがって

表10－1　場と方法で見る社会的包摂の政策事例

包摂の方法	包摂の場	
	Ⅰ　労働市場	Ⅱ　地域社会・家族
①参入義務	公的扶助受給に就労義務	「ラーンフェア」
②参入支援	職業訓練，保育サービス	ワークライフバランス政策
③参入報償	勤労所得税額控除	「市民賃金」

（出所）筆者作成。

今日、社会的包摂についての議論が労働市場への動員戦略になることを批判し、人々が労働市場の外の地域社会や家族において活動的であることの意義を説く議論も多い(Jordan 1998)。

他方で、包摂のためにどのような手段をとるかが問題となる。これについては、第一に、労働市場であれ地域社会や家族であれ、その場にあることを義務づけ、あるいはその外部に留まることにペナルティを課すアプローチがある。たとえば職業紹介された就労を拒否した場合に公的扶助や失業給付を減額したり差し止めたりすることがその例で、これは「参入義務」と呼ぶことができる。

第二に、その場に参入することについての困難や障害を取り除くアプローチがある。たとえば、労働市場に参入する条件を欠く場合の職業訓練や保育サービスがそれである。これを「参入支援」と呼ぼう。

そして第三に、それぞれの場にあることの見返りを高めるアプローチがある。労働の対価を高めたり、市民活動に対する報償を提供したりするなどのアプローチである。これを「参入報償」と呼ぼう。二つの包摂の場と、三つの包摂の方法を組み合わせると表10-1のようなマトリクスが現れる。

労働市場に関する参入義務（Ⅰ①）は一般にワークフェアと呼ばれる。その典型的な事例とされるものに、たとえばアメリカのＴＡＮＦ（暫定的困窮世帯扶助）がある。一九九六年に実現したこの制度は、ひとり親世帯の公的扶助の受給資格として就労を義務化し、週に三〇時間以上の就労を求めた。日本でも、たとえば全国知事会・市長会が二〇〇六年一〇月に「新たなセーフティネットの提案」を発表し、生活保護に期限をもうけることを提唱した。

次に労働市場に対する参入支援、すなわちⅠの②に当たる政策やプログラムとしては、技能や知識の欠落に対処する職業訓練や、とくに女性の就労を促進するための介護や保育の支援サービスが挙げられる。第一章でも詳述したとおり、アメリカでは民主党系リベラルがⅠ①型のワークフェアに反発したが、他方で労働市場の外部に公的扶助の受給者が滞留していく現実を放置することはできなかった。そこで就労の義務化よりもⅠ②型の参入支援やⅠ③型の参入報償に力点をおいた政策を提唱するようになった。デヴィッド・エルウッドのようなリベラル派の研究者や、その影響を受けたビル・クリントンらいわゆるニュー・デモクラッツが選択した路線である（Ellwood 1988）。

エルウッドやクリントンも重視したⅠの③つまり労働市場の誘因形成として、これも何度か言及してきたとおり、就労を条件としておこなわれる給付付き税額控除の制度がある。クリントン政権下でワークフェア型のTANFが導入されたとき、クリントン自身はⅠ②型の就労支援政策の大幅な拡充を目指したが、下院で多数を占める共和党保守派の抵抗もあって、それは実現しなかった。代わってクリントンは、この給付付き税額控除について、その給付水準を大幅に改善したのである。あるいはニュー・デモクラッツの影響もあって「福祉から労働へ」の福祉改革をすすめたイギリス労働党政権は、併せてイギリスに最低賃金制を導入した。

さらにより広く環境的な誘因を考えると、職務の拡張や拡充などの労務管理的なインセンティブ付加の制度に加えて、共同決定法などの経済民主主義拡大の政策がある。かつて職場におけるアブセンティズム（就労忌避）が拡がったときに、ヨーロッパの社会民主主義が職場の誘因形成手段として力を注いだのは、こうした経済民主主義の拡張であった。

さて、次に包摂の場を地域社会の多様なアクティビティなど労働市場の外部に求めるアプローチを考えてみる。これに対する参入の義務（Ⅱ①）というのは考えにくいように思われるが、アメリカのウィスコンシン州などでは、子供の授業への出席日数が足りない場合に親の公的扶助を見直す規定があり、「ラーンフェア」と呼ばれる。またそこまでトリッキーな例を引かないまでも、日本における伝統的共同体や結婚（家族）制度には、そこに参入しないことに対する様々な社会的ペナルティが暗黙のかたちで機能していたことを想起すればよい。そしてこうした規範が空洞化すると、ボランティアへの参加義務を制度化するという形容矛盾ともとれる議論が現れた。

地域社会への参入支援（Ⅱ②）とはどのようなものか。コミュニティや家族に加わって有意義な時間を過ごすことが困難であるという場合、その要因は大きく括ると二つになる。一つには、当事者が様々な身体と心の弱まりから活き活きとした生活を送る条件にないという場合で、ここでは生活自立のための支援サービスが求められる。もう一つは、職場への拘束時間が長くまた心身への負担も大きく、コミュニティや家族に参加する能力や意欲はあってもそれが実現しない、という場合である。ここでは、労働時間短縮をはじめ、ワークライフバランスを達成するための政策や制度が必要となる。

最後に、地域社会への参入報償（Ⅱ③）のための政策や制度である。まず経済的な誘因形成のためには、コミュニティや家族における無償労働を経済的に評価する仕組みが構想されている。たとえばベックは、ベーシックインカムの一種として地域での自主的な活動を条件に給付される「市民賃金」を提唱している（Beck 2000：143）。また、職場における就労環境の改善や経済民主主義の拡充で環境的な誘因形成を図ろうとする発想は、コミュニティや家族にも適用可能である。コミュニティや家族が、名望家の権威や性的役割分業にしばられた窮屈な空間であることをやめ、人々の豊かな交わりの場となれば、そこには自ずと参加誘因が生じるからである。

社会的包摂の戦略分岐

さて、広義の社会的包摂を目指す以上の様々なアプローチは、二〇世紀型福祉国家が直面する問題群に対する処方策として提出されている。包摂の方法として本書は、ワークフェア、アクティベーション、ベーシックインカムを区別したが、第二章では、さらに包摂の場という視点から、新自由主義、生産主義的な新社民主義としての「第三の道」、そして脱生産主義的な包摂戦略を区分した。

新自由主義は、労働市場を中心にした包摂を、大きな支援コストをかけることよりも就労の義務化をすすめることで実現しようとしている。すなわちⅠ①を中心としたワークフェアのアプローチで、人々を半ば強制的に労働市場につなぎ止めようとする。これに対して「第三の道」は、新自由主義が推進したワークフェアを部分的に受け入れながらも、Ⅰ②の就労支援の各種サービスや、Ⅰ③の就労についての見返り強化により力点を置いてきた。

このように、新自由主義的なワークフェアと、「第三の道」がとったアプローチは、力点の置き所は明らかに異なるが、いずれも二〇世紀型福祉国家の生産主義を継承している点では共通する。これに対して、グッディンが着目したオランダの事例では、パートタイム労働の同権化など、就労時間の短縮を可能とし誘導する制度改革が、労働市場の外部への参入支援となった。そして、市民自らが多様な福祉ニーズへの対応にかかわる参加型の福祉の拡充が期待された。これはⅡ②に位置づけられる制度改革と見なすことができよう。

ベーシックインカムは脱生産主義的福祉の系譜に属する施策と見なされることが多いが、そのバリエーションとして、ベックの提唱する市民賃金やアトキンソンが唱える参加所得は、教育や家事など、労働市場の外部での様々な無償労働に対する報償という意味合いをもつ（Atkinson 1996）。ウイリアムズらが給付つきの税額控除の適用対象として、育児やボランティア活動などを含めることを主張していることは第二章で述べたとおりであるが、これも同様の効果を狙った施策である。このような系譜は、Ⅱ③に位置づけられ、いわば労働市場の外部においてアクティブであることへの誘因形成と考えることができる。

5　脱生産主義の多元的・重層的ガバナンス

脱生産主義的福祉の規範構造

さて、社会的包摂の考え方をめぐる対立に見られる対立図式は、ポスト二〇世紀型福祉国家のガバナンスやそれを支える規範構造をめぐっても現れる。

労働市場の外部にある人々が増大するなかで、福祉国家を支える規範原理をめぐる対立が拡大していく。新自由主義的なシナリオは、就労義務を改めて打ち出し、市場における業績と社会的給付を含めた所得の対応関係を重視する。福祉国家を支える規範原理を互酬性（reciprocity）という観点から見れば、新自由主義的なシナリオは、労働市場における業績と給付の間の強い相関を求め、そこへの参入義務を重視する立場である。ガバナンスのかたちについて言えば、財政基盤の揺らぎに対応しつつ政府の規模を縮小し小さな政府を目指す。

「第三の道」もまた、福祉国家へのフリーライダーに対する反発が広がっていることを懸念し、規範的再編を追求する。その基本方向は、社会的包摂をめぐる考え方にも示されたように、新自由主義より労働市場における参入支援あるいは参入報償に力点を置いたものである。したがって、たとえば長期失業者に対してカウンセリングや職業訓練などの支援的サービスを展開することは当然とされるが、その一方でこうしたサービスの受給者は就労によってその責任を果たすことが強く期待される。つまり、ここでは業績と社会的給付の関係は、新自由主義ほど直接的ではないが、それでも強い互酬性が求められている。

政府の規模について「第三の道」は、政府の機能が上述のように労働市場への人々の投入とその質的高度化にしぼりこまれるならば、その規模それ自体は決定的な問題ではないと考える。つまり、ギデンズに倣って言えば、小さな政府の実現よりは、福祉国家を「社会的投資国家」に転換していくことこそが課題なのである（Giddens 1998）。

それでは脱生産主義的福祉は、いかなるガバナンスや規範構造のもとで推進されるのであろうか。先に述べたように、脱生産主義的福祉の制度ビジョンについては未確定の部分が大きいが、ガバナンスや規範構造についてより大胆な転換を図っていくことになることは間違いない。

脱生産主義的福祉における課題は、人々が時に労働市場を離れその外部に滞留し、そこで地域社会の様々な問題を解決していく条件を広げることである。あるいは、人々が労働市場とその外部をより頻繁に行き来し、自らの能力開発やワークシェアリングを実現していくことを可能にすることである。

新自由主義や「第三の道」の規範論に比べて、脱生産主義的福祉の発想は、より「広い互酬性（diverse reciprocity）」を追求する（Fitzpatrick 2003：46-51）。フィッツパトリックによれば、互酬性は短い時間枠のなかで、あるいは労働市場の内部だけで実現するものとは考えられない。労働市場の外部にあることがただちに市民の義務を放棄していることにはならず、また無償のケア活動などを賃金労働に対して不当に低く評価することも誤りである。アクティベーションの方法は、生産主義と解釈されることも多いが、人々が労働市場の外で多様な能力を発展させる条件を重視する点では、この「広い互酬性」の論理に基づいていると見なすべきである。

ただし「広い互酬性」といっても、フィッツパトリックを含めてまだ明確な枠組みが提示されているわけではない。また、そもそも互酬性を問題にすることの意義についても合意ができあがっているわけではない（Jordan 1998：61；Fitzpatrick 2005）。脱生産主義的福祉の政治的フィージビリティに関わるこの問題は、さらに議論が深められる必要がある。

分権的多元的ガバナンス

脱生産主義的福祉において、地方自治体はこれまでにも増して大きな役割を果たすことになる。人々にとっては、労働市場から時に離脱して学び直したり、あるいは体と心の弱まりに対処するためのケアやカウンセリングを受けたり介護や保育に携わったり、さらには再び労働市場に入るための職業訓練プログラムに加わったりする必要が増していく。

こうした多様なニーズに応える公共サービスは、人々の身近なところで、人々の多様な事情に細かく応じながら供給される必要がある。

その際、公共サービスの担い手として、NPOや協同組合などの役割が拡大していくことになろう。もっとも、民間非営利組織の役割を強調することは、新自由主義においても「第三の道」においても同様である。新自由主義においてはそれは小さな政府を実現するための手段であり、また「第三の道」においては、ブレア政権の「福祉のニューディール」に見られるように、人々を労働市場にむすびつけていくトレーニングの場となる。これに対して脱生産主義的福祉においては、NPOや協同組合は、人々が労働市場の外で社会参加を実現する場としての意義が大きい。人々の社会的活動のポートフォリオのなかで、このようなヴォランタリーな活動領域を広げることが重視される。

フィッツパトリックが、脱生産主義的な福祉（エコ・ソーシャルウェルフェア）において、「対話的制度」が不可欠であり、福祉の制度に民主主義を導入することが必要であると主張しているのはこの点に関わる。新自由主義は、集権的な性格が強かった二〇世紀型福祉国家が市民を福祉サービスの受動的なクライアントにしてしまったと批判した。それはまったく的外れな批判ではなかったが、新自由主義が追求した民営化は、代わりに人々を福祉サービスの消費者としてしまう。だがほんとうに求められるのは、福祉サービスの領域に民主主義を導入することなのである（Fitzpatrick 2003：178-179）。分権的で多元的な制度が、当事者や家族との対話を深め、人々のライフスタイルを尊重しながらサービス供給を担っていくことが求められているからである。

フィッツパトリックによればこうした「福祉民主主義」の意義は、既存の間接民主主義の論理を社会保障や福祉の領域に導入するということに留まらない。そこで導入される民主主義それ自体が、討論と対話を重視する熟議民主主義（Deliberative democracy）や集団をとおしての参加を重んじるアソシエーティブ・デモクラシー（Associative democracy）といった、新しいタイプの民主主義でなければならない。民間非営利組織や社会的企業など、多様なアソシエーションの活動領域を拡げることでこそ、福祉領域にこうした新しい民主主義の要素を組み込むことができる。

ナショナルな政府の役割

脱生産主義的福祉においても、所得保障については依然としてナショナルな政府が大きな役割を果たすことになろう。だが、ここでもこれまでの制度のあり方は大きく変わる。

序章では、こうした補完型所得保障について、アメリカの勤労所得税額控除のように就労を前提に勤労所得を補完するものと、労働市場の外部で活動したり自らの能力開発をおこなうことを支援するものを区分した。脱生産主義的福祉においては、後者の所得保障の役割が重要になる。

脱生産主義の立場に立つ論者は、以上のような条件を満たす所得保障として、しばしば所得制限を廃した単一給付のベーシックインカムの導入を主張する。ヨーロッパの環境政党がベーシックインカムを掲げることが多いのはその例である。たとえばスウェーデンの環境党は、今日の各種の所得保障制度を一本にまとめ、「従前の所得の如何を問わず、また所得を喪失するに至った理由の如何を問わず」基礎所得を保障する「一種の市民所得あるいはベーシックインカム」の導入を謳う。そして、その結果実現する基礎保障や自由時間によって、市民の広範な参加に支えられ社会的企業、協同組合の活動を軸とする「社会的経済」を創出し、部分的に公共部門に置き換えていくことを主張する（スウェーデン環境党綱領）。

純粋なベーシックインカムは合意可能性や制度としての持続可能性という点で問題も孕む。しかしながら、脱生産主義的福祉に向かおうとするならば、ベーシックインカム的な発想も盛り込んだ制度を、既存の所得保障の一元化、普遍化と組み合わせていくことは有力な方法となるであろう（宮本 2006）。

アクティベーションのゆくえ

二〇世紀型の福祉国家では福祉、経済、環境は同時実現が困難で相互に対立する関係にあった。脱生産主義的福祉の考え方は、こうしたトリレンマを乗り越えるためのものである。この考え方は、二〇世紀型の福祉国家の改革をめぐって、新自由主義のシナリオや「第三の道」のシナリオと対抗関係にある。

このうち新自由主義のシナリオは、金融危機をめぐってアメリカ型資本主義の威信が大きく揺らいだ今日、かつてのような教義としての正統性は失っている。しかしながら逆に、金融危機で深刻化する財政的な制約ゆえに、依然として多くの国で福祉改革の基軸であり続けている。同様に「第三の道」も、ブレアやシュレーダーといった旗振り役の退陣によって過去のものとなったという印象もあるが、これも依然として各国のリベラルな政治勢力、OECDの政策アドバイザーなどのなかで影響力をもち続けている。

これに対して脱生産主義的福祉のシナリオは、執行されるべきプログラムとして必ずしも成熟していない。筆者もまた、脱生産主義的福祉をめぐる議論のすべてに首肯するものではなく、このシナリオが経済の持続可能性といかに両立していくかはまだ未知数と考える。しかしながら、新自由主義的なシナリオでは増大する労働市場からの斥力に対処することはできないし、また「第三の道」は、人々をより競争力のある産業部門に移していくことでこの斥力に対抗していこうとするが、そのような部門はグローバルな市場競争のなかで省人化をすすめている（宮本 2008b）。人々の社会参加を雇用と社会の両面で促進しようとするアクティベーションの構想にとって、脱生産主義的福祉の発想は必ず参照されるべきアイデアの一つなのである。

終　章　自立と承認をめぐる政治

1　生活保護と自立助長

社会的包摂は、単に生活困窮への対応策にとどまらず、雇用と社会保障の在り方を全体として再編しようとする考え方でもある。子育て支援、年金、介護など幅広い政策分野で、老若男女の社会参加の実現という目標が共有されつつあることはその証左である。しかしながらその一方で、生活困窮に直面し社会的に排除された人々が増大していることこそ、社会的包摂という考え方が広がっていくテコであることは間違いない。

日本における生活困窮者の増大を象徴するのは、まずは生活保護受給者の急増である。その数は二〇一一年七月に二〇五万人と戦後最大の水準に達し、その後も増大を続けている。同時に、同じく困窮に陥っている人々のなかで未だ保護の受給に至っていない人々も多い。国税庁の民間給与実態統計調査のデータでは、年収二〇〇万円以下の給与所得者の割合は二四％を超えており、そのうち家計を担っていると思われる人々も少なくない。生活保護の受給資格がある人々の何割が受給しているかという捕足率をめぐる諸研究は、いずれも捕足率が二割に満たないことを指摘している。

日本の生活保護制度は、無差別平等、必要即応の原則に基づき、稼働世帯であっても深刻な困窮に陥っている際には保護の対象とすることになっている。しかしながら、戦後の成長経済のなかで、日本的経営が定着し土建国家が形成されて日本型の雇用レジームが安定すると、しだいに生活保護の対象は実質的に高齢、障害、疾病世帯に絞り込まれるようになった。これに伴い、収入認定や給付額の決定においても、各種の福祉年金や贈与金などの収入認定をとりやめる（つまりその分給付を減額しない）措置をおこなったり、老齢加算や障害加算が増額されるなどした（岩永 2011）。

こうして生活保護制度は、実際には経済的自立が困難な人々のための制度という性格を強めていったのである。生活保護制度が第一条で制度趣旨として被保護者の「自立助長」を謳いながらも、現実にはそのための仕掛けが備わっていないがゆえに、今度は生活保護制度から稼働世帯を排除しようとする力が働き始める。とくに、一九八〇年代に入って行政改革の推進のなかで生活保護の国庫補助金が削減され自治体負担が増大すると、「水際作戦」とも呼ばれた受給抑制が各地の福祉事務所で広がった。

生活保護制度は形式的には間口が広く、他方で自立支援の制度が弱い故に、常にそこに多くの人々が流入してくることに（半ば過剰な）牽制が働いてきたのである。結果的に公的扶助受給者が人口に占める割合は、日本の場合、アメリカの一〇分の一程度に抑制されてきた。

ところが、リーマンショック以降の雇用の喪失と劣化のなかで、生活保護制度の受給者のなかで稼働世帯の比重が高まる。生活保護受給世帯のなかで、高齢、障害、傷病などの問題をもたない「その他世帯」が占める割合は、二〇〇〇年には七・四％であったが、二〇一〇年に倍以上の一六・二％に達した。その他世帯のすべての世帯主が就労可能であるにはないにしても、生活保護制度の内実が大きく変化していることは間違いない。

2　生活支援体系の提起

生活困窮層全体が増大するなかで、保護受給世帯における稼働世帯の比率も上昇している。このことは、第五章でも触れたように、困窮層のなかでの分断や緊張関係を生じさせる。保護受給に至らないワーキングプア層は、厳しい就労環境のなかで、一般の納税者共々保護受給世帯に対して時に反発を抱く。人々のこのような不信感もあてこんだ政治家やメディアの生活保護バッシングが広がれば、分断はいっそう深まる。

生活保護への給付総額は二〇一二年には三兆七〇〇〇億円に達した。アメリカやイギリスなどに比べて公的扶助支出のGDP比は少ないとはいえ、生活保護の受給者を際限なく増大させ続けることはできない。しかし、生活保護の受給に至っていない困窮層の家計とのバランスから、生活保護の扶助基準をむやみに切り下げると、国民健康保険の保険料減免や就学援助の基準を厳しくすることにつながり、結局は多くの困窮層の生活を圧迫することになる。いわば負のスパイラルが始まってしまうのである。

こうしたなかで、二〇一二年四月には社会保障審議会に「生活困窮者の生活支援の在り方に関する特別部会」が設置され、保護受給に至らない生活困窮者と生活保護世帯を包括して、その社会的経済的自立を支援する施策について議論を開始した。筆者も関わったこの特別部会は、二〇一三年一月には報告書をまとめたが、その内容は次のようなものであった。

第一に、この報告書で打ち出された生活支援体系の基本理念は、「自立と尊厳」である。生活保護受給者であるか否かを問わず、すべての人々が各自の条件に応じて社会に参加し、そして可能な場合は経済的な自立を目指すことが打ち出された。憲法二五条に示された「健康で文化的な最低限度の生活」とは、社会から隔離され孤立したものではなく、社会との活き活きとしたつながりのなかで承認されていることとされた。この点で、特別部会が打ち出した生活支援とは、社会的包摂の実現に他ならなかった。

第二に、こうした理念を実現する方法として、「個別的で包括的な支援」を、継続的に提供することが求められた。人々の尊厳ある自立を妨げている要因というのは、雇用、家族、心身の健康、住居、能力などの問題が複雑に絡まり合っているがゆえに、個々人の事情に沿いつつ、複合した問題に包括的に対処していくとされた。具体的には、すべての自治体において「新たな相談支援事業」をおこない、福祉事務所、ハローワーク、教育など関連行政部局のみならず、社会福祉法人、NPO、社会的企業など幅広いアクターの連携によって「個別的で包括的な支援」の道筋をつける。こうした諸アクターの連携で、職業訓練や職業紹介、生活資金の貸し付けも含めた家計再建支援、住居の確保、子供たちの居場所づくりや学習支援などをパッケージとして提供することが目指される。

第三に、この生活支援体系では、就労のための動機付けを含め、主体的に自立へ向かう現実的な経路づくりを目指している。まずは動機付けである。生活保護の制度はその第一条で自立を助長することを目的として謳っているが、補足性の原則に立つために、就労収入の増大は給付の減額を意味し、就労への意欲はわきにくい。報告書では、就労への動機付けを高めるためにも、就労収入の一部を手元に残す勤労控除を強化すること、さらに就労収入を帳簿上で積み立てておき、生活保護を離脱する際に一括して給付する「就労収入積立制度」を導入することを提起している。

こうした動機付けとも連携して、生活困窮者を一般就労につなげていく経路として打ち出されたのが「中間的就労」である。長期的に雇用から遠ざかっていた人々が、すぐに就労することには様々な困難がある。第二章でも紹介したように、スコットランドなどでは「架橋的労働市場」の考え方に基づき、社会的企業が長期失業者などを一般就労につなぐために大きな役割を果たしている。こうした国際的な経験もふまえて、報告書では、ＮＰＯや社会福祉法人、一般企業などを対象とした事業で、中間的就労の場を増やしていくことを目指している。

第四に、報告書がその支援の原則として重視しているのは、制度をめぐる「信頼の醸成」である。生活保護制度をめぐっては、今日様々な不信が表明されている。給付額で言えば全体の〇・四％に留まる不正受給が、公然とまかり通っているかに伝えられるなど、生活保護バッシングの効果で誤解されている部分も多い。しかしながら、わずかと言えども不正があればそれを是正し、信頼を強めることは制度の持続のために不可欠である。

たとえば、保護受給に至っていない人々の家計実態と生活扶助の給付水準の間のアンバランスが指摘されてきたが、両者を一体として支援していこうとする支援体系の考え方そのものが、両者の溝を埋め、信頼醸成を図るものである。また報告書は、各種扶助が適正に給付され有効に活用されるように、医療扶助のあり方を見直したり、福祉事務所の調査権限を強める必要についても言及している。しかし、たとえ民法上の扶養義務が認められる親族との関係であっても、ＤＶ被害など複雑な問題が隠れている場合もある。報告書は、個別の事情に最大限配慮して保護申請者に過大な困難をもたらすべきではないことも強調している。

3　生活支援体系の可能性

このような生活支援体系の提起は、本書の展開してきた分析に照らして、どのように評価しうるのであろうか。序章に示した四つの分岐点に沿って考えてみたい。

まず脱商品化という点でいえば、今日の生活保護の扶助基準それ自体は決して十分なものではないとしてもきわめて劣悪な水準にあるわけではない。それゆえに、受給の間口を狭める動きがあったり、ワーキングプア層との緊張関係が生じることは述べてきたとおりである。二〇一二年末に民主党から政権を奪還した自民党は、マニフェストに生活保護の扶助基準の一割削減を掲げ、二〇一三年度から三年間で六七〇億円に及ぶ扶助の切り下げをおこなうことを明らかにしている。

しかしながら、脱商品化の程度を引き下げることの弊害は大きく、またそれで就労促進がすすむわけではない。生活保護制度を除けば、日本における脱商品化の水準は国際比較からして低く、むしろ求められているのは、労働市場の外に（有意義なかたちで）滞留できる条件づくりである。こうしたなかで生活支援体系は、扶助基準の切り下げを前提とするものではなく、脱商品化の水準を維持発展させながら、相乗的に雇用や家族への包摂をすすめようとするものである。

次に、支援サービスについては、従来行政部局ごとにばらばらに提供されてきた各種サービスについて、行政部門相互で、あるいはＮＰＯや協同組合を含めた社会的企業によるサービス供給も拡大するなかで、相互の連携を強めようとしている。加えて、居住の確保や家計再建支援については新しいサービスの導入も図ろうとしている。

さらに、補完型所得保障に関しては、就労収入積立制度や勤労控除の強化など、生活保護を受けながら就労した場合の見返りを高めることが目指されている。ただし、生活保護制度に補完型所得保障の機能を組み込むことには限界もある。本来であれば、給付付き税額控除のような制度が外から連携して、就労促進につながるべきである。にもかかわらず、日本においてはこのような補完型所得保障への動きが鈍い。給付付き税額控除については、「社会保障・税一体改革」についての自民、民主、公明の三党合意でもその検討が課題とされたが、実際には議論はまったくすすんでいない。

最後に、就労機会の提供をめぐっては、「中間的就労」のための補助事業を提起するなど、就労の受け皿についても踏み込んだ意義は大きい。他方で社会的企業による雇用機会提供がまだ広がっていない日本では、中間的就労が賃金や雇用条件については一般就労と区別された福祉的就労に近いものと位置づけられる傾向がある。この点は「架橋的労働市場」を発展させたスコットランド、社会的協同組合B型が雇用機会を提供するイタリアなどとの大きな相違点である。

今後、第一次産業やそれを製造業やサービス業と連携させるいわゆる第六次産業、さらには地域ニーズに密着した新しい公共事業の分野など、社会的包摂を射程に入れた仕事興しで地域経済を浮揚させながら、一般就労のなかにも架橋的な労働市場を構築していく必要がある。

以上のように日本における包摂政策の展開を見ると、提起された生活支援体系の中身にはアクティベーション志向の政策も含まれる。けれども現状では、財政や政治の環境からよりワークフェア的な方向への圧力が強く、ワークフェア的政策も少なからず見受けられる。

今後の包摂政策の帰趨は、政府の経済政策の展開、分権改革や社会的企業の活用など福祉ガバナンスのゆくえ、社会保障や雇用についての言説の展開、「新しい右翼」的な党派の政策動向など、本書が取り上げてきた多様な要因が複合して決まっていくことになろう。

4　承認の場の多元化

最後に述べておきたいのは、包摂と承認の場についてである。包摂政策が異なったものとなる分岐点としては、先に生活支援体系を分析した四つの指標（脱商品化、支援サービス、補完型所得保障、雇用機会創出）に加えて、包摂と承認の場をどこに想定するかが重要である。

ワークフェア型の包摂政策が基本的には労働市場における包摂に焦点を絞るのに対して、アクティベーション型の政策やベーシックインカムは、家族や教育・訓練の場、地域社会などを含めた多元的な包摂を志向する。ここには、ワークライフバランスや環境政策との連携という新しい課題も関わってくる。

本書は、社会的包摂についての異なった戦略が相互に対抗していく福祉政治の現況について叙述したものであり、その限りで、政策提起よりは現実の客観的で政治学的な分析こそ本書の主題である。しかしながら他方で、著者自身は、政策提言の場などではアクティベーション型の包摂政策の有用性を説いてきた。その理由は、アクティベーション型の政策が、支援の厚みや補完型所得保障の強化という点で、人々の労働市場への定着を確実にすると同時に、労働市場の外部への帰属も併せて保障することで、包摂と承認の場を多元化するからである。

包摂の場は、そこに帰属することで周囲から認められ、自己肯定的な感情をもつことができる社会的な承認の場でもある。人々の生活を持続可能にするのは、賃金や社会保障給付などの経済資源であると同時に、社会的承認の度合いである。承認の強さは、ある程度までは経済的資源に代替することさえできる。

ドイツの社会哲学者ホネットは、ヘーゲルの承認理論をふまえて、承認の場を三つの次元に区分した（ホネット 2003：174）。第一に、愛の関係で、両性、同性、親子などの間で、主に家族を舞台として発展してきた感情的、情緒的な関係である。第二に、法的な権利関係であり、社会的に不利な立場におかれていた集団や個人を含めて、社会の他の構成員と同じ権利主体として認め合う関係である。そして第三に、社会的業績関係で、人々が働いた成果として、互いの社会的あるいは経済的な業績や達成を認め合う関係である。この三つの場での相互承認のなかにあって、人々は自己について肯定的な感覚をもつことができる。

アクティベーション型の包摂政策は、承認の場を社会的業績関係に限定せず、ホネットの言う愛の関係を含めて多元的に設定しようとする。いわば承認の場の多元化であるが、この方向には大きな可能性がある。

二〇世紀型福祉国家においては、男性が職場で、女性が家族で、高齢者が地域社会でといったように、男女間であるいは世代間で承認の場が画定されてきた。こうした承認の場の画定は、ライフサイクルを固定化してしまうばかりか、排除された状態からの脱却を困難にする。老若男女が、多様な包摂と承認の場で様々な貢献をおこなうことができる社会こそ、人々の能力を高め、一人ひとりのエネルギーを引き出すことができる社会である。そのように人生が複線化された社会は、たとえば雇用や家族それぞれの場での行き詰まりに対して、主な承認の場を転換することで対処できる社会でもある。

こうした社会の実現に向けては、ホネットのいう法的な権利関係すなわち新たな市民権の中身について、いかなる合意を形成するかが新たに問われよう。市民としての権利と義務は、他の市民との互酬性をふまえて設定されるが、その場合、単に労働市場において自らの義務を果たして承認されるというだけではなく、家族や地域社会のなかにあることで、あるいは教育や訓練の場に帰属することで、社会、経済、自然の持続可能性を高めることに貢献し、自らの責任を全うできるという、より間接的で広い承認関係についての合意形成が求められている。

社会的包摂をめぐる政治は、人々のライフサイクルと社会制度が交差するかたちが、抜本的に転換する可能性を孕みながら展開しているのである。

文献目録

外国語文献

Ackerman, Bruce and Alstott, Anne, 1999, *The Stakeholder Society*, Yale University Press.

Aglietta, Michel, 1979, *A Theory of Capitalist Regulation: The US Experience*, Verso.

Alcock, Pete and Scott, Duncan, 2002, "Partnerships with the Voluntary Sector: Can Compact Work?", C. Glendinning, M. Powell and Rummery, K. (eds.), *Partnerships, New Labour and the Governance of Welfare*, The Polity Press.

Andersen J. G. and Bjøorklund, T., 1990, "Structural Changes and New Cleavages: The Progress Parties in Denmark and Norway", *Acta Sociologica*, Vol. 33, No. 3.

Andersen J. G. and Bjørklund, T., 2000, "Radical Right-Wing Populism in Scandinavia: From Tax Revolt to Neo-liberalism and Xenophobia", P. Hainsworth, (ed.), *The Politics of the Extreme Right: From the Margins to the Mainstream*, Pinter.

Anheier, Helmut K. and Seibel, Wolfgang, 2001, *The Nonprofit Sector in Germany*, Manchester University Press.

Annesley, Claire and Gamble, Andrew, 2004, "Economic and Welfare Policy", S. Ludlam and M. J. Smith (eds.), *Governing as New Labour: Policy and Politics under Blair*, Palgrave.

Arbetsmarknadsstyrelsen, 2003, *Arbetsmarknadspolitiska program: Årsrapport* 2002.

Armstrong, Kenneth A., 2010, *Governing Social Inclusion: Europeanization through Policy Coordination*, Oxford University Press.

Ascoli, Ugo and Ranci, Costanzo, 2002, "The Context of New Social Policies in Europe", U. Ascoli and C. Ranci, (eds.), *Dilemmas of the Welfare Mix: The New Structure of Welfare in an Era of Privatization*, Kluwer Academic/ Plenum

Publishers.
Ash, Amin, Cameron, Angus and Hudson, Ray, 2002, *Placing the Social Economy*, Routledge.
Atkinson, Anthony B., 1995, *Incomes and the Welfare State: Essays on Britain and Europe*, Cambridge University Press.
Atkinson, Anthony B., 1996, "The Case for Participation Income", *The Political Quarterly* 67.
Bader, Veit, 2001, "Introduction", P. Hirst and V. Bader (eds.), *Associative Democracy: The Real Third Way*, Frank Cass.
Barry, Brian, 2001, "UBI and the Work Ethic", P. Van Parijs, et al., *What's Wrong with a Free Lunch?*, Beacon Press.
Beck, Ulrich, 2000, *The Brave New World of Work*, Polity Press.
Berghman, Jos, 1995, "Social Exclusion in Europe: Policy Context and Analytical Framework", Graham Room (ed.), *Beyond the Threshold: The Measurement and Analysis of Social Exclusion*, Policy Press.
Betz, H-G., 1994, *Radical Right-Wing Populism in Western Europe*, Macmillan.
Betz, H-G., 1998, "Introduction", H-G. Betz and S. Immerfall (eds.), *The New Politics of the Right: Neo-Populist Parties and Movements in Established Democracies*, Macmillan.
Betz, H-G., 2002, "The Divergent Path of the FPO and the Lega Nord", M. Schain, A. Zolberg and P. Hossay (eds.), *Shadows over Europe: The Development and Impact of the Extreme Right in Western Europe*, Palgrave Macmillan.
Bjørklund, T. and Andersen, J. G., 2002, Anti-Immigration Parties in Denmark and Norway: The Progress Party and the Danish People's Party, M. Schain, A. Zolberg and P. Hossay (eds.), *Shadows over Europe: The Development and Impact of the Extreme Right in Western Europe*, Palgrave Macmillan.
Blyth, Mark, 1997, "Any More Bright Ideas? The Ideational Turn of Comparative Political Economy", *Comparative Politics*, Vol. 29, No. 2.
Cebulla, Andeas, 2005, "The Road to Britain's 'New Deal'", Andreas Cebulla, Karl Ashworth, David Greenberg and Robert Walker (eds.), *Welfare-to-Work: New Labour and the US Experience*, Aldershot: Ashgate.
Commission on Social Justice, 1994, *Social Justice: Strategies for National Renewal*, Random House/Vintage.
Deacon, Alan, 2000, "Learning from the US?: The Influence of American Ideas upon 'New Labour' Thinking on Welfare

Reform", *Policy and Politics*, Vol. 28, No. 1.

Deacon, Bob, Hulse, Michelle and Stubbs, Paul, 1997, *Global Social Policy: International Organizations and the Future of Welfare*, Sage Publications.

Deacon, Bob, Ollila, M. Koivusalo and Stubbs, Paul, 2003, *Global Social Governance: Themes and Prospects*, Ministry of Foreign Affairs of Finland.

Deakin, Nicholas, 2002, "Public-Private Partnerships: a UK Case Study", *Public Management Review*, Vol. 4, No. 2.

Defourny, Jacques, 2001, "Introduction: From Third Sector to Social Enterprise", C. Borzaga and J. Defourny (eds.), *The Emergence of Social Enterprise*, Routledge.

Deyo, Frederic C, 1992, "The Political Economy of Social Policy Formation: East Asia's Newly Industrialized Countries", R. P. Applebaum (ed.), *States and Development in the Asian Pacific Rim*, SAGE.

Dolowitz, David, 1998, *Learning from America: Policy Transfer and the Development of the British Workfare State*, Sussex Academic Press.

Dolowitz, David and Marsh, David, 1996, "Who Learns What from Whom: a Review of the Policy Transfer Literature", *Political Studies*, Vol. 44.

Dowding, Keith, Wispelaere, Jurgen De and White, Stuart, 2003, "Stakeholding: a New Paradigm in Social Policy", K. Dowding, J. De Wispelaere and S. White (eds.), *The Ethics of Stakeholding*, Palgrave.

Ellwood, David. T., 1988, *Poor Support: Poverty in the American Family*, Basic Books.

Employment Agency, 2001, *New Deal: Facts and the Future*, Employment Agency.

Esping-Andersen, Gösta, 1990, *The Three Worlds of Welfare Capitalism*, Polity Press.（岡沢憲芙・宮本太郎監訳『福祉資本主義の三つの世界――比較福祉国家の理論と動態』ミネルヴァ書房、二〇〇一年）

Esping-Andersen, Gösta, 1996, "After the Golden Age? : Welfare State Dilemmas in a Global Economy", G. Esping-Andersen (ed.), *Welfare States in Transition: National Adaptations in Global Economies*, SAGE Publications.（「黄金時代のあとに」埋橋孝文監訳『転換期の福祉国家――グローバル経済下の適応戦略』早稲田大学出版部、二〇〇三年）

Esping-Andersen, Gösta, 1999, *Social Foundations of Postindustrial Economies*, Oxford University Press.（渡辺雅男・渡辺景子訳『ポスト工業社会の社会的基礎――市場・福祉国家・家族の政治経済学』桜井書店、二〇〇〇年）

Esping-Andersen, Gösta, 2000, "Multi-dimensional decommodification: A Reply to Graham Room", *Policy & Politics*, Vol. 28, No. 3.

Esping-Andersen, Gösta, 2002, "Towards the Good Society, Once Again?", G. Esping-Andersen, et al., *Why We Need a New Welfare State*, Oxford University Press.

Estevez-Abe, Margarita, Iversen, Torben, and Soskice, David, 2001, "Social Protection and the Formation of Skills: A Reinterpretation of the Welfare State", P. A. Hall and D. Soskice（eds.）, *Varieties of Capitalism: The Institutional Foundations of Comparative Advantage*, Oxford University Press.

Finn, Dan, 2003, "The 'Employment-first' Welfare State: Lessons from the New Deal for Young People", *Social Policy & Administration*, Vol. 37, No. 7.

Finn, Dan, 2004, "Employment First: Labour's Welfare to Work Strategy and New Deals for the Unemployed", prepared for the forthcoming publication.

Fitzpatrick, Tony, 2003, *After the New Social Democracy: Social Welfare for the Twenty-first Century*, Manchester University Press.

Fitzpatrick, Tony, 2004, "A Post-Productivist Future for Social Democracy?", *Social Policy and Society*, Vol. 3, No. 3.

Fitzpatrick, Tony, 2005, "The Fourth Attempt to Construct a Politics of Welfare Obligations", *Policy & Politics*, Vol.33, No.1.

Freeman, Richard. B., Topel, Robert. and Swedenborg, Birgitta., 1997, "Introduction", in R. B. Freeman, R. Topel, and B. Swedenborg（eds.）, *The Welfare State in Transition: Reforming the Swedish Model*, The University of Chicago Press.

Frey, Bruno S., 2010, *Happiness: A Revolution in Economics*, MIT press.

Garrett, Geofferey, 1998, *Partisan Politics in the Global Economy*, Cambridge University Press.

Giarini, Orio and Liedtke, Patrick M., 1996, *Employment Dilemma and Future of Work: Report to the Club of Rome*, The Geneva Association.

Giddens, Anthony, 1998, *The Third Way: The Renewal of Social Democracy*, Polity Press.（佐和隆光訳『第三の道——効率と公正の新たな同盟』日本経済新聞出版社、一九九九年）

Giddens, Anthony, 2000, *The Third Way and its Critics*, Polity Press.

Gilljam, M. and Holmberg, S., 1994, *Väljarna inför 90-talet*, Norstedts juridik.

Goodin, Robert, 2001, "Work and Welfare: Towards a Post-Productivist Welfare Regime", *British Journal of Political Science*, Vol.31, No.1.

Goodman, Roger., and Peng, Ito, 1996, "The East Asian Welfare State: Peripatetic Learning, Adaptive Change, and Nation-Building", G. Esping-Andersen（ed.）, *Welfare States in Transition: National Adaptation in Global Economies*, SAGE Publications.

Goodman, Roger, White, Gordon and Kwon Huck-ju（eds.）, 1998, *The East Asian Welfare Model: Welfare Orientalism and the State*, Routledge.

Gough, Ian, 2000, Globalization and Regional Welfare Regime: The East Asian Case, a Paper delivered at The Year 2000 International Research Conference on Social Security, Helsinki, 25-27 September 2000.

Grimes, Alister, 1997, "Would Workfare Work?: An Alternative Approach for the UK", A. Deacon（ed.）, *From Welfare to Work: Lessons from America*, Institute of Economic Affairs.

Hall, Peter, 1993, "Policy Paradigm, Social Learning, and the State : The Case of Economic Policymaking in Britain", *Comparative Politics*, Vol. 25, No. 3.

Hall, Peter and Soskice, David, 2001, "An Introduction to Varieties of Capitalism", P. A. Hall and D. Soskice（eds.）, *Varieties of Capitalism: The Institutional Foundations of Comparative Advantage*, Oxford University Press.

Harrington, Michael, 1962, *The Other America: Poverty in the United States*, Macmillan.

Harris, Robert, 2005, "The Guaranteed Income Movement of the 1960s and 1970s", K. Widerquist, M.A. Lewis, and S. Pressman（eds.）, *The Ethics and Economics of the Basic Income Guarantee*, Ashgate.

Heclo, Hugh, 1974, *Modern Social Politics in Britain and Sweden: From Relief to Income Maintenance*, Yale University Press.

Heclo, Hugh, 2001, "The Politics of Welfare Reform", R. Blank and R. Haskins (eds.), *The New World of Welfare*, Brookings Institution Press.

Hemerijck, Anton and Van Kersbergen, Kees, 1999, "Negotiated Policy Change: Towards a Theory of Institutional Learning in Tightly Coupled Welfare States", D. Braun and A. Busch (eds.), *Public Policy and Political Ideas*, Edward Elger.

Hills, John, 2002, "Does Focus on 'Social Exclusion' Change the Policy Response?", J. Hills, J. Le Grand, and D. Pichaud (eds.), *Understanding Social Exclusion*, Oxford University Press.

Hirst, Paul Q., 1994, *Associatve Democracy: New Forms of Economic and Social Governance*, The University of Massachusetts Press.

Holliday, Ian, 2000, "Productivist Welfare Capitalism: Social Policy in East Asia", *Political Studies*, Vol. 48.

Hooghe, Liesbet and Marks, Gary , 2001, *Multi-Level Governance and European Integration*, Rowman & Littlefield Publishers.

Howard, Christopher, 1997, *The Hidden Welfare State: Tax Expenditures and Social Policy in the United States*. Princeton University Press.

Ignazi, Piero, 1992, "The Silent Counter-Revolution: Hypotheses on the Emergence of Extreme Right-Wing Parties in Europe", *European Journal of Political Research* 22.

Ignazi, Piero, 2002, "The Extreme Right: Defining the Object and Assessing the Cause", M. Schain, A. Zolberg and P. Hossay, (eds.), *Shadows over Europe: The Development and Impact of the Extreme Right in Western Europe*, Palgrave Macmillan.

Immerfall, Stefam, 1998, "Conclusion", H-G. Betz and S. Immerfall (eds.), *The New Politics of the Right: Neo-Populist Parties and Movements in Established Democracies*, Macmillan.

Iversen, Torben, 2001, "The Dynamics of Welfare State Expansion: Trade Openness, De-industrialization, and Partisan Politics", P. Pierson (ed.), *The New Politics of Welfare State*, Oxford University Press.

Jänicke, Martin, 2008, "Ecological Modernisation: New Perspectives", *Journal of Cleaner Production*, Vol. 16.

Jenson, Jane and Saint-Martin, Denis, 2002, "Building Blocks for a New Welfare Architecture : From Ford to Lego?", a Paper delivered at the Annual Meeting of the American Political Science Association, Boston, August 2002.

Jones, Catherine, 1993, "The Pacific Challenge", C. Jones (ed.), *New Perspectives on the Welfare State in Europe*, Routledge.

Jones, Van, 2008, *The Green-Collar Economy: How One Solution Fix Our Two Biggest Problems*, Harper One.（土方奈美訳『グリーン・ニューディール――グリーンカラー・ジョブが環境と経済を救う』東洋経済新報社、二〇〇九年）

Jordan, Bill, 1998, *The New Politics of Welfare: Social Justice in a Global Context*, Sage Publication.

Kitschelt, Herbert., 1997, *The Radical Right in Western Europe: A Comparative Analysis*, The University of Michigan Press.

Korpi, Walter and Palme, Joakim, 2003, "New Politics and Class Politics in the Context of Austerity and Globalization : Welfare State Regress in 18 Countries, 1975-95", *American Political Science Review*, Vol. 97, No. 3.

Lindberg, Ingemar, 1999, *Välfäldens idéer: Globaliseringen, Elitismen och välfärdsstatens framtid*, Atlas.

Lister, Ruth, 2000, "Strategies for Social Inclusion: Promoting Social Cohesion or Social Justice?", P. Askonas and A. Stewart (eds.), *Social Inclusion: Possibilities and Tensions*, Macmillan.

Lodenius, Anna-Lena and Wikström P., 1997, *Vit makt och blågula drömmar: Rasism och Nazism i dagens Sverige*, Natur och Kultur.

Marlier, Eric, Atkinson, A. B. , Cantilion, Beatrijs and Nolan, Brian, 2007, *The EU and Social Inclusion: Facing the Challenges*, The Policy Press.

Marshall, B. and Macfarlane, R., 2000, *The Intermediate Labour Market: A Tool for Tackling Long-term Unemployment*, The Joseph Rowntree Foundation.

Marx, Ive, 2007, *A New Social Question? : On Minimum Income Protection in the Postindustrial Era*, Amsterdam University Press.

Mead M. L., 1986, *Beyond Entitlement: The Social Obligation of Citizenship*, The Free Press.

Miljöpartiet de Gröna, 2001, Stark gundtryggheten- och bygg ut järnvägarne! Pressmeddelande 2001-2-28.

Mudde, Cas, 1996, "The War of Words Defining the Extreme Right Party Family", *West European Politics*, Vol. 19, No.2.

Murray, Charles, 1984, *Losing Ground: American Social Policy 1950-1980*, Basic Books.

Murray, Charles, 2006, *In Our Hands: A Plan to Replace the Welfare State*, Aei Press.

Nissan, David and Julian Le Grand, 2000, *A Capital Idea: Start-Up Grants for Young People*, Fabian Society.

O'Connor, Brendon, 2004, *A Political History of American Welfare System: When Ideas have Consequences*, Rowman & Littlefield Publishers.

OECD, 1994, *New Orientations for Social Policy*, OECD.

OECD, 1999a, *Decentralizing Employment Policy: New Trends and Changes*, OECD.

OECD, 1999b, *The Local Dimension of Welfare-to-Work*, OECD.

OECD, 2000, *Employment Outlook*, OECD.

Offe, Claus, 1984, *Contradiction of the Welfare State*, Hutchinson.

Offe, Claus, 1997, "Towards a New Equilibrium of Citizen's Rights and Economic Resources?", OECD (ed.), *Societal Cohesion and the Globalising Economy: What does the Future Hold?*, OECD.

Oyen, Else, 1997, "The Contradictory Concepts of Social Exclusion and Social Inclusion", Charles Gore and Jose B. Figueiredo (eds.), *Social Exclusion and Anti-poverty Policy: a Debate*, International Institute for Labour Studies.

Peck, Jamie, 2001, *Workfare States*, The Guilford Press.

Pempel, T. J., 1998, *Regime Shift: Comparative Dynamics of the Japanese Political Economy*, Cornell University Press.

Perczynski, Piotr, 2001, "Associo-Deliberative Democracy and Qualitative Participation", P. Hirst and V. Bader (eds.), *Associative Democracy: The Real Third Way*, Frank Cass.

Pierre, Jon and Peters, B. Guy, 2000, *Governance, Politics and the State*, St. Martin's Press.

Pierson, Paul, 1994, *Dismantling the Welfare State? : Reagan, Thatcher and the Politics of Retrenchment*, Cambridge University Press.

Pierson, Paul, 2001, "Coping with Permanent Austerity: Welfare State Restructuring in Affluent Democracies", P. Pierson (ed.), *The New Politics of the Welfare State*, Oxford University Press.

Reinfeldt, Fredrik, 2006, "En ny tids arbetslinje", Mats Ögren (ed.), *Sanningen om Sverige: En antologi om jobben som försvann*, Bokförlaget DN.

Rifkin, Jeremy, 1995, *The End of Work: the Decline of the Global Labor Force and the Dawn of the Post-Market Era*, J P Tarcher.（松浦雅之訳『大失業時代』ＴＢＳブリタニカ、一九九六年）

Rodes, R. A. W., 1997, *Understanding Governance: Policy Networks, Governance, Reflexivity and Accountability*, Open University Press.

Room, Graham, 2000, "Commodification and Decommodification: A Developmental Critique", *Policy & Politics*, Vol. 28, No. 3.

Rosanvallon, Pierre. 2000, *The New Social Question: Rethinking the Welfare State*, Princeton University Press.（北垣徹訳『連帯の新たなる哲学——福祉国家再考』勁草書房、二〇〇六年）

Rydgren, Jens, 2002, " Radical Right Populism in Sweden: Still a Failure, But for How Long? ", *Scandinavian Political Studies*, Vo. 25, No.1.

Sacks, P. M., 1980, "State Structure and the Asymmetrical Society: An Approach to Public Policy in Britain", *Comparative Politics*, Vol. 12, No. 4.

Schain, Martin, Zolberg, Aristide and Patrick, Hossay, 2002, "The Development of Radical Right Parties in Western Europe", M. Schain, A. Zollberg and P. Hossay（eds.）, *Shadows over Europe: The Development and Impact of the Extreme Right in Western Europe*, Palgrave Macmillan.

Schmid, Günther, 2002, "Towards a Theory of Transitional Labour Markets", G. Schmid and B. Gazier（eds.）, *The Dynamics of Full Employment: Social Integration Through Transitional Labour Market*, Edward Elgar.

Schmidt, V. A., 2000, "Values and Discourse in the Politics of Adjustment", F. W. Scharpf and V. A. Schmidt（eds.）, *Welfare and Work in the Open Economy, Vol. 1, From Vulnerability to Competitiveness*, Oxford University Press.

Schmidt. V. A., 2002, "Does Poltics Matter in the Politics of Welfare State Adjustment?", *Comparative Political Studies*, Vol. 35, No. 2.

Schmidt. V. A., 2003, "How, Where, and When does Discourse Matter in Small States' Welfare State Adjustment?", *New Political Economy*, Vol. 8, No. 1.

Schweber, Howard, 1999, "Teaching Work: Vocational Education, Workforce Preparation, and the Future of Welfare Reform", C. J. E. Hansan and R. Morris (eds.). *Welfare Reform, 1996-2000: Is There a Safety Net?*, Auburn House.

Silver, Hilary, 1995, "Reconceptualizing Social Disadvantage: Three Paradigms of Social Exclusion", G. Rodgers, C. Gore, and J. B. Figueiredo (eds.), *Social Exclusion: Rhetoric, Reality, Responses*, International Institute of Labor Studies.

Soskice, David, 1999, "Divergent Production Regimes: Coodinated and Uncoodinated Market Economies in the 1980s and 1990s", H. Kischelt, P. Lange, G. Marks, J. D. Stephens (eds.), *Continuity and Change in Contemporary Capitalism*, Cambridge University Press.

Stubbs, Paul, 2003, "International Non-State Actors and Social Development Policy", B. Deacon, E. Ollila, M. Koivusalo and Paul Stubbs, *Global Social Governance: Themes and Prospects*, Ministry of Foreign Affairs of Finland.

Svasand L., 1998, "Scandinavian Right-Wing Radicalism", H-G. Betz and S. Immerfall, (eds.), *The New Politics of the Right: Neo-Populist Parties and Movements in Established Democracies*, Macmillan.

Taggart, Paul A., 1996, *The New Populism and New Politics: New Protest Parties in Sweden in a Comparative Perspective*, Macmillan.

Taylor, Marilyn, 1992, "The Changing Role of the Nonprofit Sector in Britain: Moving toward the Market", B. Gidron, R. M. Kramer and L. M. Salamon (eds.), *Government and The Third Sector: Emerging Relationships in Welfare States*, Jossey-Bass.

Taylor-Gooby, Peter, 2004, "New Risks and Social Change", P.Taylor-Gooby (ed.), *New Risks, New Welfare: The Transformation of the European Welfare State*, Oxford UniversityPress.

Tobin, James, 1966, "The Case for Income Guarantee", *The Public Interest*, Vol.4.

Torfing, Jacob, 2005, "Discourse Theory: Achievements, Arguments, and Challenges", D. Howarth and J. Torfing (eds.), *Discourse Theory in European Politics : Identity, Policy, and Governance*, Palgrave Macmillan.

Van der Veen, Robert and Groot, Loek, 2005, Post-Productivist Welfare States: A Comparative Analysis, ASSR Working Paper, 05/06, Amsterdam School for Social Science Research.

Ventry, Dennis J. Jr., 2001, "The Collision of Tax and Welfare Politics: The Political History of the Earned Income Tax Credit", Bruce D. Meyer and Douglas Holtz-Eakin (eds.), *Making Work Pay: The Earned Income Tax Credit and its Impact on America's Families*, Russell Sage Foundation Press.

Weaver, Kent, 1986, "Politics of Blame Avoidance", *Journal of Public Policy*, Vol. 6, No. 4.

Weaver, Kent, 2000, *Ending Welfare as We Know It*, Brookings Institution Press.

Weir, Margaret, 1988, "The Federal Government and Unemployment: The Frustration of Policy Innovation from the New Deal to the Great Society", M. Weir, A. S. Orloff, and T. Skocpol (eds.), *The Politics of Social Policy in the United States*, Princeton University Press.

Weir, Margaret, Orloff, Ann Shola and Skocpol Theda, 1988, "The Future of Social Policy in the United States: Political Constraints and Possibilities", M. Weir, A. S. Orloff, and T. Skocpol (eds.), *The Politics of Social Policy in the United States*, Princeton University Press.

Weir, Margaret and Skocpol, Theda, 1985, "State Structures and the Possibilities for "Keynesian" Responses to the Great Depression in Sweden, Britain, and the United States", P. B. Evans, D. Rueschemeyer and T. Skocpol (eds.), *Bringing the State Back In*, Cambridge University Press.

White, Stuart, 2003, *The Civic Minimum*, Oxford University Press.

Williams, Colin, C. and Windebank, Jan, 2003, *Poverty and the Third Way*, Routledge.

Wolfensohn, J. D., 1997, The Challenge of Inclusion, Annual Meetings Address, Hong Kong SAR, China, September 23, 1997.

Yeates, Nicola, 2001, *Globalization and Social Policy*, Sage Publications.

日本語文献

アレント、ハンナ（1974）『全体主義の起源　3　全体主義』大久保和郎・大島かおり訳、みすず書房。

アレント、ハンナ（1994）『人間の条件』志水速雄訳、筑摩書房。

伊丹敬之（2000）『日本型コーポレート・ガバナンス――従業員主権企業の論理と改革』日本経済新聞社。

今村都南雄（1994）「ガバナンスの観念」『季刊行政管理研究』第六八号。

岩田正美(2008)『社会的排除――参加の欠如・不確かな帰属』有斐閣。

岩永理恵(2011)『生活保護は最低生活をどう構想したか――保護基準と実施要領の歴史分析』ミネルヴァ書房。

宇佐見耕一編（2001）『ラテンアメリカ福祉国家論序説』アジア経済研究所。

埋橋孝文（1997）『現代福祉国家の国際比較――日本モデルの位置づけと展望』日本評論社。

埋橋孝文（2007）「ワークフェアの国際的席捲　その論理と問題点」埋橋孝文編『ワークフェア――排除から包摂へ?』法律文化社。

エスピン-アンデルセン、イエスタ（2001）「日本版への序」岡沢憲芙・宮本太郎監訳『福祉資本主義の三つの世界――比較福祉国家の理論と動態』ミネルヴァ書房。

大串和雄（2002）「イベロアメリカの自由民主主義、社会民主主義、キリスト教民主主義」日本政治学会編『三つのデモクラシー――自由民主主義・社会民主主義・キリスト教民主主義』岩波書店。

大沢真理（2002）『男女共同参画社会をつくる』日本放送出版協会。

太田聰一（2010）『若年者就業の経済学』日本経済新聞出版社。

奥和義（2001）「国際貿易システムの課題」岩本武和・奥和義・小倉明浩・金早雪・星野郁『グローバル・エコノミー』有斐閣。

小沢修司（2002）『福祉社会と社会保障改革――ベーシック・インカム構想の新地平』高菅出版。

長部重康（2002）「「ルペンショック」とフランス政治」『海外事情』二〇〇二年一〇月号。

落合恵美子（2004）『21世紀家族へ――家族の戦後体制の見かた・超えかた』有斐閣。

上村泰裕（1999）「福祉国家形成理論のアジアNIESへの拡張」『ソシオロゴス』第二三号。

香山リカ（2002）『ぷちナショナリズム症候群――若者たちのニッポン主義』中央公論新書。

橘川武郎・篠崎恵美子（2010）『地域再生あなたが主役だ――農商工連携と雇用創出』日本経済評論社。

木下郁夫（1996）「ガバナンス概念と国際関係研究(1)」『早稲田政治公法研究』第五三号。

キュペルス、レネ（2003）「ポルダー・モデルからポストモダニズム的ポピュリズムへ――オランダでのフォルタイン反乱に関する5つの説明」安井宏樹訳『ヨーロッパ社会民主主義論集(V)』生活経済政策研究所。

クーペルス、ルネ・カンデル、ヨハネス編（2009）『EU時代の到来――ヨーロッパ・福祉社会・社会民主主義』田中浩・柴田寿子監訳、未來社。

久米郁男（2005）『労働政治――戦後政治のなかの労働組合』中央公論新社。

小林勇人（2006）「カリフォルニア州GAINプログラムの再検討――ワークフェア政策の評価に向けて」『社会政策研究』第六号。

小林勇人（2007）「ワークフェア構想の起源と変容――チャールズ・エヴァーズからリチャード・ニクソンへ」『コア・エシックス』第三巻。

小堀眞裕（2005）『サッチャリズムとブレア政治』晃洋書房。

近藤康史（2001）『左派の挑戦――理論的刷新からニュー・レイバーへ』木鐸社。

阪野智一（2002）「自由主義的福祉国家からの脱却？――イギリスにおける二つの福祉改革」宮本太郎編著『講座福祉国家のゆくえ1　福祉国家再編の政治』ミネルヴァ書房。

篠田徹（1996）「再び〝ニワトリからアヒルへ〟？――五五年体制の崩壊と連合」『年報政治学　特集五五年体制の崩壊』岩波書店。

島田幸典（2011）「ナショナル・ポピュリズムとリベラル・デモクラシー――比較分析と理論研究のための視角」河原祐馬・島田幸典・玉田芳史編『移民と政治――ナショナル・ポピュリズムの国際比較』昭和堂。

清水真人（2005）『官邸主導――小泉純一郎の革命』日本経済新聞出版社。

ジャコービィ、サンフォード（1999）『会社荘園制――アメリカ型ウェルフェア・キャピタリズムの軌跡』内田一秀・中本和秀・鈴木良治・平尾武久・森杲訳、北海道大学出版会。

新川敏光（1993）『日本型福祉の政治経済学』三一書房。

新川敏光（2002）「グローバル化は国家能力を減退させる？――税収構造からみた福祉国家の変容」『現代思想』二〇〇二年一二月号。

新川敏光（2004）「日本の年金改革政治――非難回避の成功と限界」新川敏光・ボノーリ、ジュリアーノ編著『年金改革の比較政治学――経路依存性と非難回避』ミネルヴァ書房。

進藤兵（1998）「『都市福祉国家』から『世界都市』へ――『公共―民間関係／時間／空間のガヴァナンスにおけるヘゲモニック・プロジェクト』視角からの東京都政分析のために」『名古屋大学法政論集』第一七三号。

神野直彦（2004）「新しい市民社会の形成――官から民への転換」神野直彦・澤井安勇編『ソーシャル・ガバナンス――新しい分権・市民社会の構図』東洋経済新報社。

杉本貴代栄（2003）『アメリカ社会福祉の女性史』勁草書房。

鈴木淑夫（2009）『日本の経済針路――新政権は何をなすべきか』岩波書店。

曽我謙悟（1998-2000）「アーバン・ガバナンスの比較分析――英・仏・日の都市空間管理を中心に」『国家学会雑誌』第一〇一巻第七・八号、第一〇二巻第一・二号、第五・六号、第九・一〇号、第一〇二巻第一・二号、第三・四号。

高橋秀寿（1998）「ドイツ新右翼の構造と政治の美学」山口定・高橋進編『ヨーロッパ新右翼』朝日新聞社。

田口典男（2000）「イギリスにおける賃金審議会の廃止と全国最低賃金制度の導入」『大原社会問題研究所雑誌』第五〇二号。

竹信三恵子（2009）『ルポ雇用劣化不況』岩波書店。

テイラー、マリリン（2005）「イギリスにおける社会民主主義と第三セクター――第三の道か?」山口二郎・宮本太郎・坪郷實編『ポスト福祉国家とソーシャル・ガヴァナンス』ミネルヴァ書房。

東京財団政策研究部（2010）「新時代の日本的雇用政策――世界一質の高い労働を目指して」東京財団政策提言。

戸政佳昭（2000）「ガバナンス概念についての整理と検討」『同志社政策科学研究』第二巻第一号。

長岡延孝（1996）「『エコロジー的近代化』の挑戦と社会民主主義――持続可能な発展、社会的公正および新しい個人主義」『大阪経大論集』第四六巻第五号。

中邨章（1999）「行政学の新潮流――「ガバナンス」概念の台頭と「市民社会」」『季刊行政管理研究』第九六号。

中村健吾（2006）「社会理論から見た『排除』――フランスにおける議論を中心に」CREI〔大阪市立大学経済格差研究センター〕Discussion Paper Series, No.2。

日本政治学会編（2007）『年報政治学二〇〇七(II) 排除と包摂の政治学――越境、アイデンティティ、そして希望』木鐸社。

日本ソーシャルインクルージョン推進会議編（2007）『ソーシャル・インクルージョン――格差社会の処方箋』中央法規出版。

根岸毅宏（2006）『アメリカの福祉改革』日本経済評論社。

橋本恭之（2002）「イギリスの税制改革」『国際税制研究』第一〇号。

畑山敏夫（1997）『フランス極右の新展開――ナショナル・ポピュリズムと新右翼』国際書院。

濱口桂一郎（1998）『EU労働法の形成――欧州社会モデルに未来はあるか？』労働政策研究・研修機構。

濱口桂一郎（2009）『新しい労働社会――雇用システムの再構築へ』岩波書店。

平岡公一（2003）『イギリスの社会福祉と政策研究――イギリスモデルの持続と変化』ミネルヴァ書房。

平田オリザ・松井孝治（2011）『総理の原稿――新しい政治の言葉を模索した二六六日』岩波書店。

広井良典（2006a）『持続可能な福祉社会――「もう一つの日本」の構想』ちくま新書。

広井良典（2006b）「『持続可能な福祉社会』の構想――定常型社会における資本主義・社会主義・エコロジー」『思想』第九八三号。

福士正博（2008）「緑の社会政策」広井良典編『「環境と福祉」の統合――持続可能な福祉社会の実現に向けて』有斐閣。

福原宏幸編（2007）『社会的排除・包摂と社会政策』法律文化社。

藤森克彦（2002）『構造改革ブレア流』TBSブリタニカ。

船津鶴代・鳥居高（2002）「アジア中間層の特質と政治志向――「中間層現象」の意味するもの」服部民夫・船津鶴代・鳥居高編『アジア中間層の生成と特質』アジア経済研究所。

ブレア、トニー（2000）「第三の道――新しい世紀の政治」『生活経済政策』編集部編『ヨーロッパ社会民主主義「第三の道」論集』生活経済政策研究所。

ホネット、アクセル（2003）『承認をめぐる闘争――社会的コンフリクトの道徳的文法』山本啓・直江清隆訳、法政大学出版局。

ポランニー、カール（1975）『大転換――市場社会の形成と崩壊』吉沢英成訳、東洋経済新報社。

マーシャル、T. H.・ボットモア、トム（1993）『シティズンシップと社会的階級――近現代を総括するマニフェスト』岩崎信彦・中村健吾訳、法律文化社。

真山達志（2002）「地方分権の展開とローカル・ガバナンス」『同志社法学』第五四巻第三号。

マルクス、カール（1970）『フランスにおける内乱』村田陽一訳、大月書店。

水島治郎（2002）「オランダにおける反移民新党の躍進」『海外事情』第五〇巻第一〇号。

水島治郎（2008）「脱生産主義的福祉国家の可能性――オランダの政策展開から」広井良典編『「環境と福祉」の統合――持続可能な福祉社会の実現に向けて』有斐閣。

水島治郎（2012）『反転する福祉国家――オランダモデルの光と影』岩波書店。

水野和夫（2011）「新しい世界秩序・国際協調体制」神野直彦・宮本太郎編『自壊社会からの脱却――もう一つの日本への構想』岩波書店。

宮本太郎（1997）「比較福祉国家の理論と現実」岡沢憲芙・宮本太郎編『比較福祉国家論――揺らぎとオルタナティブ』法律文化社。

宮本太郎（1999）『福祉国家という戦略――スウェーデンモデルの政治経済学』法律文化社。

宮本太郎（2002a）「福祉国家再編の規範的対立軸――ワークフェアとベーシックインカム」『季刊社会保障研究』第三八巻第二号。

宮本太郎（2002b）「社会民主主義の転換とワークフェア改革――スウェーデンを軸に」日本政治学会編『年報政治学　三つのデモクラシー――自由民主主義・社会民主主義・キリスト教民主主義』岩波書店。

宮本太郎（2002c）「グローバル化と福祉国家の政治――新しい福祉政治の文脈」宮本太郎編『福祉国家再編の政治』（講座・福祉国家のゆくえ1）ミネルヴァ書房。

宮本太郎（2004a）「ワークフェア改革とその対案　新しい連携へ？」『海外社会保障研究』第一四七号。

宮本太郎（2004b）「社会的包摂と非営利組織――ヨーロッパの経験から」白石克孝編『分権社会の到来と新フレームワーク』日本評論社。

宮本太郎（2004c）「社会的包摂への三つのアプローチ――福祉国家と所得保障の再編」『月刊自治研』第四六巻第五三三号。

宮本太郎（2005）「福祉国家の労働支援とジェンダー平等」『女性労働研究』第四七号。

宮本太郎（2006）「ポスト福祉国家のガバナンス――新しい政治対抗」『思想』第九八三号。

宮本太郎（2008a）『福祉政治――日本の生活保障とデモクラシー』有斐閣。

宮本太郎（2008b）「グローバリゼーションと福祉ガバナンス」『現代の理論』第一五号。

宮本太郎（2009）『生活保障――排除しない社会へ』岩波書店。

村上泰亮（1992）『反古典の政治経済学　下　二十一世紀への序説』中央公論新社。

森岡孝二（2011）「労働時間の二重構造と二極分化」『大原社会問題研究所雑誌』第六二七号。

山口定（1979）『ファシズム』有斐閣。

山口定（1998）「序章」山口定・高橋進編『ヨーロッパ新右翼』朝日新聞社。

ヤング、ジョック（2007）『排除型社会――後期近代における犯罪・雇用・差異』青木秀男・伊藤泰郎・岸政彦・村澤真保呂訳、洛北出版。

米澤亘（2011）『労働統合型社会的企業の可能性――障害者就労における社会的包摂へのアプローチ』ミネルヴァ書房。

力久昌幸（2000）「戦後イギリス政治における連続と断絶――一九九七年総選挙において誕生した労働党政権による新しい社会民主主義の模索」『姫路法学』第二九・三〇合併号。

リプセット、S. M.（1963）『政治のなかの人間』内山秀夫訳、東京創元新社。

林成蔚（1999）「もう一つの「世界」?――東アジアと台湾の福祉国家」『日本台湾学会報』創刊号。

労働政策研究・研修機構（2009）「非正社員の企業内訓練についての分析――「平成一八年度能力開発基本調査」の特別集計から」労働政策研究報告書、第一一〇号。

ロック、ジョン（2010）『完訳　統治二論』加藤節訳、岩波書店。

あとがき

社会的包摂という言葉については、しばらく前までは、「ソーシャル・インクルージョン」のそのままの和訳という印象が強く、いかにもこなれていない感じがつきまとっていた。しかし近年、この言葉がリアルな政策課題の焦点として急速に浮上しており、言葉としても定着してきた。小泉構造改革が席巻した後、麻生政権の頃から、政権の如何を問わず、政府の文書にもこの言葉が登場することが多くなった。

これからの福祉政治は、公的扶助という狭い領域のみならず、社会保障と雇用をめぐるほとんどすべての分野で、社会的包摂が問われ、その具体的内容をめぐって対立軸が形成されていくと思われる。本書は、そのような観点から、これからの福祉政治の基軸となる対抗図式を浮き彫りにしたものである。

本書は私にとって四冊目の単著であり、社会的包摂を主題とした既発表論文を基礎に構成している。各章について初出時からの状況の変化をふまえてかなり大幅に加筆、修正する一方、重複箇所はできるだけ削除し、主題についての体系的な書物となるようにした。そのような事情で、いずれの章も初出時とは大きく異なっているが、一応、初出時のタイトルなどを記せば以下のようである。

序章　書き下ろし

第1章　「社会的包摂をめぐる政治対抗」（加藤哲郎・國廣敏文編『グローバル化時代の政治学』法律文化社、第6章

「ワークフェアの伝播と対抗戦略」、二〇〇八年四月）

第2章「社会的包摂の方法・場・組織――『第三の道』以後の対立軸」（山口二郎・宮本太郎・小川有美編『市民社会民主主義への挑戦』日本経済評論社、第3章「『第三の道』以後の福祉政治」、二〇〇五年一二月）

第3章「ベーシック・インカム資本主義の三つの世界」（武川正吾編『シリーズ・新しい社会政策の課題と挑戦3　シティズンシップとベーシック・インカムの可能性』法律文化社、補論「ベーシック・インカム資本主義の三つの世界」、二〇〇八年八月）

第4章「福祉レジームと社会的包摂――日本型レジームの位置と課題」（埋橋孝文編著『講座・福祉国家のゆくえ2　比較のなかの福祉国家』ミネルヴァ書房、第1章「福祉レジーム論の展開と課題　エスピン・アンデルセンを越えて？」、二〇〇三年一月）

第5章「日本の労働変容と包摂の政治」（宮本太郎編『政治の発見2　働く　雇用と社会保障の政治学』風行社、第4章「働くことの政治学　労働世界の形成・分断・転換」、二〇一一年五月）

第6章「新しい右翼と排除の政治――福祉ショービニズムのゆくえ」（齋藤純一編著『講座・福祉国家のゆくえ5　福祉国家／社会的連帯の理由』ミネルヴァ書房、第2章「新しい右翼と福祉ショービニズム　反社会的連帯の理由」、二〇〇四年三月）

第7章「包摂型改革と言説政治」（宮本太郎編『比較福祉政治　制度転換のアクターと戦略』早稲田大学出版部、第4章「福祉国家の再編と言説政治　新しい分析枠組み」、二〇〇六年九月）

第8章「福祉ガバナンス――社会的包摂の統治と参加」（山口二郎・宮本太郎・坪郷實編著『ガヴァナンス叢書2　ポスト福祉国家とソーシャル・ガヴァナンス』ミネルヴァ書房、序章「ソーシャル・ガヴァナンス　その構造と展開」、二〇〇五年一〇月）

第9章 「社会的包摂とEUのガバナンス」（田中浩編『現代世界――その思想と歴史3 EUを考える』未來社、第11章「社会的包摂とEUのガバナンス」、二〇一一年九月）

第10章 「グリーンな社会的包摂は可能か」 特定領域研究「重層的環境ガバナンスプロジェクト」提出英文論文を一部使って書き下ろし

終章 書き下ろし

本書に盛られた考察については、生活経済政策研究所、連合総合生活開発研究所、全労済協会などの研究プロジェクト、厚生労働省、文部科学省、内閣府における様々な審議会、私が研究代表を務める文科省科学研究費補助金（基盤A）「日本型福祉・雇用レジームの転換をめぐる集団政治分析」など一連の科研費プロジェクトでの議論がその基礎となった。なかでも、部会長として報告書とりまとめに関った社会保障審議会「生活困窮者の生活支援の在り方に関する特別部会」での討議は、本書をまとめようと考えたきっかけとなった。

こうした場で議論を交わし、理論的な示唆をいただき、実践の経験を伺った各分野の方々については、到底ここですべてのお名前を挙げることができない。ただ言えることは、政治、行政、大学、社会運動の壁を越えて、あるいは保守、リベラルなど党派を問わず、社会的包摂をめぐって共通の問題意識が生まれつつあることである。

私事にわたるが、二〇一三年三月をもって北海道大学法学部を辞して、中央大学法学部に移籍した。北海道大学で過ごした二〇〇二年から二〇一二年という時期は、政治と社会が大きく動いた一〇年であった。私自身そのような変化の波のなかで、政策形成の現場などにも参加しながら本書の主題について考えてきた。大学を留守にすることの多い私は、北海道大学法学部とくに政治講座の教員、スタッフの皆さんに迷惑をかけ続けたが、逆に皆さんからはいつも励まされ、また各分野での先端の知見を教えていただき触発されてきた。

そしてこの四月から勤務している中央大学法学部では、恵まれた教育・研究環境を与えていただき、環境変化への適応力が減じる年代の私も、なんとかソフトランディングを果たしつつある。二つの大学、学部の同僚、スタッフの皆さんに改めて感謝したい。

本書の公刊を勧めてくださったミネルヴァ書房編集部の堀川健太郎氏には、本書をまとめるに際しても、丁寧な仕事ぶりでこれをサポートしていただいた。また、北海道大学の田中みどり氏には、文献一覧の整理でたいへんご尽力いただいた。記して謝意を表したい。

二〇一三年四月

宮本太郎

索　引
（＊は人名）

あ　行

か　行

さ　行

た　行

な　行

は　行

ま 行

や 行

ら　行

わ　行

欧　文

《著者紹介》

宮本太郎（みやもと・たろう）

1958年　東京都に生まれる。

1988年　中央大学大学院法学研究科博士後期課程単位取得退学。

ストックホルム大学客員研究員，立命館大学教授，北海道大学大学院法学研究科教授を経て，
現　在　中央大学法学部教授。

主　著　『福祉国家という戦略——スウェーデンモデルの政治経済学』法律文化社，1999年。

『福祉政治——日本の生活保障とデモクラシー』有斐閣，2008年。

『生活保障——排除しない社会へ』岩波書店，2009年。

『福祉国家再編の政治』（講座・福祉国家のゆくえ１）（編著）ミネルヴァ書房，2002年。

『ポスト福祉国家とソーシャル・ガヴァナンス』（ガヴァナンス叢書２）（共編著）ミネルヴァ書房，2005年。
G.エスピン－アンデルセン『福祉資本主義の三つの世界』（監訳）ミネルヴァ書房，2001年，ほか。

社会的包摂の政治学
——自立と承認をめぐる政治対抗——

2013年７月30日　初版第１刷発行　〈検印省略〉

定価はカバーに
表示しています

著　者　宮　本　太　郎
発行者　杉　田　啓　三
印刷者　藤　森　英　夫

発行所　株式会社　ミネルヴァ書房
607-8494　京都市山科区日ノ岡堤谷町１
電話代表　(075)581-5191
振替口座　01020-0-8076

亜細亜印刷・新生製本

ISBN978-4-623-06642-1

Printed in Japan